城市轨道交通
信号常见故障及应急处理

主　编　赵跟党　张　玮
副主编　糟明敏　李　乐

重庆大学出版社

内容简介

本书主要介绍了城市轨道交通信号系统常见故障分析及应急处理。具体内容包括：城市轨道交通信号系统常见故障处理概述；城市轨道交通信号系统常见故障分析；城市轨道交通信号系统故障应急处理预案；城市轨道交通信号系统常见故障案例。

本书内容切合实际，理论内容以够用为度；注重现场信号设备故障处理的基本理论和基本技巧；图文并茂，案例丰富；为解决实际问题提供了一定的参考。

本书可作为高等职业技术学院相关专业的教材，也可以作为工程技术人员、企业职工培训、本科院校相关专业师生的自学参考书。

图书在版编目(CIP)数据

城市轨道交通信号常见故障及应急处理/赵跟党，张玮主编.—重庆：重庆大学出版社，2014.5
高等职业教育城市轨道交通专业系列教材
ISBN 978-7-5624-7507-1

Ⅰ.①城… Ⅱ.①赵… ②张… Ⅲ.①城市铁路—铁路信号—信号设备—维修—高等职业教育—教材 Ⅳ.①U239.5

中国版本图书馆 CIP 数据核字(2013)第 184282 号

城市轨道交通信号常见故障及应急处理

主　编　赵跟党　张　玮
副主编　糟明敏　李　乐
参　编　王伟任　王建永
策划编辑：彭　宁
责任编辑：谭　敏　曾春燕　　版式设计：彭　宁
责任校对：邬小梅　　责任印制：赵　晟

*

重庆大学出版社出版发行
出版人：邓晓益
社址：重庆市沙坪坝区大学城西路 21 号
邮编：401331
电话：(023) 88617190　88617185(中小学)
传真：(023) 88617186　88617166
网址：http://www.cqup.com.cn
邮箱：fxk@cqup.com.cn (营销中心)
全国新华书店经销
万州日报印刷厂印刷

*

开本：787×1092　1/16　印张：12.25　字数：306千
2014 年 5 月第 1 版　2014 年 5 月第 1 次印刷
印数：1—3 000
ISBN 978-7-5624-7507-1　定价：25.00 元

编审委员会

序

轨道交通以其快捷、舒适等其他交通工具无法比拟的优越性，成为城市交通发展新的热点和重点。当前我国的城市轨道交通正处在大发展、大建设时期，截至 2012 年年底，全国有 16 座城市共开通运营 70 条线，总里程 2 081.13 千米。

随着城市轨道交通行业的迅猛发展，相应运营专业人才的需求也日益紧迫，尤其是具有理论和实践性的复合型人才尤为紧缺。为适应新形势，近年来，国内的大专院校，尤其是交通职业技术类院校的城市轨道交通专业迅速扩大，早出人才、快出人才、出实用型人才成为学校和业界的共同愿望。通过一系列的调研和准备工作，在重庆大学出版社的倡导下，西安市地下铁道有限责任公司联合多省市交通类高职高专院校（如西安铁路职业技术学院、陕西交通职业技术学院、广东交通技师职业技术学院等）建立了校企合作联盟，组织具有丰富实践经验的轨道企业技术人员和职业院校的一线教师，与地铁运营实际紧密结合，共同编写了高等职业教育城市轨道交通专业规划教材。

这套规划教材采用校企结合模式编写，结合全国轨道交通发展状况，推出的面向全国、面向未来的教材，既汇集了高校专业教师们的理论知识，也汇聚了城市轨道交通专业技术部门创业者们的宝贵经验。

为做好教材的编写工作，重庆大学出版社专门成立了由著名专家组成的教材编写委员会。这些专家对城市轨道交通专业教学作了深入细致的调查研究，对教材编写提出了许多建设性意见，慎重地对每一本教材一审再审，确保教材本身的高质量水平，对教材的教学思想和方法的先进性、科学性严格把关。

"校企合作"、"理论与实践相结合"是本套系列教材的特点，不但可以满足当前城市轨道交通运营技术管理的需要，也为今后的城市轨道交通运营发展管理提出了新思考。随着运营管理的要求越来越高，以及新技术的不断应用，本系列教材必然还要不断补充、完善，希望该套教材的出版能满足广大职业院校培养城市轨道交通专业人才的需求，能成为城市轨道交通运营技术管理人员的“良师益友”。

建设部地铁轻轨研究中心　　顾问总工
建设部轨道交通建设标准　　主　编
建设部轨道交通专家委员会　专家委员

2013 年 7 月 26 日

前言

城市轨道交通信号系统是一个综合了现代控制技术、计算机网络技术和通信技术的综合控制系统。该系统是城市轨道交通运输生产的安全保证,也是提高运输生产效率不可缺少的技术支持。

城市轨道交通信号系统复杂庞大,且设备种类及规格型号都非常复杂,各个系统和子系统之间也有着非常紧密的联系。一旦系统中的设备发生故障,产生的故障现象也是千差万别的。因此系统设备维修,特别是故障的紧急处理难度很大。必须在熟知系统原理、系统工作方式及系统人机界面显示、系统各设备工作参数等的基础上,通过对系统故障现象的分析,查找故障点,按照信号系统设备故障处理的相关流程和规程规范,合理操作,排除故障,才能恢复设备的正常工作。这对维修人员的技术素质提出了很高的要求。

目前高等职业技术学院的教材,一般比较注重对系统设备结构、原理的分析讲授,但是普遍缺乏对系统终端设备操作、设备故障分析与处理等切合实际的内容的讲解。为此,西安市地下铁道有限责任公司与西安铁路职业技术学院合作,利用地铁运营单位丰富的实践经验和教学单位熟知教学规律的特点,优势互补,编写了城市轨道交通信号控制系统教学和企业培训的系列教材。本书即为系列教材之一,主要介绍城市轨道交通信号系统设备故障应急处理的相关理论知识及实践案例。

本书的内容共分为 4 个项目,分别是城市轨道交通信号系统常见故障处理概述;城市轨道交通信号系统常见故障分析;城市轨道交通信号系统故障应急预案;城市轨道交通信号系统常见故障案例。

本书的 4 个项目技术内容均由西安市地下铁道有限责任公司编著,其中项目 1 由赵跟党、糟明敏完成,项目 2 由糟明敏、李乐完成,项目 3 由赵跟党、王伟任、李乐完成,项目 4 由糟明敏、王建永、赵跟党完成。糟明敏对全书的技术内容进行了统稿，西安铁路职业技术学院张玮编写了全书中有关项目教学及场景设计的内容，并完成了本书最后的文字统稿工作。

由于编者水平有限，书中难免有不足之处，敬请专家和读者批评指正。

编　者

2014 年 4 月

目录

项目 1　城市轨道交通信号系统常见故障处理概述 ……… 1
任务 1.1　城市轨道交通信号系统故障影响 …………… 1
1.1.1　车载信号设备功能及故障影响 ………………… 3
1.1.2　轨旁信号设备组成功能及故障影响 …………… 9
1.1.3　ATS 信号设备功能及故障影响 ……………… 20
1.1.4　数据通信系统设备功能及故障影响 ………… 24
1.1.5　车辆段信号系统设备功能及故障影响 ……… 28
1.1.6　城市轨道交通信号系统故障分类 …………… 35
项目 2　城市轨道交通信号系统常见故障分析 …………… 37
任务 2.1　城市轨道交通信号系统常见故障处理流程 ……
…………………………………………………………… 37
2.1.1　轨旁信号设备故障处理流程 ………………… 38
2.1.2　中央及车站 ATS 设备故障处理流程 ………… 48
2.1.3　数据通信系统(DCS)故障处理流程 ………… 55
2.1.4　车辆段信号设备故障处理流程 ……………… 56
2.1.5　车载信号系统设备故障处理流程 …………… 57
任务 2.2　城市轨道交通信号设备常见故障分析 ……… 78
2.2.1　电源系统常见故障分析 ……………………… 79
2.2.2　信号联锁系统常见故障分析 ………………… 86
2.2.3　轨旁信号设备常见故障分析 ………………… 88
2.2.4　车载信号设备常见故障分析 ………………… 94
2.2.5　中央及车站 ATS 信号设备常见故障分析 …… 104
2.2.6　信号数据通信网络设备常见故障分析 ……… 108
2.2.7　车辆段信号设备常见故障分析 ……………… 116
项目 3　城市轨道交通信号系统故障应急处理预案 …… 129
任务 3.1　城市轨道交通信号系统故障应急处理预案的构成
…………………………………………………………… 129

3.1.1　城市轨道交通信号系统故障应急处理预案概述 ······ 130
3.1.2　抢险组织机构及职责 ······ 130
3.1.3　应急响应 ······ 131
3.1.4　信息报告流程 ······ 132
3.1.5　事故调查分析 ······ 133
3.1.6　后期整治 ······ 133
3.1.7　保障措施 ······ 133
任务 3.2　城市轨道交通信号系统各设备故障应急预案 ······ 135
3.2.1　联锁系统故障应急预案 ······ 135
3.2.2　道岔挤岔应急预案 ······ 145
3.2.3　道岔冰冻应急预案 ······ 152
3.2.4　信号电源故障应急预案 ······ 154
项目 4　城市轨道交通信号系统常见故障案例 ······ 159
任务 4.1　城市轨道交通信号系统各类故障案例 ··· 160
4.1.1　转辙机失去表示故障案例 ······ 160
4.1.2　计轴红光带故障案例 ······ 162
4.1.3　列车定位信息丢失故障案例 ······ 166
4.1.4　司机人机界面黑屏故障案例 ······ 168
4.1.5　折返站道岔故障案例 ······ 170
4.1.6　中央 ATS 服务器死机故障案例 ······ 178
参考文献 ······ 183

项目 1

城市轨道交通信号系统常见故障处理概述

【项目描述】

1.认识城市轨道交通信号系统基本设备的组成及系统设备的功能。

2.认识城市轨道交通信号系统不同设备故障的影响。

3.认识城市轨道交通信号系统常见故障的种类。

【项目目标】

1.掌握 ATC 系统的基本构成(以西安地铁 2 号线为例)。

2.掌握车载系统设备的组成、基本功能及设备故障对系统的影响。

3.掌握轨旁信号设备的组成、基本功能及设备故障对系统的影响。

4.掌握 ATS 系统的组成、基本功能及设备故障对系统的影响。

5.掌握 DCS 系统的组成、基本功能及设备故障对系统的影响。

6.掌握车辆段信号系统的组成、基本功能及设备故障对系统的影响。

【能力目标】

1.能正确理解和说明城市轨道交通车载设备、轨旁设备、ATS 系统设备、DCS 系统设备以及车辆段信号系统设备的组成,系统设备的基本功能,系统设备故障对系统的影响范围。

2.能正确理解和说明城市轨道交通信号系统故障的主要类别及故障产生的主要原因。

3.能在故障处理的过程中正确地识别设备的工作状态,了解设备正常工作时的参数标准,并且判断设备故障点的具体位置。

任务 1.1 城市轨道交通信号系统故障影响

【场景设计】

1.城市轨道交通信号系统的现场,或者具备实际设备的实训场所,或者具备仿真实训系统的实训室。

2.配备基本的工具书:包括专业技术标准、产品使用手册及厂家提供的技术资料。

3.配备进行系统测试需要的通用或专用工具。

4.小组学习或小组作业需要的各类文献检索工具,各类方案设计与交流的耗材及各类考评所需的记录、评价表等。

【知识准备】

在城市轨道交通系统中,信号系统集成了现代自动控制与远程控制技术、计算机网络技术、通信技术等当代先进技术,成为一个集行车指挥和列车运行控制为一体的安全的综合控制系统。信号系统的安全可靠运行将直接关系到城市轨道交通系统的运营安全、运营效率以及服务质量。信号系统在城市轨道交通系统中,是保障乘客和列车的运行安全,实现列车快速、高密度、有序运行的关键。

城市轨道交通信号系统的核心是列车自动控制(ATC)系统。它由计算机联锁子系统(CBI)、列车自动防护(ATP)子系统、列车自动驾驶(ATO)子系统、列车自动监控(ATS)子系统构成,如图 1.1 所示。各子系统之间相互渗透,实现地面控制与车上控制相结合、现地控制与中央控制相结合,构成一个以安全设备为基础,集行车指挥、运行调整以及列车驾驶自动化等功能为一体的自动控制系统。由于信号系统各子系统之间的这种紧密联系的特性,故任何一个子系统故障,都会给整个信号系统功能的实现造成影响。而不同设备,其基本功能不同,故障时造成的故障影响范围也不尽相同。

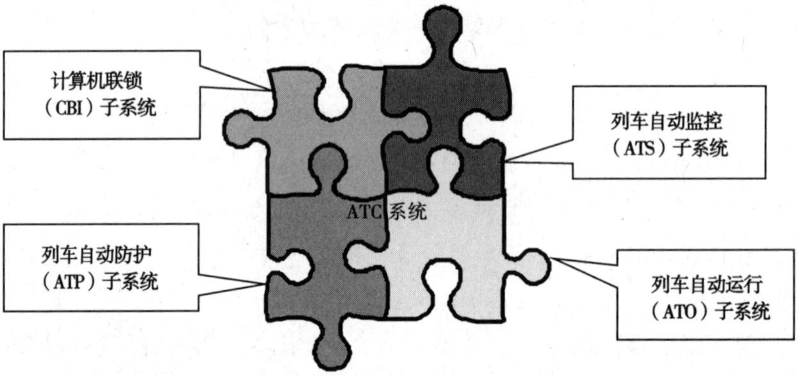

图 1.1　ATC 系统示意图

随着城市轨道交通技术的不断发展,移动闭塞,尤其是采用 CBTC 的移动闭塞,已经成为城市新建地铁的首选。按照城市轨道交通信号系统设备的地域分布,一般城市轨道交通信号系统设备由车载信号设备、轨旁信号设备、中央/车站 ATS 信号设备、数据通信系统设备及车辆段信号系统设备组成,如图 1.2 所示。

在日常维护、检修或故障处理应急抢修过程中,因信号系统各子系统之间不是独立存在的,要想快速地判断故障,提高故障处理的效率,首先要熟悉信号系统各子系统的构成及功能。只有熟悉了结构功能,才能更快更好地处理故障。信号系统功能框图,如图 1.3 所示。

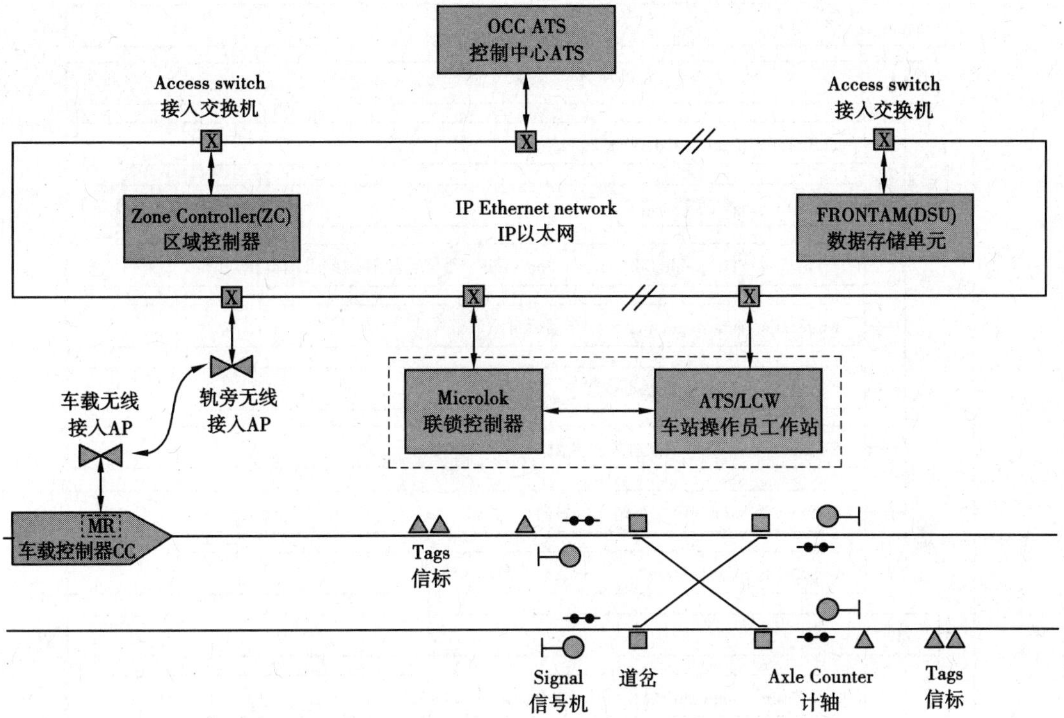

图1.2　西安地铁2号线CBTC信号系统总体结构图

1.1.1　车载信号设备功能及故障影响

(1)车载ATO/ATP设备(CC)

1)设备功能

车载ATO/ATP设备由车载ATO计算机、车载ATP计算机及其他设备组成,用以执行移动授权,并根据移动授权计算相应的速度-距离曲线。监控列车在速度-距离曲线下,以有ATP监控的人工驾驶模式或自动驾驶模式安全高效地运行。一旦有非安全情况发生,车载ATO/ATP计算机对列车施行常用制动(FSB)或紧急制动(EB)。同时记录设备运行状况、行车里程、牵引/制动控制情况、驾驶模式、列车日检数据、车载设备输入/输出信息的记录等。车载ATP/ATO计算机实物如图1.4、图1.5所示。

2)故障影响

车载ATO/ATP计算机故障,将导致本列车车载信号设备瘫痪,如同在切除车载信号系统的状态下行车,无车载信号系统保护。

(2)列车司机显示器(TOD)

1)设备功能

列车司机显示器用以将与信号相关的驾驶模式、运行速度、下站距离、位置等信息,通过TOD界面反馈给司机或信号维护人员。司机显示器一般至少显示如下数据:

①列车实际运行速度显示;各种驾驶模式和折返模式下的允许速度显示。

②目标速度/距离显示;驾驶模式及表示。

③车辆牵引、惰行、制动等命令/状态;折返模式及表示。

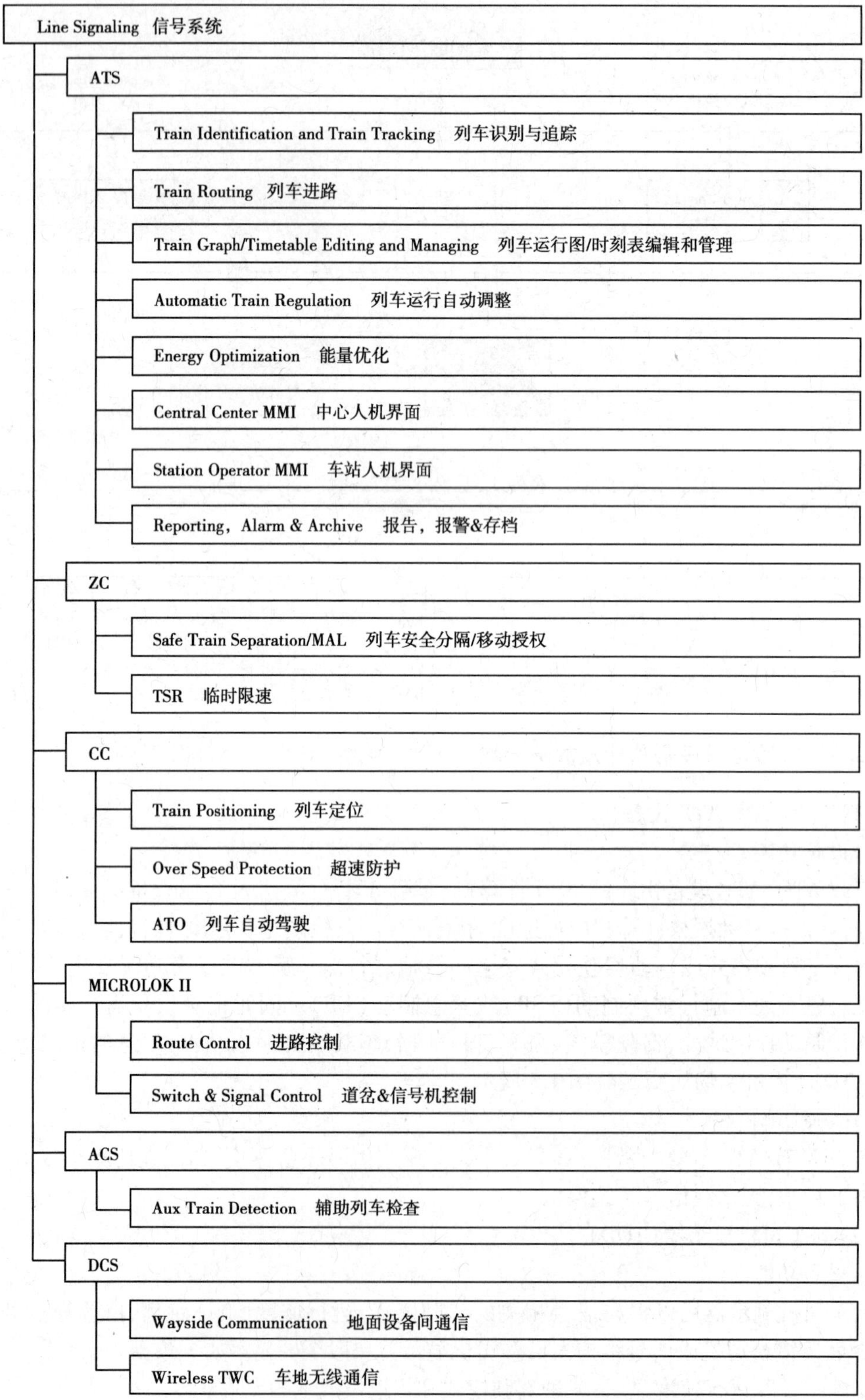

图 1.3 信号系统功能框图

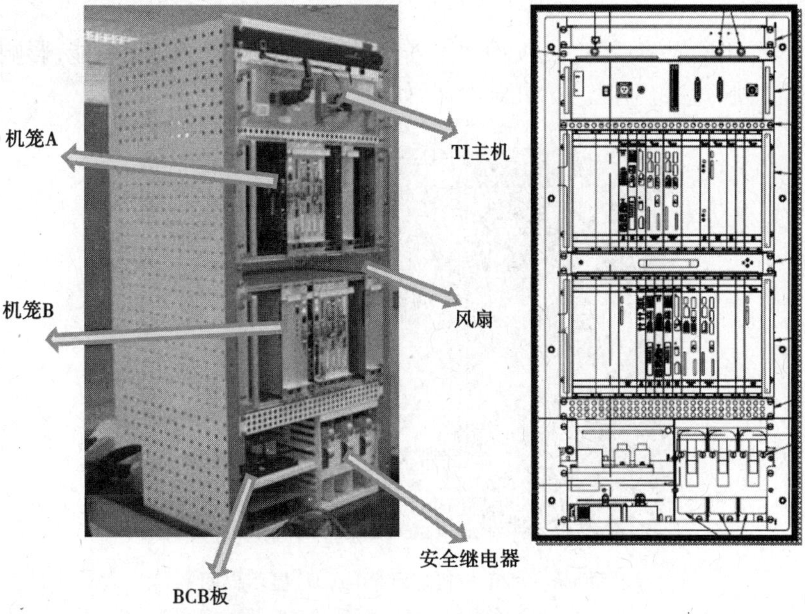

图1.4　车载ATO/ATP计算机整体示意图

图1.5　车载ATO/ATP计算机主机实物图

④紧急制动的实施；列车停车误差。

⑤车门控制及车门状态表示；屏蔽门状态表示。

⑥发车及驾驶命令、紧急制动的启动和表示。

⑦空转/打滑状态表示；制动力不足、失效表示。

⑧列车位于车辆段、停车场转换轨区的表示。

⑨列车定位成功的表示；列车建立车-地通信的表示。

⑩ATP/ATO故障表示；下一站站名及目的地名。

2）故障影响

司机显示器TOD故障后，将丧失司机与车载信号的人机信息交互功能，影响司机对与信号相关的列车驾驶信息的掌握。司机显示器，如图1.6所示。

图1.6 列车司机显示器(TOD)显示界面

(3)速度传感器(EOSS)

1）设备功能

速度传感器用来辅助测量列车的运行速度。随着车轮轮齿的转动，当传感器经过轮齿的时候会输出数字脉冲，这些脉冲由硬件计数器来计数，从而可以在给定周期内测试速度。CC会对速度传感器和加速计输入数据的一致性进行监控。如检测到速度或速度传感器信息的非常规变化，则会对异常情况进行记录。这些状况表明，出现了打滑或空转现象，或者可能出现速度传感器信号丢失。

当空转、打滑现象发生时，CC将依据加速度计测量的加速度率和减速度率来计算实际速度。这就确保了列车在空转、打滑过程中仍能计算速度和位置，并当检测到应答器时，将进行车辆的位置校正。如果空转、打滑超过了设定的时间，那么CC将会产生空转、打滑警报。

2）故障影响

一旦速度传感器(EOSS)发生故障，系统将失去对本列车运行速度测量的功能，车载CC无法获得列车的实际运行速度，不能时时对列车运行速度进行监控，同时丧失对列车车轮空转、打滑的监控。速度传感器实物，如图1.7、图1.8、图1.9所示。

图1.7 速度传感器(EOSS)实物图

图1.8 速度传感器内部结构实物图

图 1.9　速度传感器内部弹簧轴承实物图

图 1.10　车载数据交换机实物图

(4)车载 MR 无线天线

1)设备功能

车载 MR 无线天线是车载数据通信系统(DCS)的重要组成部分,它由移动通信系统(MR)和 MR 天线构成。在列车每端,安装有一个 MR 和两个 MR 天线。MR 是车载无线设备,用来在车载设备(如 ATP 和 ATO)和轨旁设备间传输数据。车载 ATP 和 ATO 子系统,通过两个独立的以太网连接到 MR。CC 的以太网扩展设备(集成在以太网延长器板上),利用双绞线彼此连接,实现车厢之间的网络通信。车载设备实物,如图 1.10、图 1.11 所示;车载天线安装位置,如图 1.12 所示。

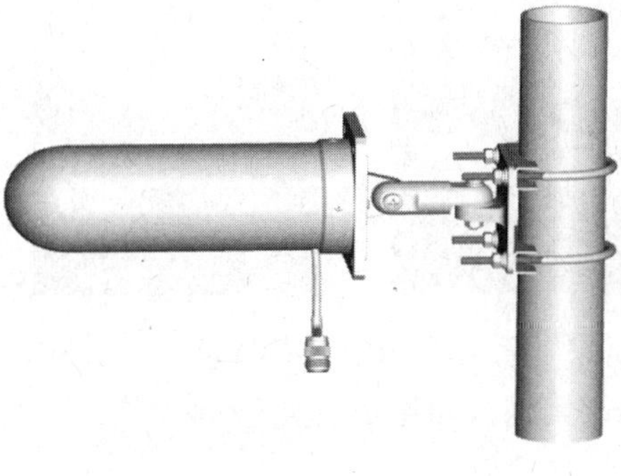

图 1.11　车载 MR 天线实物图

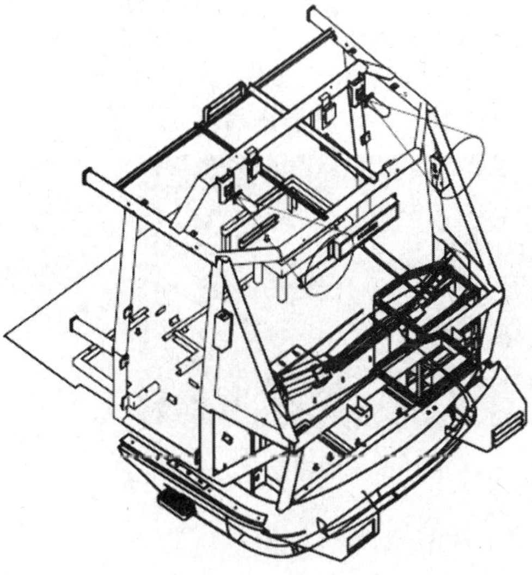

图 1.12　车载 MR 天线安装位置示意图

2)故障影响

车载 MR 天线故障后,列车将无法接受到轨旁信号系统传递来的行车指挥数据;同时,列车的相关运行数据也无法通过无线网络传递给轨旁信号系统。车地通信功能丧失。

(5)应答器查询(TI)天线

1)设备功能

应答器查询(TI)天线安装在车辆的转向架上,用于接收地面信标(应答器)传递来的信息,并将接收到的信息传递给车载控制器,是点式模式下列车与地面进行通信的重要设备。应答器查询天线设备，如图 1.13 所示。

图 1.13　应答器查询天线设备实物图

2）故障影响

应答器查询天线故障后，将导致列车与地面信号设备的单向通信功能丧失。

（6）加速度计

1）设备功能

加速度传感器安装在 CC 机柜中，用于检测列车运行中的打滑和空转情况。每套 CC 配置若干个力平衡伺服倾角式加速度传感器（数字式、模拟式），如图 1.14 所示。

2）故障影响

加速度计故障后，无法辅助车载 CC 检测列车运行中的打滑和空转情况，会影响车载系统对列车实时运行速度的测量。

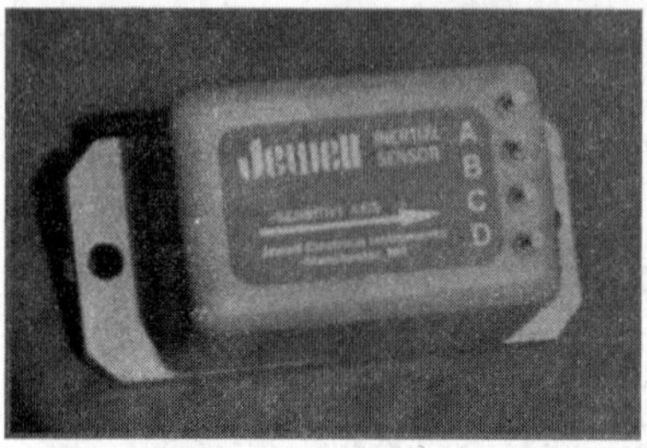

图 1.14　加速度计

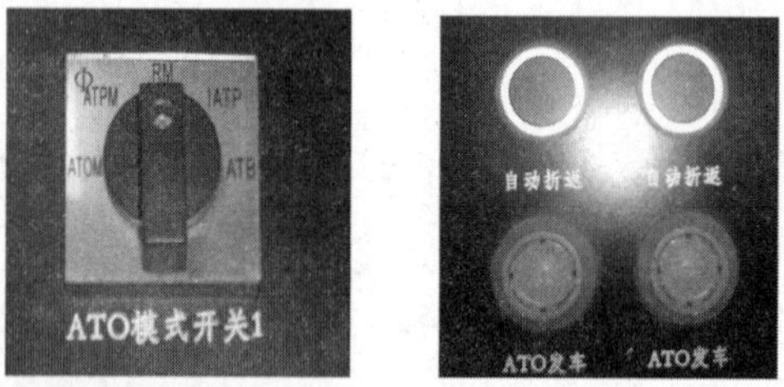

图 1.15　模式选择按钮

（7）实现信号功能其他按钮设备

1）设备功能

除以上车载信号设备外，还有很多车载按钮用以实现其他的车载信号功能，如图 1.15 所示，此按钮或功能开关用来选择列车的驾驶模式；如图 1.16 所示是控制台按钮的总体分布图。

2）故障影响

车载按钮或功能开关故障后，会影响到部分车载功能的实现，甚至需要列车立即下线修复（如列车驾驶模式开关故障）。

图 1.16　驾驶台车载按钮分布实物图

1.1.2　轨旁信号设备组成功能及故障影响

(1)计轴室内设备

1)设备功能

计轴用来检测列车对轨道线路的占用与出清情况,判别列车在区间的大体运行位置。计轴室内设备是计轴系统的逻辑运算与控制单元。通过计轴系统与联锁系统在设备集中站接口,每个计轴检测区段设有一个轨道继电器,轨道继电器采用安全型继电器,当区段占用或设备故障时,轨道继电器均落下;当区段空闲时,轨道继电器均吸起。计轴系统能安全、可靠地实现辅助列车位置检测,提供非 CBTC 列车及 CBTC 故障列车的位置条件。

CBTC 系统正常工作时,计轴系统不干扰 CBTC 系统的工作。计轴系统失效时,CBTC 系统将继续对具有 CBTC 功能的列车提供 CBTC 的操作。但在这种情况下,非 CBTC 列车将不能在计轴失效的区域运行,直到计轴系统修复为止。计轴系统设备连接及计轴机柜实物,如图 1.17、图 1.18 所示。

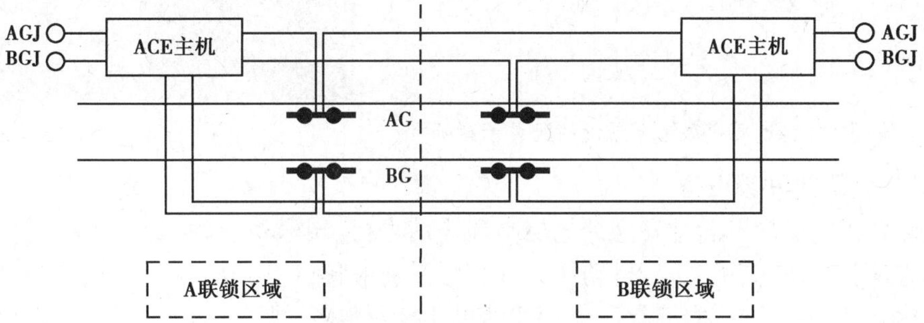

图 1.17　联锁区域间计轴设备连接示意图

图 1.18　计轴室内计轴系统主机柜实物图

2)故障影响

计轴设备作为 CBTC 信号系统功能降级模式下检测列车对轨道线路的占用与出清情况,判别列车在区间的大体运行位置的重要技术装备,一旦计轴设备故障,会导致对故障区段内列车位置的监控丢失，严重影响行车安全与行车效率。

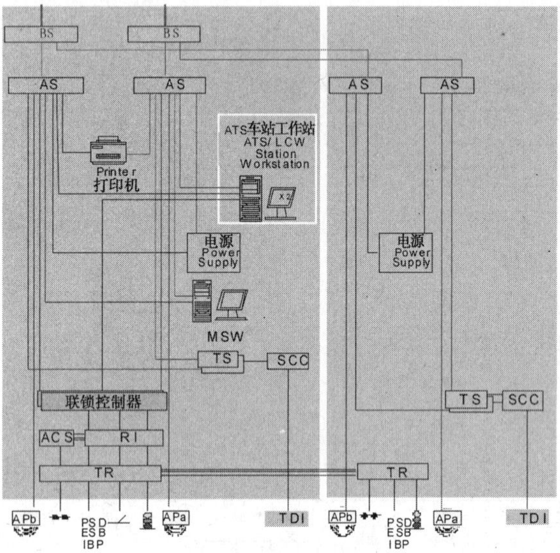

图 1.19　典型的轨旁计算机联锁系统设备配置示意图

图 1.20　轨旁计算机联锁主机

(2)轨旁计算机联锁设备

轨旁计算机联锁设备通过安全继电器与现场信号机、转辙机、计轴等设备相连接，确保安全、可靠地控制道岔转辙机、信号机动作，正确、可靠地采集道岔开向表示信息及挤岔信息，是实现进路建立、锁闭、开放、取消等联锁功能的重要技术装备，是整改信号系统的基础。轨旁计算机联锁系统设备配置，如图 1.19 所示；轨旁计算机联锁主机，如图 1.20 所示。

图 1.19 中 BS 为骨干交换机，AS 为接入交换机，ATS/LCW 为现地控制工作站，MSW 为维护工作站，RI 为继电接口，TR 为分线架，ACS 为计轴主机，TS 为终端服务器，PDI 为发车计时器。

(3)电源屏

1)设备功能

电源屏是智能电源系统的重要组成部分，它与交流输入双路自动/手动切换单元、UPS(单机带稳压旁路)、蓄电池等单元共同组成智能电源系统。其中，输入切换单元同时具备自动和手动切换功能，采用高度可靠的工业级、纯在线、双变换、带手动维修旁路的 UPS 及长效、密封、免维护的蓄电池；智能电源屏输入/输出，采用完善的防雷系统，同时考虑信号设备复杂的工作环境，系统给室外设备供电的输出也设有一级输出防雷，保证系统在恶劣的环境下也能够可靠地工作，并对电源系统的其他设备进行监测。

电源屏一般设置在运营中心、正线各车站、培训中心、试车线信号电源室、车辆段/停车场控制室、车辆段/停车场派班室、信号调度室等需要配置智能电源系统的关键场所。

所有信号智能电源屏的输入电源均来自低压配电系统提供的交流 380 V/220 V 电源。信号智能电源屏具有两路输入电源的自动和手动转换功能。两路电源的切换时间(包括自动和手动)不大于 0.15s，两路电源切换时输出零中断。转换器件采用进口优质交流接触器。

PZG 系列信号智能电源屏为各设备提供不间断电源，不仅要满足 ATS、ATP、ATO、联锁子系统计算机的用电要求，也为继电器、表示灯等直流信号设备提供 DC24V 电源；同时也考虑了为交流转辙机提供 AC380V 电源；为 LED 信号机点灯等设备提供电源。图 1.21 为智能电源屏系统的实物图。

图 1.21　信号智能电源屏实物图

2）故障影响

信号电源屏故障将导致与其相连的信号负载设备掉电，严重影响信号系统设备的运行。

(4) 蓄电池

1）设备功能

蓄电池是信号智能电源系统的重要组成部分，是在市电掉电或 1、2 路市电切换过程中，通过 UPS、信号电源屏向信号负载设备提供备用电源的重要设备。按照不同属地设备的不同需求，蓄电池采用不同的容量，进而提供不同时间的备用电力。蓄电池的输入电压范围：380 V(−45%～+15%)，输入频率范围：50×(1±10%) Hz。按系统需求，蓄电池最小供电时间，如表1.1所示；蓄电池设备实物，如图 1.22 所示。

表 1.1　蓄电池最小供电时间表

序　号	电源所在地	电池时间/min
1	运营中心	30
2	设备集中站	30
3	非设备集中站	30
4	试车线	30
5	车辆段、停车场信号调度室	30
6	培训中心	10
7	车辆段、停车场派班室	30
8	车辆段、停车场控制室	30

图 1.22　不同类型的蓄电池

2)故障影响

蓄电池是信号备用电源系统的储能装置。如果电源系统发生故障的同时,蓄电池故障,将导致 UPS 电源、电源屏向信号负载设备提供备用电源失败即信号负载设备失电。

(5)UPS 电源

1)设备功能

UPS 电源系统主要包括整流模块(REC)和逆变模块(INV)组成的 AC-DC-AC 变换主回路,由反向并联的可控硅组成的旁路静态开关、维修旁路空开 Q3BP、输出隔离变压器和逆变静态开关、蓄电池组以及输入 Q1/输出空开 Q5 等。其中,空气断路器 Q1 控制主路交流电源输入,整流模块将交流电源变成直流电源,逆变模块进行 DC/AC 变换,将整流模块和蓄电池提供的直流电源变换成交流电源,经过隔离变压器输出。蓄电池组在交流停电时通过逆变向负载供电。输入电源也可以通过旁路静态开关从旁路回路向负载供电。另外,要求对负载供电不间断而对 UPS 内部进行维修时,可使用维修旁路开关 Q3BP。UPS 电源工作原理,如图 1.23 所示;UPS 实物,如图 1.24—图 1.26 所示。

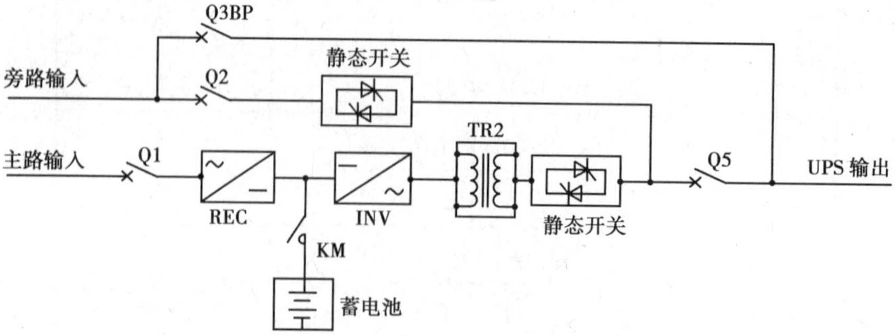

图 1.23　UPS 电源工作原理图示意图

2)故障影响

UPS 电源与智能电源屏、蓄电池一起构成了智能电源系统,在市电输入异常或市电进行 1、2 路切换过程中,通过调用蓄电池储存的电能,向信号负载设备提供不间断电源,确保信号

图1.24　UPS电源设备实物图

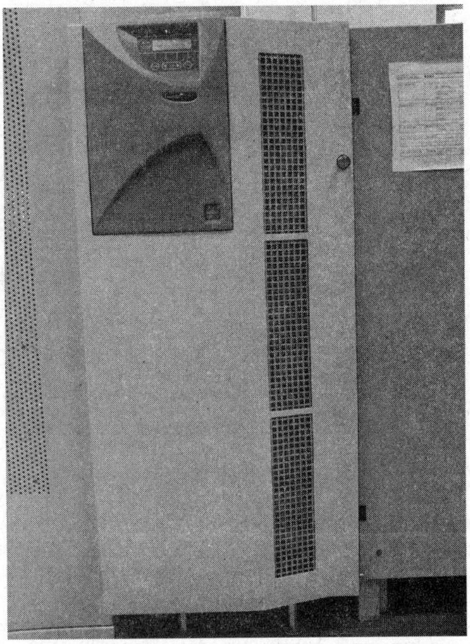

图1.25　不同种类的UPS电源设备

图1.26　UPS-蓄电池一体柜

负载设备不断电。一旦在市电输入异常或市电进行1、2路切换时，UPS电源发生故障，将导致与之关联的信号负载设备掉电。

(6)组合柜

1)设备功能

组合柜也叫做组合架，主要用来安装与室内外设备相关的各类继电器，如转辙机继电器、信号机继电器、轨道继电器、灯丝报警装置等，实现室内外设备的联动与控制信息的传输功能。组合柜实物，如图1.27所示；报警装置实物，如图1.28所示。

图 1.27　继电器组合柜实物图

图 1.28　报警装置实物图

2)故障影响

组合柜故障将影响室内外设备的联动与控制信息的传输功能,导致设备不动作或者控制信息无法下达、执行信息无法回传等故障。

图 1.29　防雷分线柜实物图

(7)防雷分线柜

1)设备功能

防雷分线柜也叫做分线架,因安装有防雷设备可有效防雷,避免在雷击或接触网断裂时,产生的大电流对室内设备的冲击,主要用以将室内电子单元设备与室外电子或机械部分设备进行合理分配连接,如图 1.29 所示。

2)故障影响

防雷分线柜故障会导致城市轨道交通信号设备在遭受雷击或接触网断裂时产生的大电流对室内设备的冲击无保护装置,最终导致信号设备被大电流烧毁。

(8)信号维修检测子系统

1)设备功能

信号维护监测子系统一般由位于运营中心的维护监测设备、车辆段、停车场、维修中心设置的维护监测设备,各设备集中站设置车站维护工作站、网络传输设备等组成,通过采集来自 ATS 子系统、ATP 子系统、ATO 子系统、联锁子系统设备及配套电源设备的自诊断和监测报警信息,并在相应的维修工作站和操作工作站的界面上实现集中显示及报警,方便维护人员对现场设备的远程监控与诊断。

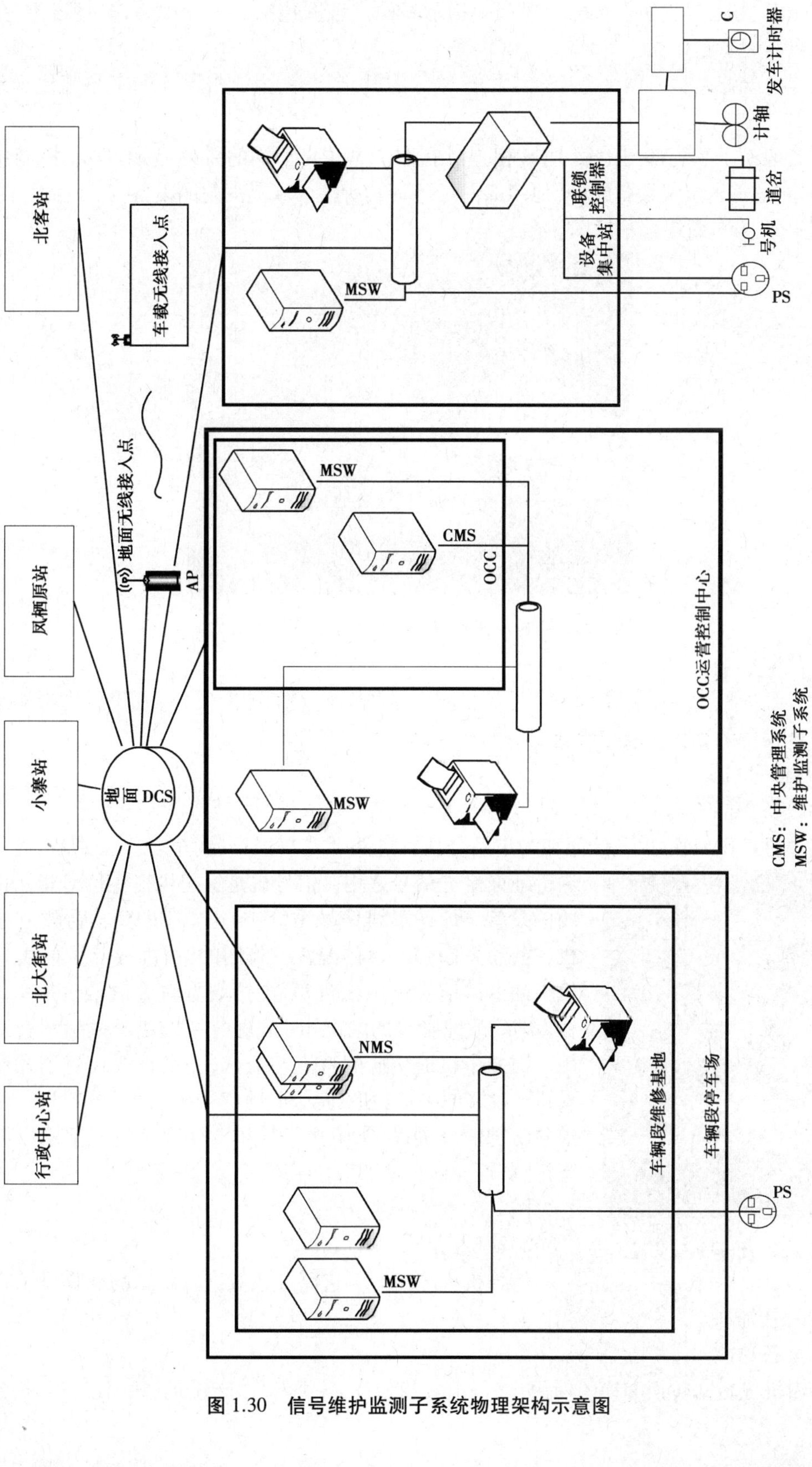

图 1.30　信号维护监测子系统物理架构示意图

图1.30为维护监测子系统的物理架构示意图。该图包括了运营中心,车辆段维修基地,停车场以及设备集中站。

在综合维修基地有两台NMS,它采集DCS的健康状态,生成报警。列车与其他子系统经由无线DCS进行通信。

所有地面子系统都与地面DCS相连。在图1.30中,车辆的维修基地、OCC控制中心的MSW部件是负责全线设备的,其他的部件仅负责其所辖区域范围内的设备。

图1.31为车站终端示意图。

图1.31 信号维护监测子系统车站终端设备实物图

2)故障影响

信号维护检测子系统作为对信号设备实现维护与监测的辅助工具,故障后将影响维护人员对信号设备的远程监控与诊断。

(9)信号机

1)设备功能

信号机是供地铁站场、区间作为进站、出站、进路、防护、预告、调车、复示、遮断、通过及引导等地面灯光信号之用。信号机是给司机提供信号指示的最主要的设备。地铁正线信号系统中,正常CBTC信号模式下信号机(亮蓝灯或直接灭灯)是没有作用的,司机只依靠车载HMI人机界面上的信号显示来行车,不用观看轨旁信号机指示。只有在CBTC故障降级的情况下,正线信号机才发挥指示行车的作用。因城市轨道交通的特点与需求,一般正线设置道岔防护信号机;入线防护信号机(包括出场信号机);出站信号机;出站兼道岔防护信号机;尽头阻挡信号机。一般采用三显示,即红灯、绿灯、黄灯、红灯+黄灯(引导信号)。

图1.32 信号机实物图

图1.32为地铁信号机实物图。

2)故障影响

信号机故障将影响进路开放及进路状态的视觉显示功能。

(10)转辙机

1)设备功能

转辙机供道岔转换和锁闭使用,它是由安装装置、各类杆件、转辙机、锁闭设备和挤岔装置组成。按动作能源和传动方式分，转辙机有电动转辙机、电动液压转辙机和电空转辙机3种；按供电电源种类分，转辙机有直流转辙机和交流转辙机两种；按锁闭道岔的方式分，转辙机有内锁闭转辙机和外锁闭转辙机两种。转辙机的作用如下：

①位置转换：根据需要转换道岔，使其位置在左位或者右位。

②道岔锁闭：道岔转至所需位置而且密贴后，实现锁闭，防止外力转换道岔。

③正确反映道岔位置：道岔的尖轨密贴于基本轨并锁闭后，给出相应的位置表示。

④报警：道岔被挤或因故处于"四开"（两侧尖轨均不密贴）位置时，及时给出报警及表示。

图1.32—图1.36为转辙机的实物图。

图1.33　ZD6型电动转辙机单机实物图

图1.34　ZYJ-7型电液转辙机单机实物图

图1.35　S700K型电动转辙机单机实物图

图1.36　ZDJ9型电动转辙机现场安装图

2）故障影响

转辙机是实现进路变更，在进路变更后实现锁闭，确保行车安全的重要技术装备。转辙机故障将严重影响行车安全及行车效率。

（11）计轴室外设备

1）设备功能

计轴设备是一种通过检测和比较进入和离开轨道区段的列车车轮轮轴数，来判断相应轨道区段的空闲/占用状态，并将判断的结果经继电器输出的轨道空闲检测装置。

室外计轴头为装在一体的两个电子传感器组成的双置传感器，发射器装在钢轨外侧，接收器装在钢轨内侧。列车从所检测区间的一端出发，驶入区段，经过计轴点的双置传感器时，运算单元对传感器产生的轴信号进行处理、判别并计数，同时将"计轴数"及"驶入状态"等存储起来；当列车驶出区间，经过下一计轴点时，运算单元对"计轴数"和"驶出状态"与驶入时的"计轴数"和"驶入状态"进行比较，等待校核无误后，给出所检测区间的空闲信号。计轴设备如图 1.37—图 1.41 所示。

图 1.37　室外计轴磁头实物图

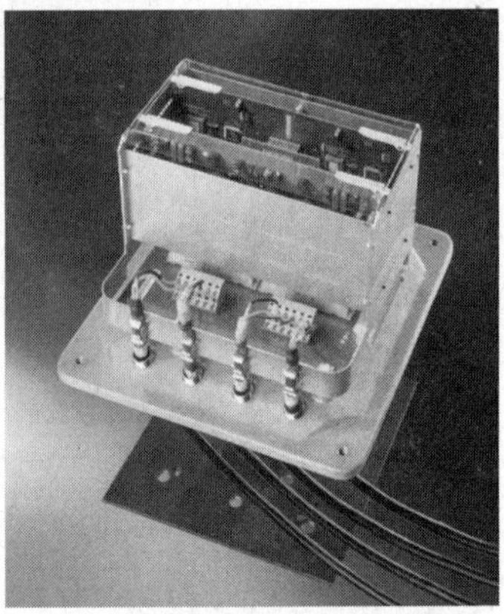

图 1.38　计轴室外电子单元实物图

图 1.39　室外计轴黄帽子实物图

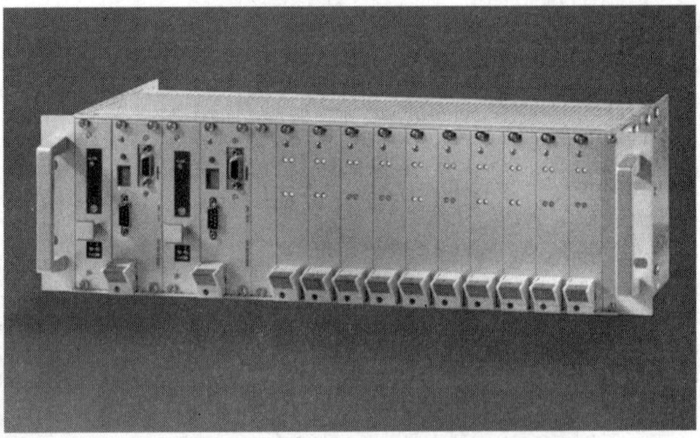

图 1.40　计轴室内电子单元实物图

图 1.41　计轴室内主机柜实物图

2）故障影响

计轴设备室外故障将影响计轴室内电子单元对现场计轴点实际信息的采集，影响计轴设备功能的实现，导致对列车位置的监控丢失。

（12）应答器

1）设备功能

应答器也称为信标，安装在道床上，分为有源（动态应答器）和无源（静态应答器）装置。无源应答器由位于列车上的查询应答器天线发出的信号提供电力；有源应答器由与之相连的信号机提供电力。当列车经过一个应答器时，列车接收并识别该应答器，并检索轨道数据库的信息，确定该应答器的地理位置，读取相应的通过或禁止信息等。应答器设备，如图1.42、图1.43所示。

图1.42　静态应答器（无源设备）实物图

图1.43　动态应答器（有源设备）实物图

2）故障影响

应答器是CBTC信号系统降级模式下重要的车地通信工具。一旦应答器故障，会导致车地通信失败，地面信息无法向车载设备传输，同时也会导致列车因读取不到应答器信息而定位丢失，产生列车EB或FSB等现象。

（13）紧急停车按钮

1）设备功能

当有紧急情况发生，需要紧急停车时，用设备自带的小锤敲碎紧急停车按钮箱的箱体玻璃，按动按钮，或直接按压IBP上的紧急停车按钮。联锁系统采集各站紧急停车按钮状态，一旦按压紧急停车按钮，联锁子系统设备立即通知ATP子系统，由ATP子系统向接近站台、站台和离去站台区域的相关列车发送紧急停车ATP信息，并经人工确认后才能恢复。紧急停车按钮，如图1.44所示。

2）故障影响

在紧急停车按钮发生故障时，按压相应的按钮联锁子系统设备无法获取紧停信息，不能通知ATP子系统向接近站台、站台和离去站台区域的相关列车发送紧急停车ATP信息。

图1.44　紧急停车按钮实物图

(14)折返按钮

1)设备功能

当列车到达折返站台停稳后,司机对车载设备操作完毕,下车,并按压站台上的无人自动折返按钮。联锁系统会采集无人自动折返按钮的状态,一旦按压无人自动折返按钮,联锁系统会立即通知车载 ATC 设备,当无人自动折返条件全部满足后,列车即开始进行无人自动折返。

2)故障影响

折返按钮故障会影响无人自动折返功能的实现。

(15)综合后备盘(IBP)信号功能按钮

1)设备功能

综合后备盘(IBP)(如图 1.45 所示)上布置有与信号功能相关的按钮,如紧急停车按钮、轨道区段按钮、计轴预复零按钮等。在需要时经授权后按压相关按钮,实现对应的信号控制功能。

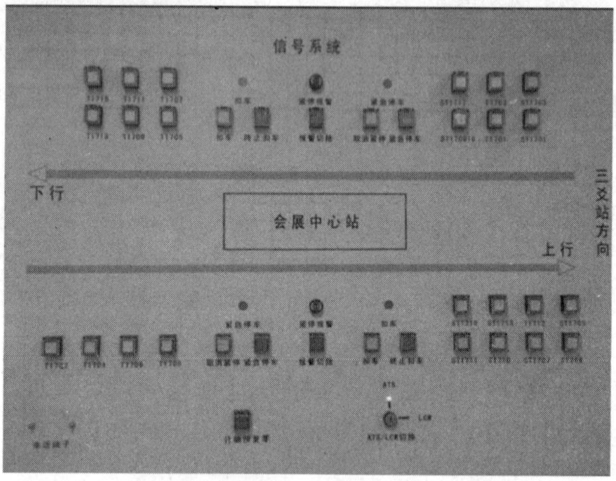

图 1.45　综合后备盘(IBP)实物图

2)故障影响

会丧失综合后备盘(IBP)上与信号相关的如紧急停车按钮、轨道区段按钮、计轴预复零按钮功能。

1.1.3　ATS 信号设备功能及故障影响

(1)中央 ATS 信号设备

1)设备功能

ATS 主机服务器,主/备配置,运行 ATS 集中运行控制应用软件。

ATS 数据库服务器,主/备配置,运行数据库报表生成应用软件。

ATS 通信服务器,主/备配置,运行和非 ATS 子系统通信的通信应用软件。

ATS 接口服务器,主/备配置,一台位于 OCC,一台位于后备站,用于处理 ATS 通信服务器和外部系统之间的通信。

ATS 培训服务器,ATS 培训服务器提供与正常 ATS 服务器环境相关的培训工作站,并具有培训 ATS 用户的仿真功能。

ATS 用户工作站,包括调度长工作站、调度员工作站、模拟演示工作站、系统管理员工作站等,用于处理、显示请求和指示。

运行图/时刻表编辑工作站1台,用于生成/编辑时刻表。

大屏接口工作站1台,用于处理和显示请求和指示。

接入交换机——配有10/100/1000BaseTX交换机,处理连接到双以太网LAN的设备数据。

数据存储系统(SAN)——模块化智能排列存储单元配置在RAID中,用于连接数据库服务器。

打印设备——连接到以太网,用于打印报表等。

数据传输系统端口——通信处理器经数据传输系统接口与骨干网有线传输系统接口相联,用于ATS、车辆段/停车场、车站之间的通信。

预留接口——提供与其他系统的接口。如果其他系统要求信号系统提供以太网接口,投标方负责提供;如果需要其他串行通信方式,将采用终端服务器进行转换接入。ATS系统设备实物,如图1.46—图1.51所示。

图1.46　OCC-ATS设备机柜

图1.47　ATS机柜内部服务器

图1.48　ATS交换机及磁盘机柜

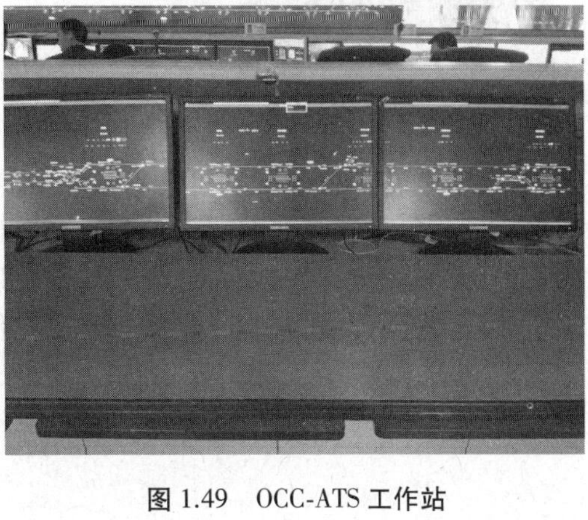

图1.49　OCC-ATS工作站

图 1.50　OCC-ATS 维护工作站

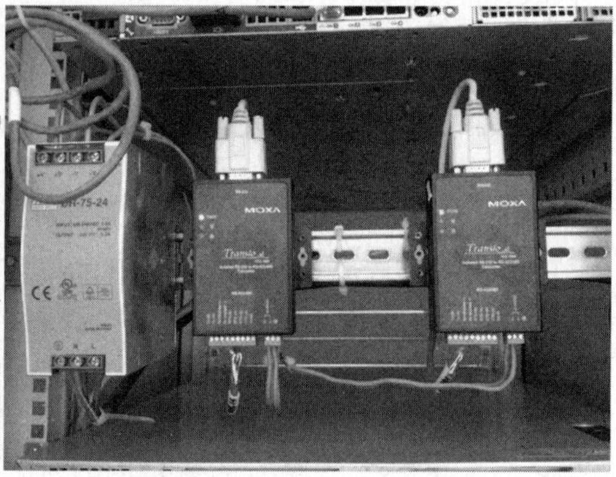

图 1.51　光纤转换器

2)故障影响

中央 ATS 信号设备在故障时,会立即启用后备站 ATS 系统,继续支持日常工作;但大的 ATS 故障将给全线信号系统功能实现及日常运营带来较大的影响,甚至导致全线信号系统功能降级。

图 1.52　车站 ATS 机柜

(2)车站 ATS 设备

1)设备功能

一套远程 ATS 主机服务器和远程 ATS 通信服务器放在车站位置。在中央 ATS 服务器不可用时,这些服务器为中央 ATS 服务器提供第三级备份服务。车站 ATS 系统设备实物,如图1.52、图 1.53 所示。

远程 ATS 车站工作站和打印机放置于集中站。这些工作站提供列车运行的本地显示,对于设备集中站的 ATS 车站工作站,取得授权后,实现对本地联锁区域的控制功能。设备集中站的 ATS 工作站与联锁设备的操作工作站合用。

2)故障影响

车站 ATS 系统是信号系统功能降级或中央将控制权交放车站时,实现现地控制功能的重要系统。一旦车站 ATS 设备发生故障,将影响系统降级或车站现地控制时信号功能的实现。

(3)车辆段/停车场 ATS 设备

1)设备功能

两台车辆段/停车场工作站放置于车辆段/停车场。其中一台工作站用于行车计划切换,放置于司机派班室,用于前往正线运行和返回车辆段/停车场的列车行车计划的调整;另一台工作站用于根据 ATS 列车时刻表,为进、出车辆段/停车场的列车进路计划提供支持信息。车辆段/停车场 ATS 系统设备,如图 1.54—图 1.56 所示。

一台试车线工作站置于试车线,该工作站提供试车线的本地控制和监控。

图 1.53 车站 ATS/LCW 现地控制工作站

图 1.54 车辆段/停车场工作站

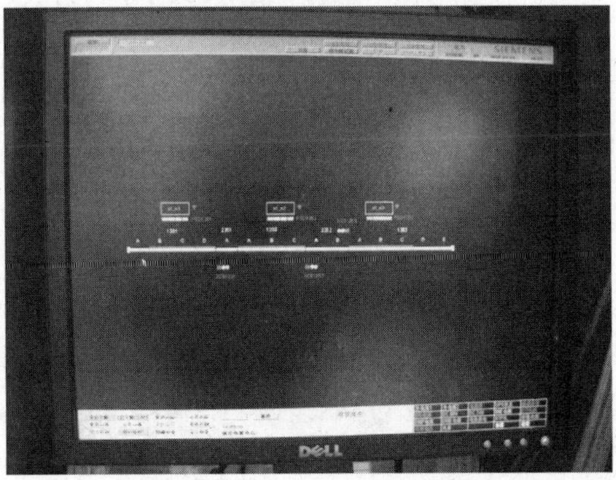

图 1.55 试车线 ATS 工作站

2)故障影响

车辆段/停车场 ATS 设备作为正线信号在车辆段/停车场进行复视的一套设备,其故障一般不会对日常运营及车辆段收发车造成影响。

试车线工作站故障将影响信号专业在试车线的试车时的部分功能,不会对日常运营产生影响。

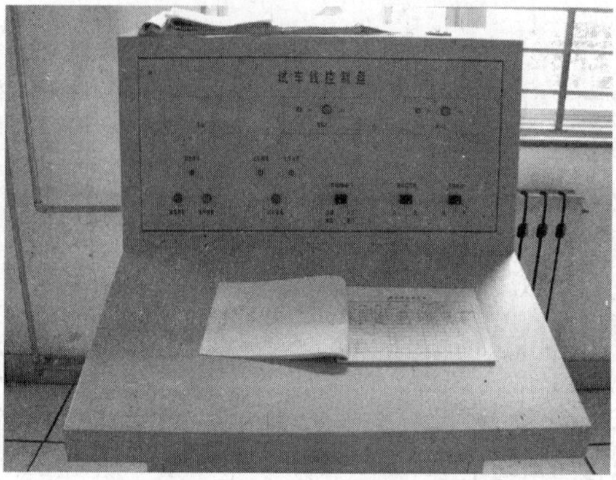

图 1.56　试车线控制盘

1.1.4　数据通信系统设备功能及故障影响

数据通信系统(DCS)是一个宽带通信系统,提供系统中 3 个主要列车控制子系统,包括中央控制室(OCC),轨旁子系统(ZC、联锁)和车载子系统以及其他沿线地面设备之间双向、可靠、安全的数据交换。数据通信系统基于开放的业界标准,有线通信部分采用 IEEE802.3 以太网标准,无线通信部分采用先进的 WLAN 技术——IEEE802.11g 标准,最大限度地采用成熟的设备。组网如图 1.57 所示。

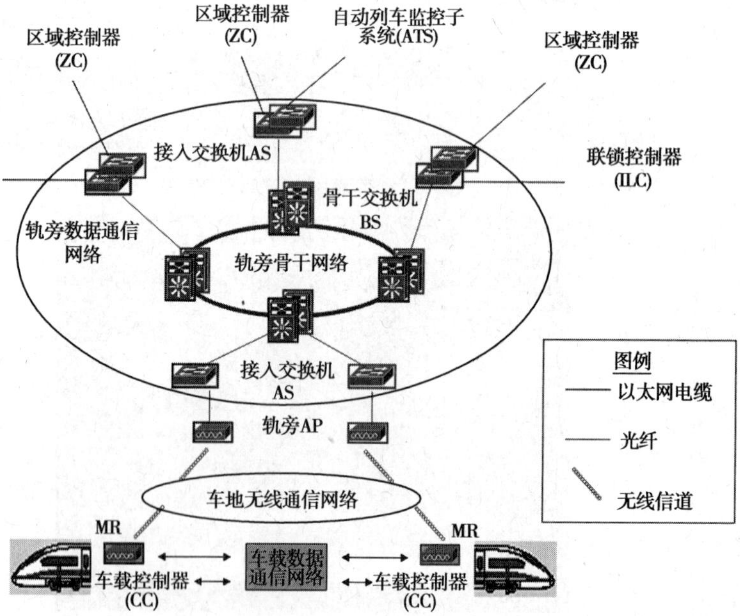

图 1.57　数据通信系统配置图

(1)轨旁数据接入网络设备

提供各轨旁子系统(区域控制器、联锁、ATS 等)和轨旁设备(轨旁 AP 等)接入数据通信子系统的接口。接入交换机提供标准的 10 M/100 M 以太网接口,遵循国际通行的 IEEE 802.3u 和 802.3x 协议。网络层和传输层协议采用 UDP/IP。轨旁接入网络示意图,如图 1.58 所示;车站 DCS 交换机实物图,如图 1.59 所示。

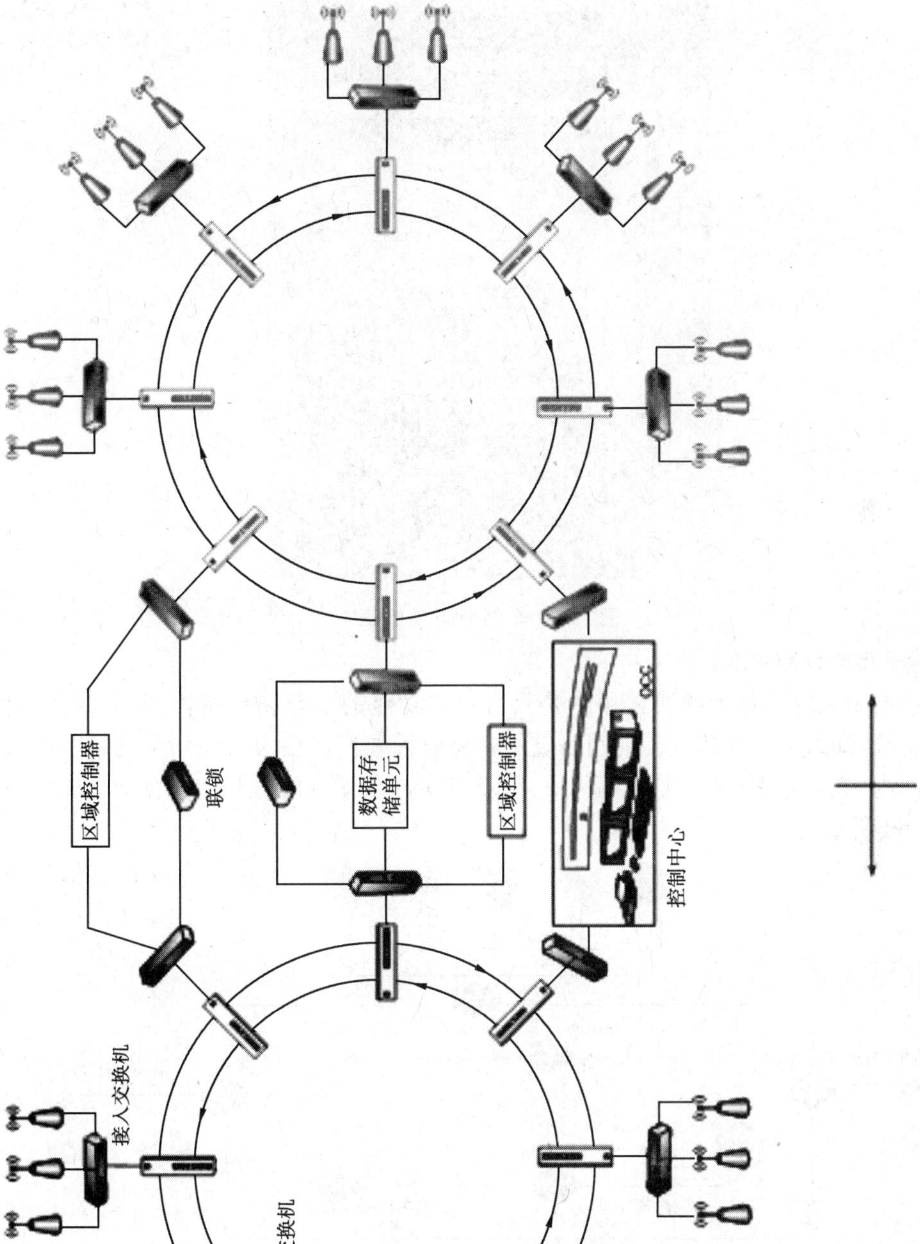

图 1.58　轨旁数据接入网络示意图

图 1.59　车站 DCS 交换机

(2) 骨干传输网络设备

数据传输子系统的骨干网所采用的是具有自愈功能的双环拓扑结构,即双网并行模式。当单个设备故障时,不会导致与任何网络设备的通信丢失。自愈协议在一个网络节点故障后的很短时间内(在多达 50 个节点的环网中,小于 50 ms)将重新配置网络。骨干传输网络示意图,如图 1.60 所示。

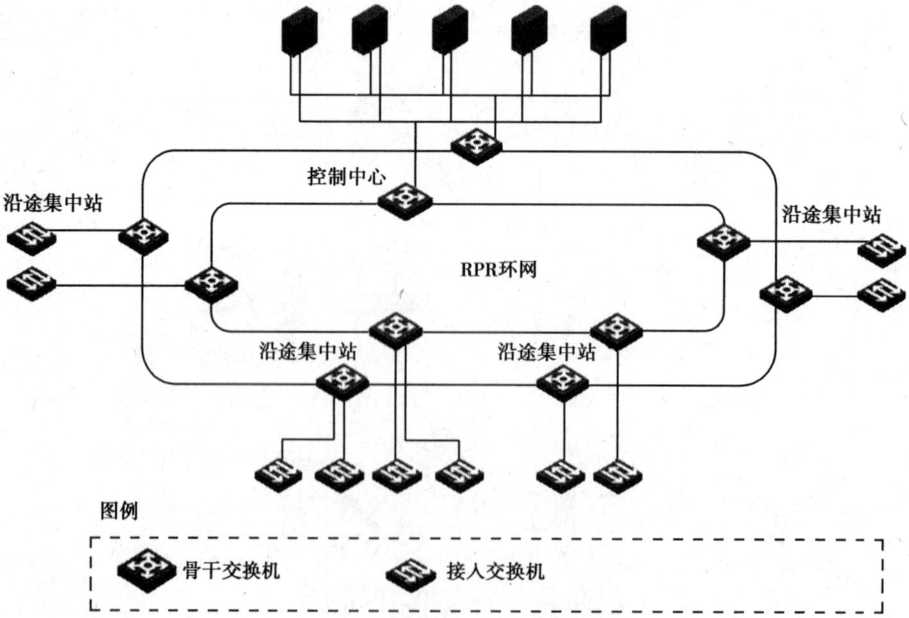

图 1.60　骨干传输网络组网示意图

(3)车载数据通信网络设备(MR)

车载网络系统分别由车头驾驶室网络部分及车尾驾驶室网络部分组成。车头车尾两端各安装一套MR。设备实物,如图1.61所示。

图1.61　车载数据交换机实物图

MR是车载无线设备,用来在车载设备和轨旁设备间传输数据。所有列车收发的数据都由列车两端的MR传输,提供连续的数据传输冗余。

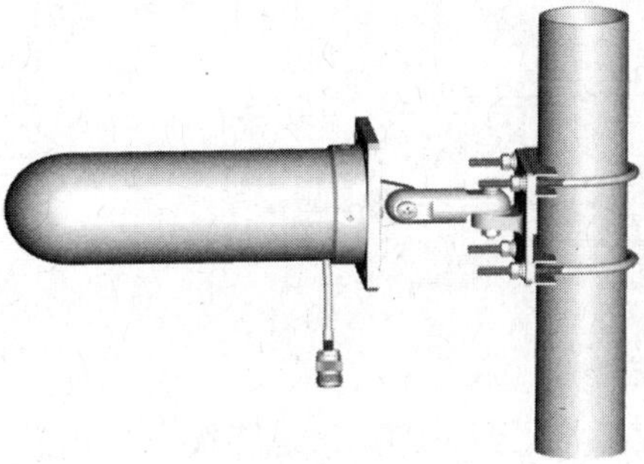

图1.62　车载MR无线天线实物图

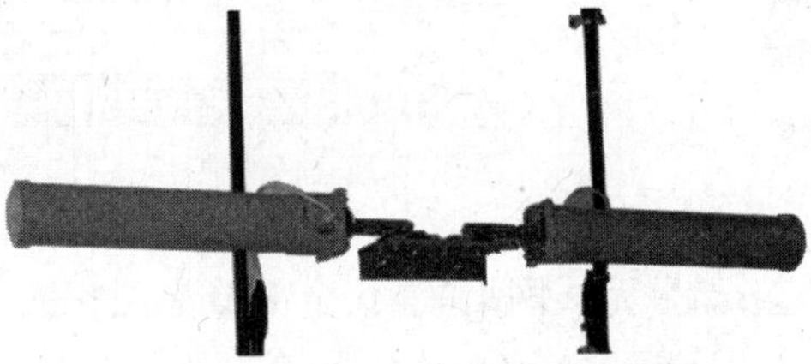

图1.63　区间AP天线实物图

其中,车头和车尾驾驶室网络部分分别由车载无线网络单元、车载天线、车载网络交换机和车载CBTC系统设备组成,组网如图1.64所示。

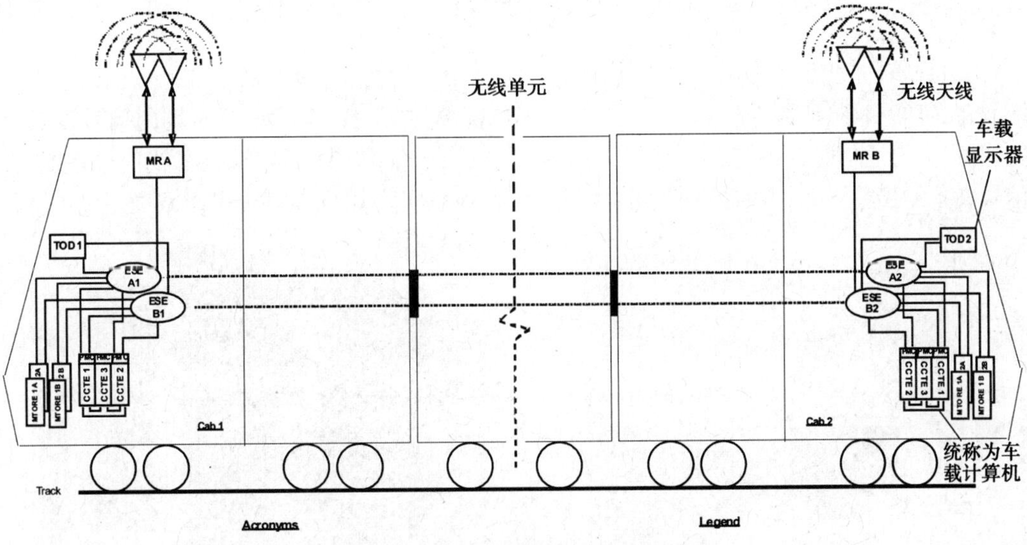

图1.64　车载无线系统组网示意图

综合来说DCS数据通信子系统是整个信号系统进行数据传输、交换的重要设备,骨干A、B网络有线部分如果全部故障,将直接影响信号各子系统间的数据传输,信号系统基本处于瘫

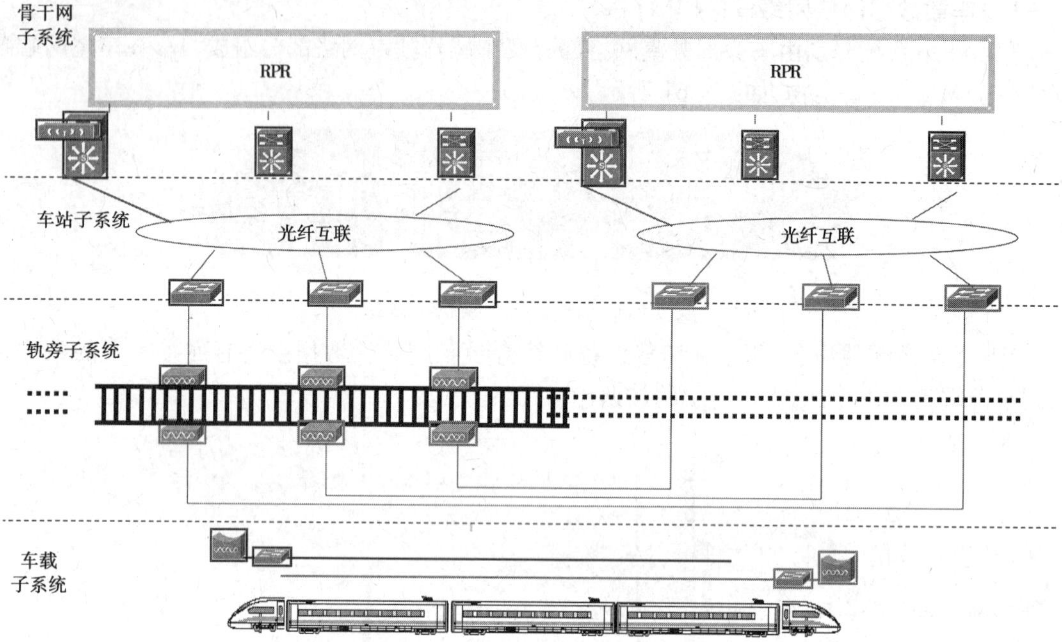

图 1.65　车地通信系统模型

痪状态;如果无线网络故障,全部或大面积的无线网络故障将导致 CBTC 系统降级至点式系统运营。

1.1.5　车辆段信号系统设备功能及故障影响

(1)计算机联锁系统

1)设备功能

计算机联锁系统设备车辆段及停车场各 1 套,含联锁计算机、接口设备、控显设备、电务维修终端设备、打印机、打印服务器、防雷元件等。其系统部件实现对车辆段或车场内信号设备联锁功能,并提供与通信时钟系统、正线信号联锁系统、正线-车辆段 ATS 系统、试车线信号系统、洗车线信号设备的接口。车辆段计算机联锁系统配置及设备实物,如图 1.66—图 1.69 所示。

图 1.66　车辆段信号微机室设备实物图

图 1.67　车辆段信号机械室设备实物图

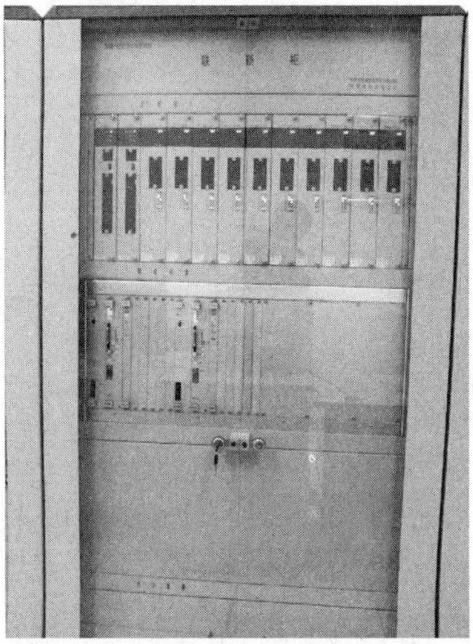

图 1.68　**车辆段计算机联锁机柜**

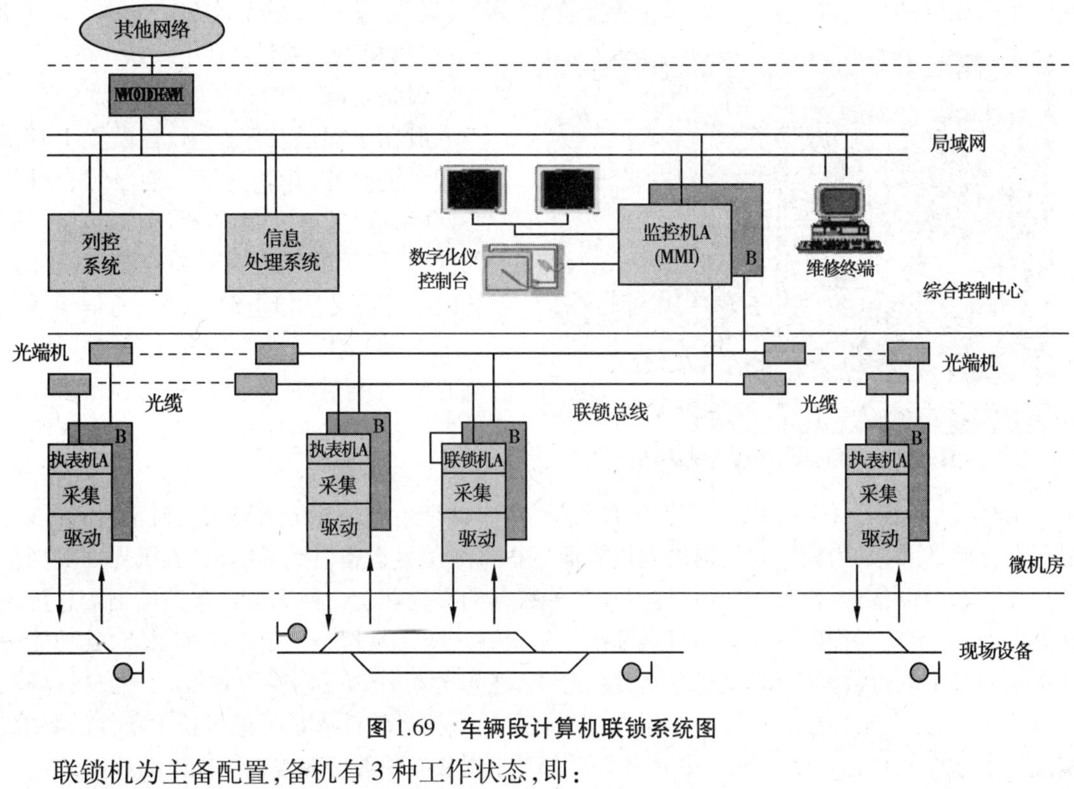

图 1.69　**车辆段计算机联锁系统图**

联锁机为主备配置，备机有 3 种工作状态，即：

备机脱机：备机独立运行状态，此时不与主机发生任何关系，也不具备驱动控制。可在此状态下对备机进行维修和测试。

备机联机：当切换手柄在自动位置并按压联机按钮后，备机与工作机建立通信联系并开始进行同步处理。

备机同步：联机态的备机经同步处理与主机状态一致，并经确认后自动转为同步状态。备机事故继电器吸起，进入热备状态。

3 种工作状态的转换关系，如图 1.70 所示。

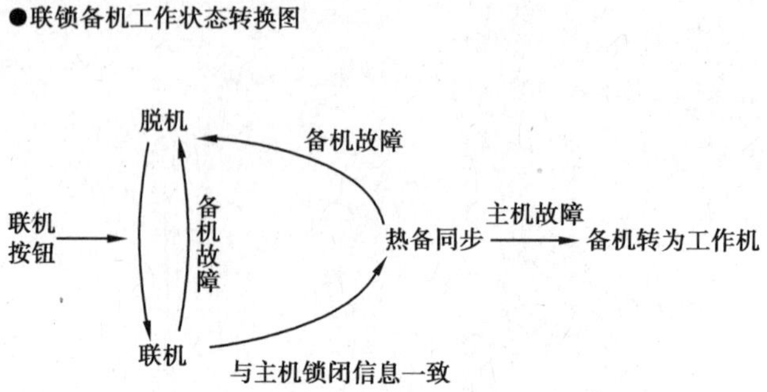

图 1.70　联锁备机工作状态转换图

2）故障影响

车辆段联锁设备故障首先影响对车辆段内信号机、转辙机、轨道电路设备的检测与控制，段内行驶的列车、调车将失去位置监控，严重影响段内作业；其次车辆段联锁故障也将影响与正线信号联锁的接口功能，影响列车在转换轨的“照查”检测，影响收发车效率。

（2）微机监测系统

1）设备功能

一般在车辆段及停车场，各设置 1 套微机监测系统设备，并联网至车辆段综合维修中心，含站机、采集机、维修终端、通道防雷隔离元件、采集用的继电器及组合架等。通过系统内部的各类连接电源、数据、通信线缆和接头配件，将微机监测系统与计算机联锁、智能电源屏、信号主灯丝报警设备、道岔缺口报警设备连接。图 1.71 为微机监测系统维护终端。

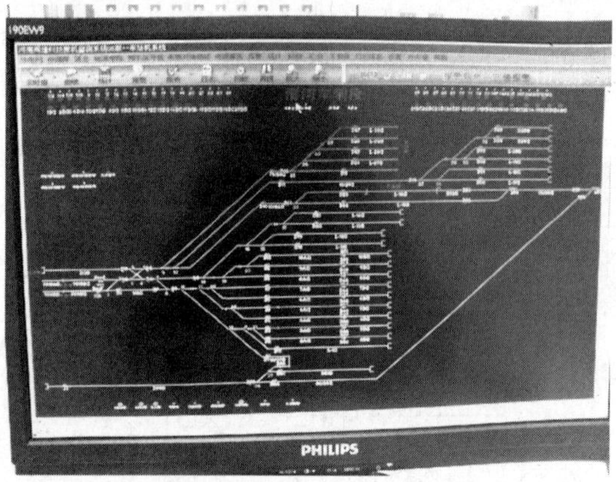

图 1.71　微机监测系统维护终端

信号微机监测系统作为一个集中管理机器，集中处理各种采集机采集的实时信息，并进行显示和存储，同时又为操作人员提供人机界面。根据对信号设备监测的结果，人机界面实现车站作业状态及设备运行状态的实时显示和各种数据的查询功能。站机可将本站监测信息传送到服务器，为实现远程监测和管理提供基础。站机系统应用软件是一个多任务系统，其功能是从采集分机中取得数据，同时完成本站数据分类、逻辑分析处理、报警、数据统计、汇总、存储、回放等功能，并有站场显示和操作界面查看所有采集数据。软件满足了最新技术条件的要求，实现了车站作业状态及信号设备质量状态的实时监测和各种数据的查询功能。微机检测系统框图，如图 1.72 所示。

2）故障影响

微机检测系统故障将使得车辆段内信号设备失去远程监测和管理功能。

（3）电源系统设备

1）设备功能

车辆段电源系统，一般由信号智能电源屏、UPS 电源及蓄电池组成。一般车辆段内计算

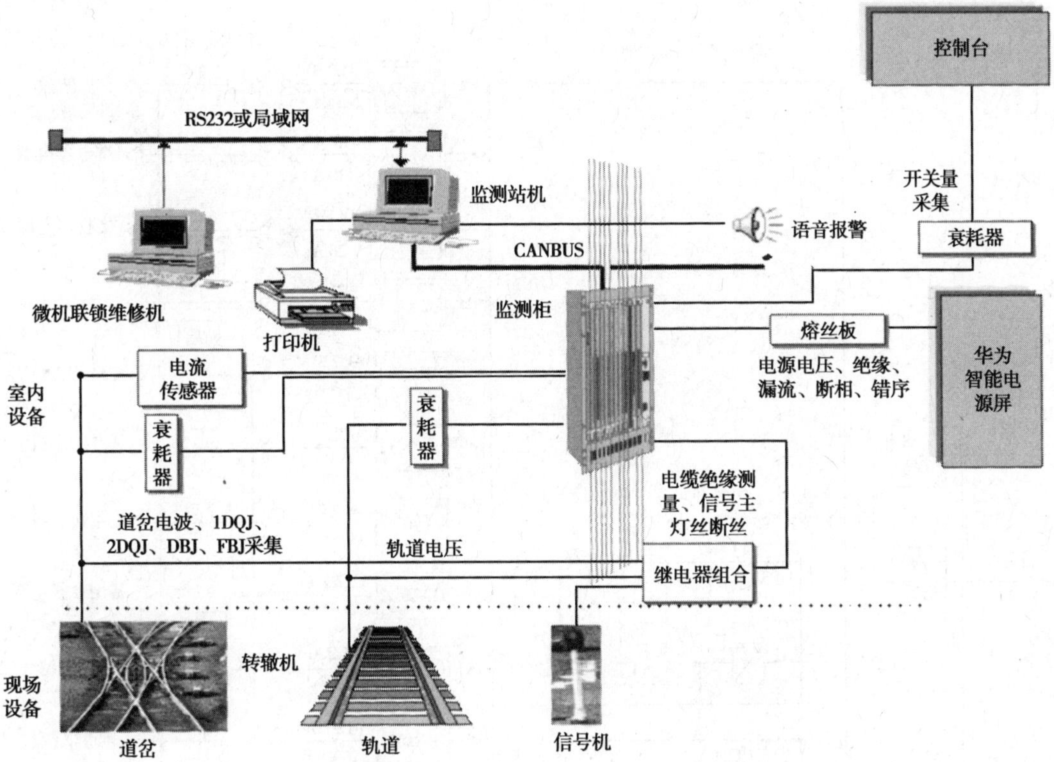

图 1.72　车辆段信号微机监测系统框图

机联锁、微机监测系统等，用铁路信号智能电源屏 1 套，停车场内计算机联锁、微机监测系统等用铁路信号智能电源屏 1 套。智能电源屏向监测系统提供电源屏输入电压、电流，电源屏输出电压、电流、频率、功率，轨道电路用 50 Hz 电源输出电压相位角、冗余模块工作状态等信息。电源系统设备实物，如图 1.73 所示。

图 1.73　车辆段电源屏

2) 故障影响

电源系统设备故障，将导致信号负载处于掉电停机状态，严重影响车辆段内所有与信号功能相关的作业。

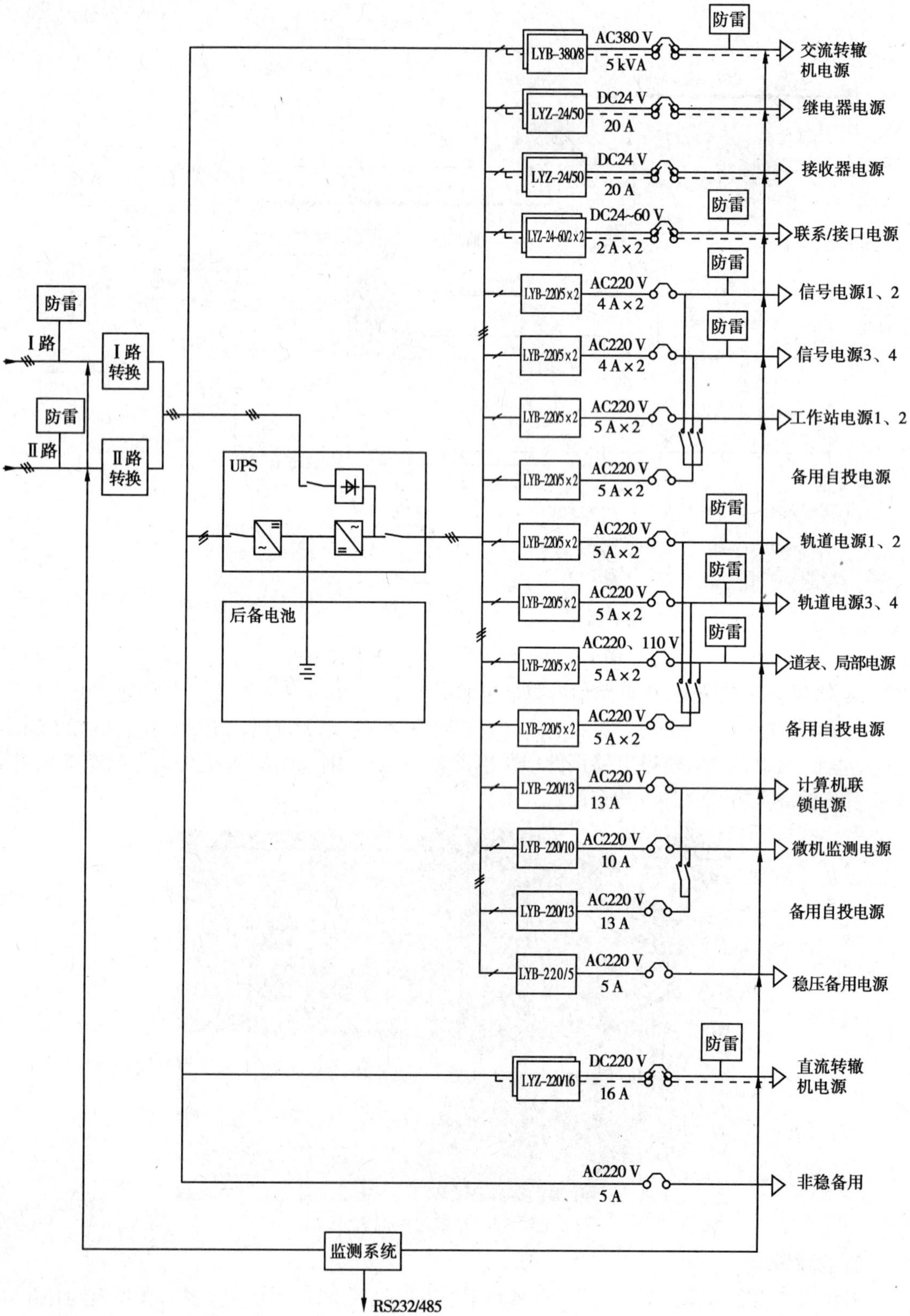

图 1.74　车辆段信号电源配置原理图

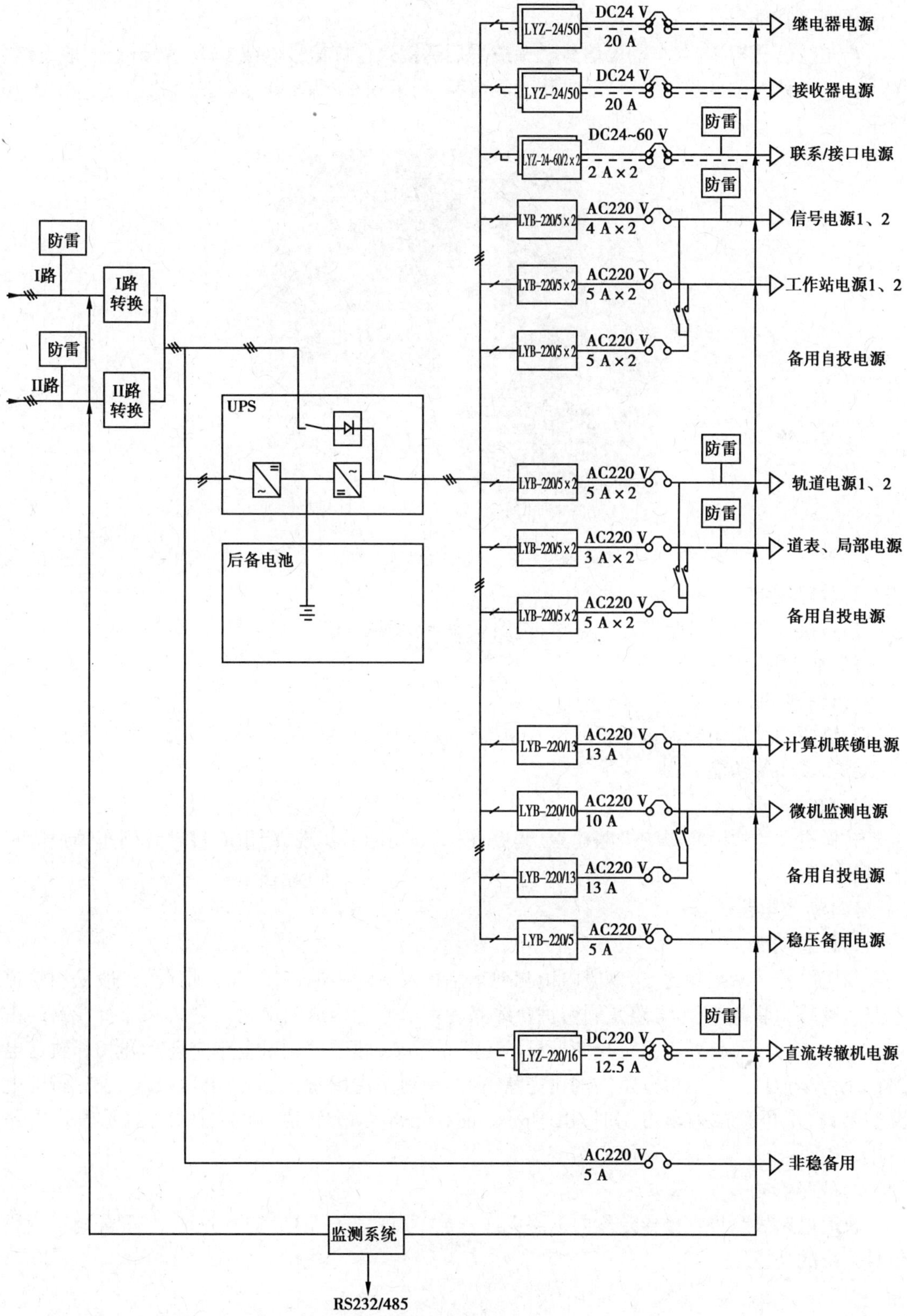

图 1.75　停车场信号电源配置原理图

(4)信号机

1)设备功能

与正线信号机相比,车辆段信号机一般采用透镜式色灯信号机或 LED 信号机,一般有红、黄、蓝、白 4 种等位显示,用于显示进路开放情况,指示列车、调车作业。信号机实物,如图1.76所示。

(a)信号机正面　　(b)信号机内部

图 1.76　透镜式色灯信号机

2)故障影响

信号机故障将导致进路无法开放,进路状态无法显示,影响段内列车、调车作业。

(5)转辙机

1)设备功能

车辆段信号系统转辙机与正线信号系统转辙机功能一致,都是用以转换道岔,实现进路建立、变更、锁闭等功能。

2)故障影响

转辙机发生故障将影响进路建立、变更、锁闭等功能的实现,严重时将导致列车掉道等重大事故发生。

(6)轨道电路

1)设备功能

与正线信号系统相比,车辆段内检测列车位置及对线路的占用、出清情况,一般采用轨道电路这种技术装备,轨道电路是利用钢轨线路和钢轨绝缘构成的电路。它用来监督线路的占用、出清情况,以及将列车运行与信号显示等联系起来,即通过轨道电路向列车和相邻轨道电路传递行车信息。当轨道电路内钢轨完整,且没有列车占用时,轨道继电器吸起,表示轨道电路空闲;轨道电路被列车占用时,由于列车轮对分路效应,轨道继电器落下,表示轨道电路占用。

2)故障影响

轨道电路故障将直接导致段内进路无法开放,段内列车、调车监控丢失,严重影响车辆段信号系统的功能。

1.1.6　城市轨道交通信号系统故障分类

城市轨道交通信号系统由车载信号、正线信号、ATS信号、DCS信号及车辆段信号5个子系统组成，由于它们具有不同的子系统功能，因而故障现象也不相同，其故障可分为以下几种：

(1)按照设备属地特性分

1)车载信号设备故障

车载信号设备故障一般包括车载ATO/ATP计算机(CC)设备故障、车载数据交换传输设备故障、车载无线天线(MR)设备故障、速度传感器设备故障、加速度计设备故障、应答器查询天线设备故障、司机显示器(TOD)故障、雷达测速设备故障及各类模式或功能开关故障。

2)地面信号设备故障

地面信号设备故障一般包括计轴设备故障(含室内、室外设备)、联锁设备故障、电源屏设备故障、UPS电源设备故障、蓄电池故障、组合柜内设备(含各种继电器及空开开关、万科端子)故障、防雷分线柜故障(含各种连接线缆、防雷单元、万科端子)、数据传输网络设备故障、区间数据传输接入点(AP)故障、各种诊断检测设备故障、信号机故障、转辙机故障、应答器故障、紧急停车按钮故障、折返按钮故障等。

3)中央及车站ATS设备故障

中央及车站ATS设备故障一般包括中央及车站各种ATS主服务器故障、接口服务器故障、网络通信设备故障、数据存储设备故障、终端显示/操作设备故障(含中央调度显示/操作终端、车辆段/车场调度显示/操作终端、车站站务显示/操作终端)等。

(2)按照故障可能导致的影响程度分

1)一般影响

例如单次车车载信号故障会影响本列车部分或全部车载信号设备功能。一般在切除车载信号后继续运行至终点站或最近的存车线后退出运营，对全线运营影响较小。

例如个别数据传输接入点(AP)故障，CBTC模式下无线通信链路不能建立，在此故障区间点影响CBTC列车功能(不影响非CBTC列车)，对全线运营影响较小。

例如降级模式下，个别点信号机故障导致所有列车在此信号机前不能正常通过，需开放引导信号或办理路票通过，对全线运营影响较小。

例如降级模式下，个别点应答器故障导致所有经过此故障点的列车-地面通信失效，定位丢失等。列车越过此故障点，待重新建立定位后，功能恢复，对全线运营影响较小。

除以上故障外，还有部分设备故障只影响一小区段或单次列车等，对全线运营影响较小。

2)重要影响

如区域控制器设备故障、联锁设备故障、计轴设备故障、电源设备故障、轨道电路故障、中央及车站ATS主服务器故障、接口服务器故障、车站ATS显示/操作终端设备故障、电源设备故障、数据通信网络设备故障(骨干交换机、接入交换机)、转辙机故障等，都可能会影响全线、联锁区或大区段的设备功能，甚至可能导致信号系统功能降级，将对全线运营质量、运营安全、运营效率产生重大影响。

【任务考评】

表1.2为任务实施过程考核评价表。(以学生自评、互评为主，教师根据学生学习过程，参照自评、互评结果进行综合成绩评定)。

表 1.2　任务实施过程考核评价表

考评项目		分值/分	要　求	学生自评	小组互评	教师评定
知识准备	系统总体认识	5	能说明系统的总体构成,系统具备的功能及系统特点			
	系统设备组成	5	能根据系统总体设计,说明系统之间的关系及系统连接方式			
任务完成	正确认识车载信号各设备,并认识信号设备故障对运输生产的影响	10	能正确说出每个设备的名称,了解设备的基本结构及工作方式,了解设备的故障的影响			
	正确认识轨旁信号各设备,并认识信号设备故障对运输生产的影响	10	能正确说出每个设备的名称,了解设备的基本结构及工作方式,了解设备故障的影响			
	正确认识 ATS 信号各设备,并认识信号设备故障对运输生产的影响	10	能正确说出每个设备的名称,了解设备的基本结构及工作方式,了解设备故障的影响			
	正确认识车辆段信号各设备,并认识信号设备故障对运输生产的影响	10	能正确说出每个设备的名称,了解设备的基本结构及工作方式,了解设备故障的影响			
	正确认识 DCS 通信系统各设备,并认识信号设备故障对运输生产的影响	10	能正确说出每个设备的名称,了解设备的基本结构及工作方式,了解设备故障的影响			
根据上面已经掌握的系统设备知识,制作系统设备学习卡片。卡片内容包括设备图片及设备安装地点,设备功能,设备正常工作状态,设备故障影响等内容		20	要求制作的设备卡片采用 Word 或 ppt 等图文方式展现,要求完整、正确、语言简洁并醒目			
协调合作完成上一项,并将成果交流展示		10	小组成员的参与积极性,成果展示的效果			
成　绩						

项目 2
城市轨道交通信号系统常见故障分析

【项目描述】

1.轨道交通信号系统设备常见故障描述。

2.轨道交通信号系统常见故障的一般处理流程。

3.轨道交通信号系统故障案例及故障处理方法分析。

【项目目标】

1.掌握轨道交通信号系统一般故障处理的程序与方法。

2.掌握轨旁信号设备常见故障的一般处理流程。

3.掌握 DCS 系统设备常见故障的一般处理流程。

4.掌握 ATS 系统设备常见故障的一般处理流程。

5.掌握车辆段信号系统设备常见故障的一般处理流程。

6.掌握车载信号设备常见故障的一般处理流程。

7.根据故障案例学习故障分析与处理的方法、工器具使用及处理技巧。

【能力目标】

1.能正确地分辨设备正常的工作状态以及故障状态。

2.能根据故障现象辨别故障设备。

3.能根据故障设备的显示或测试情况,辨别故障在室内还是室外。

4.能根据故障处理的一般流程和方法进行故障处理,恢复设备正常工作。

任务 2.1 城市轨道交通信号系统常见故障处理流程

【场景设计】

1.采用现场教学或授课方式,有条件时,可以将流程中涉及的设备点与实际设备相对照。

2.现场教学的场所配备多媒体教学设备及相关的教学课件、软件等。

3.现场设备养护维修所需要的技术资料。

4.考评所需的记录、评价表。

【知识准备】

为规范信号系统设备故障处理的管理及故障处理的流程,减少信号设备故障对日常运营的影响,一般都需要确立一定的故障处理流程,实现故障处理的科学有序管理,同时起到指导故障处理的目的。

2.1.1　轨旁信号设备故障处理流程

轨旁信号设备一般由联锁设备、计轴设备、电源设备、信号机、转辙机、应答器等设备组成。一旦这些设备发生故障,应按照一定的流程合理有序地进行故障处理。轨旁信号设备故障处理流程,如图 2.1 所示。

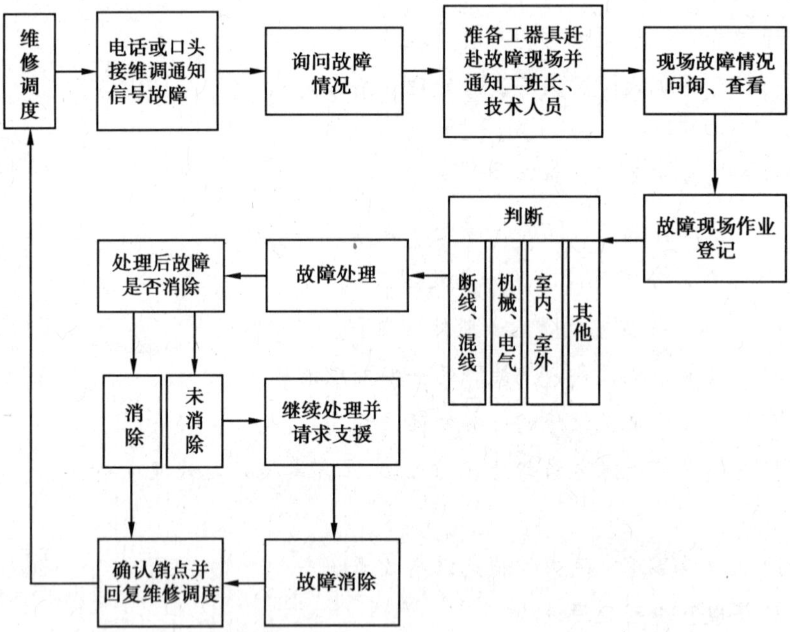

图 2.1　轨旁信号设备故障处理流程图

(1) UPS 系统故障处理流程

UPS 故障处理流程,如图 2.2 所示。

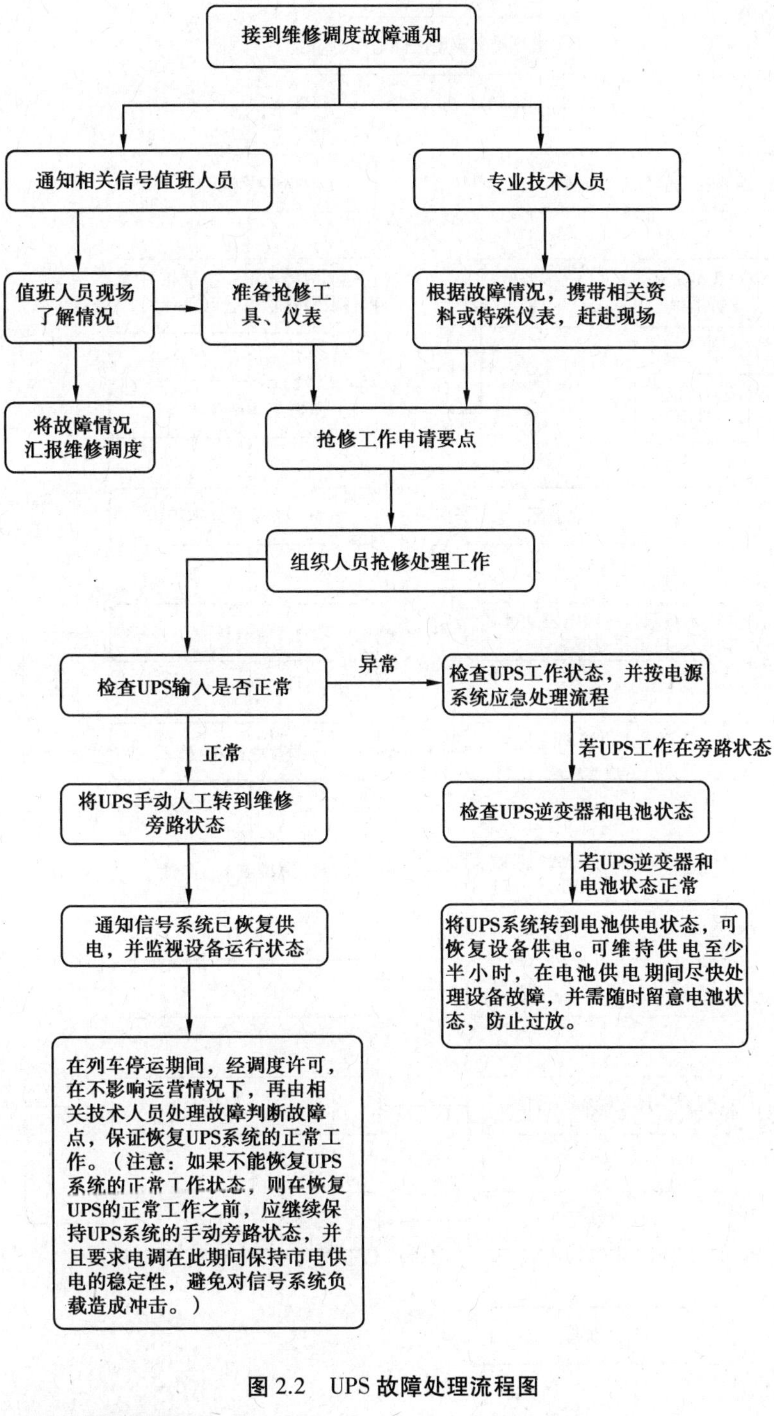

图 2.2　UPS 故障处理流程图

(2)电源系统故障处理流程

电源系统故障处理流程,如图 2.3 所示。

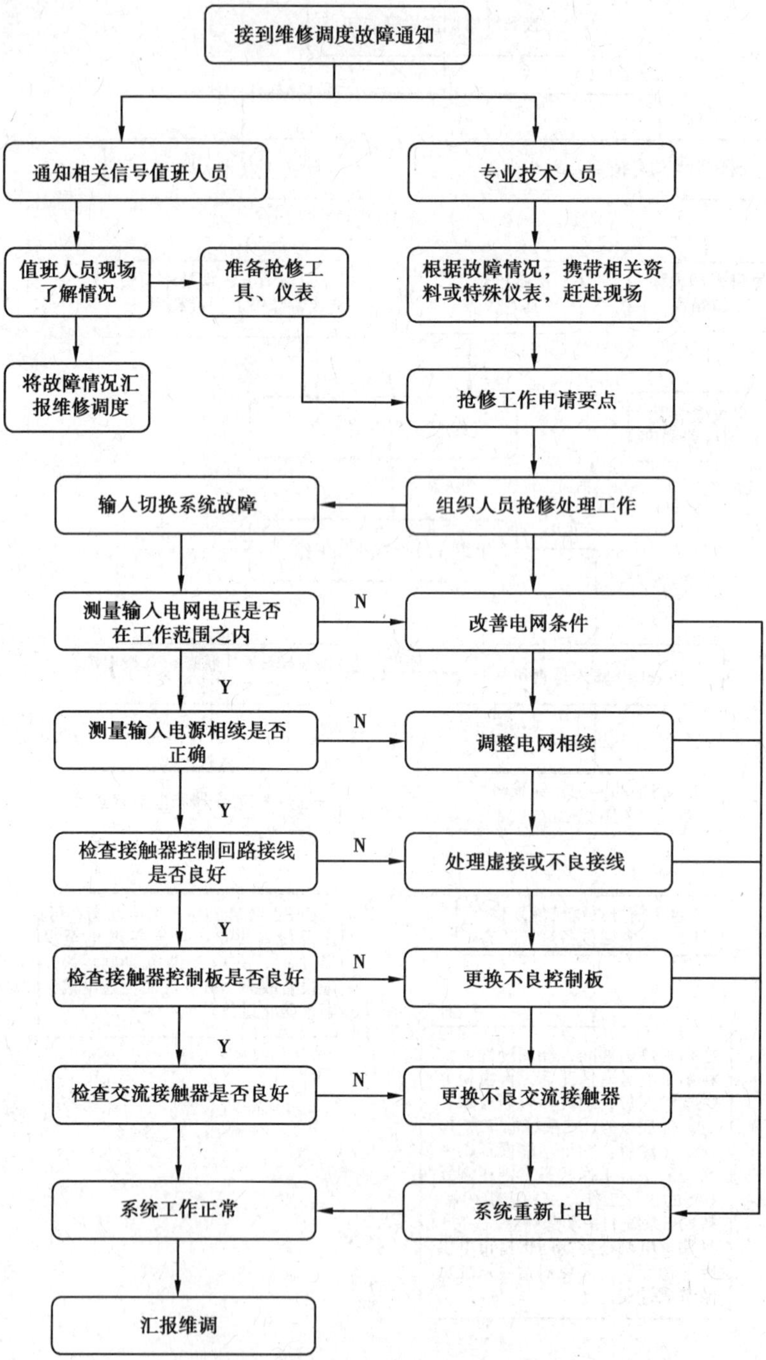

图 2.3　**电源系统故障处理流程图**

1)电源模块类故障处理流程

电源模块故障处理流程,如图 2.4 所示。

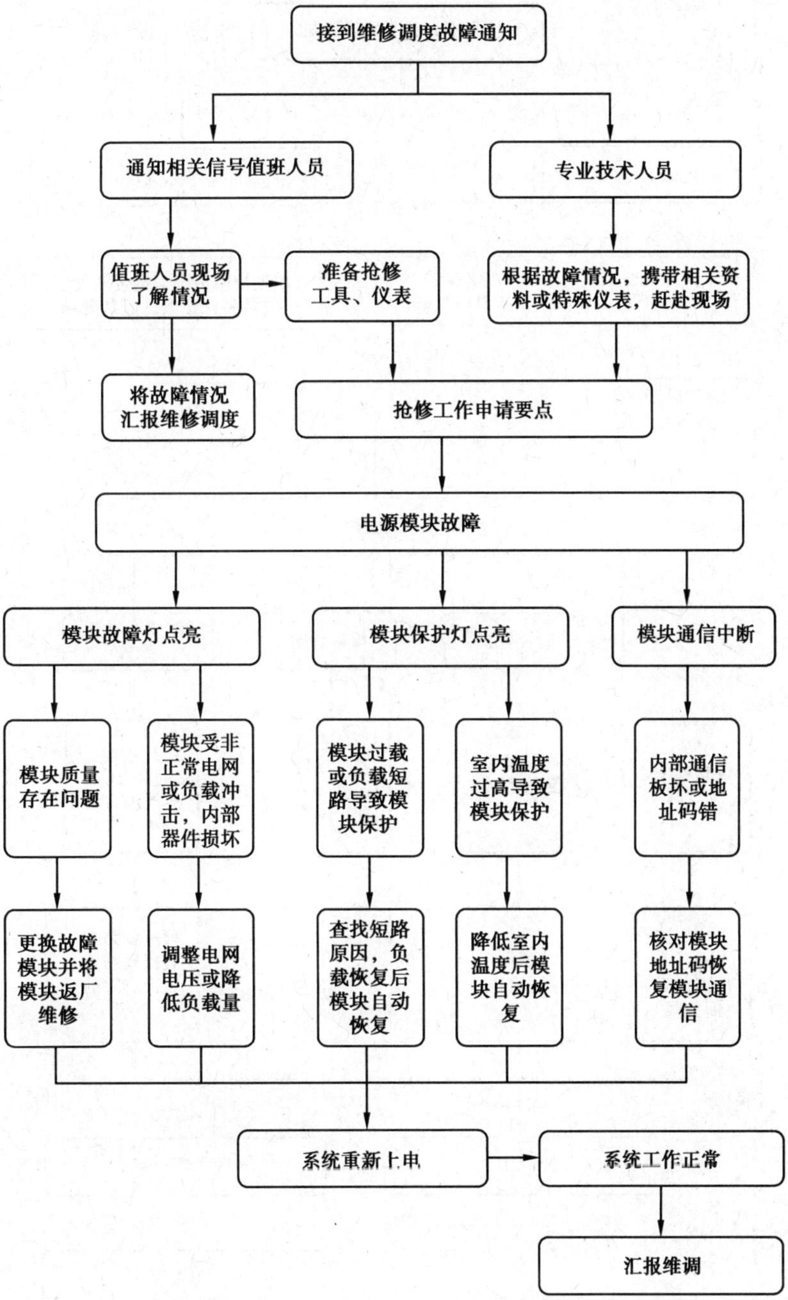

图 2.4　电源模块类故障处理流程图

2) 电源系统配电类故障处理流程

电源系统配电类故障处理流程，如图 2.5 所示。

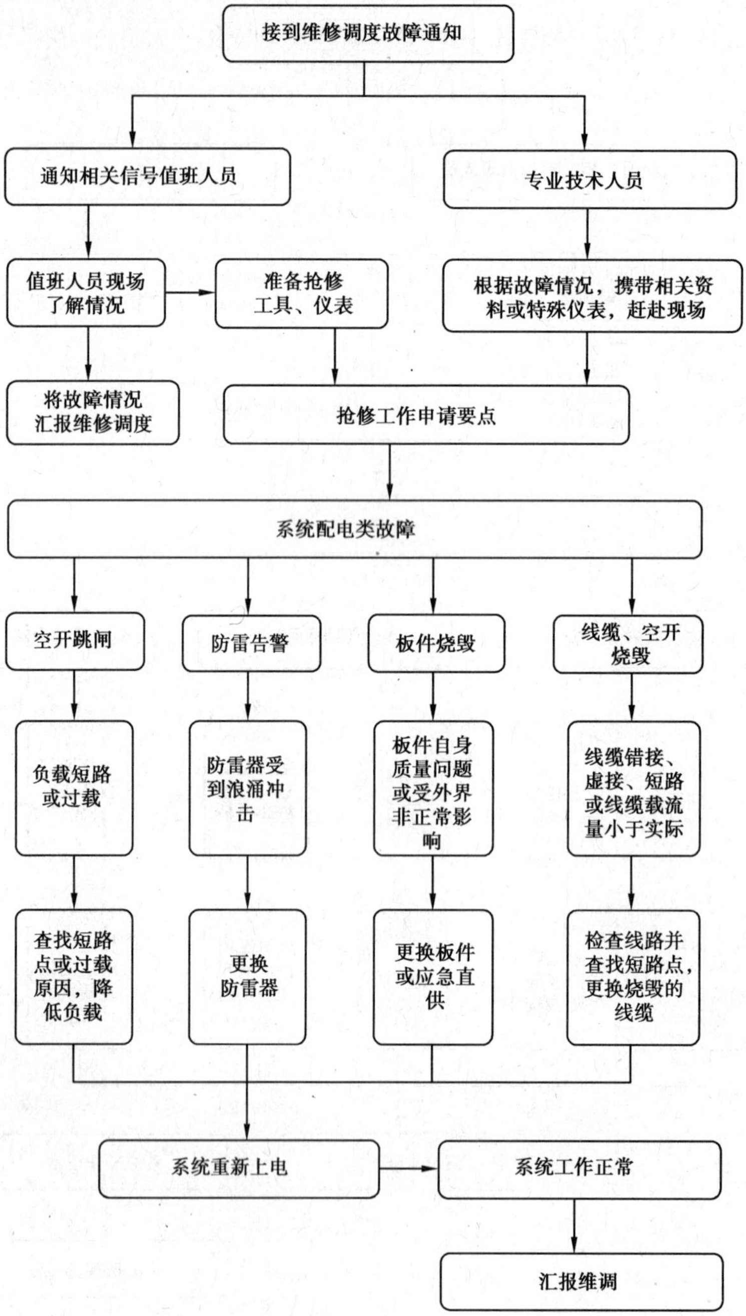

图 2.5　电源系统配电类故障处理流程

3)电源系统监控类故障处理流程

电源系统监控类故障处理流程,如图 2.6 所示。

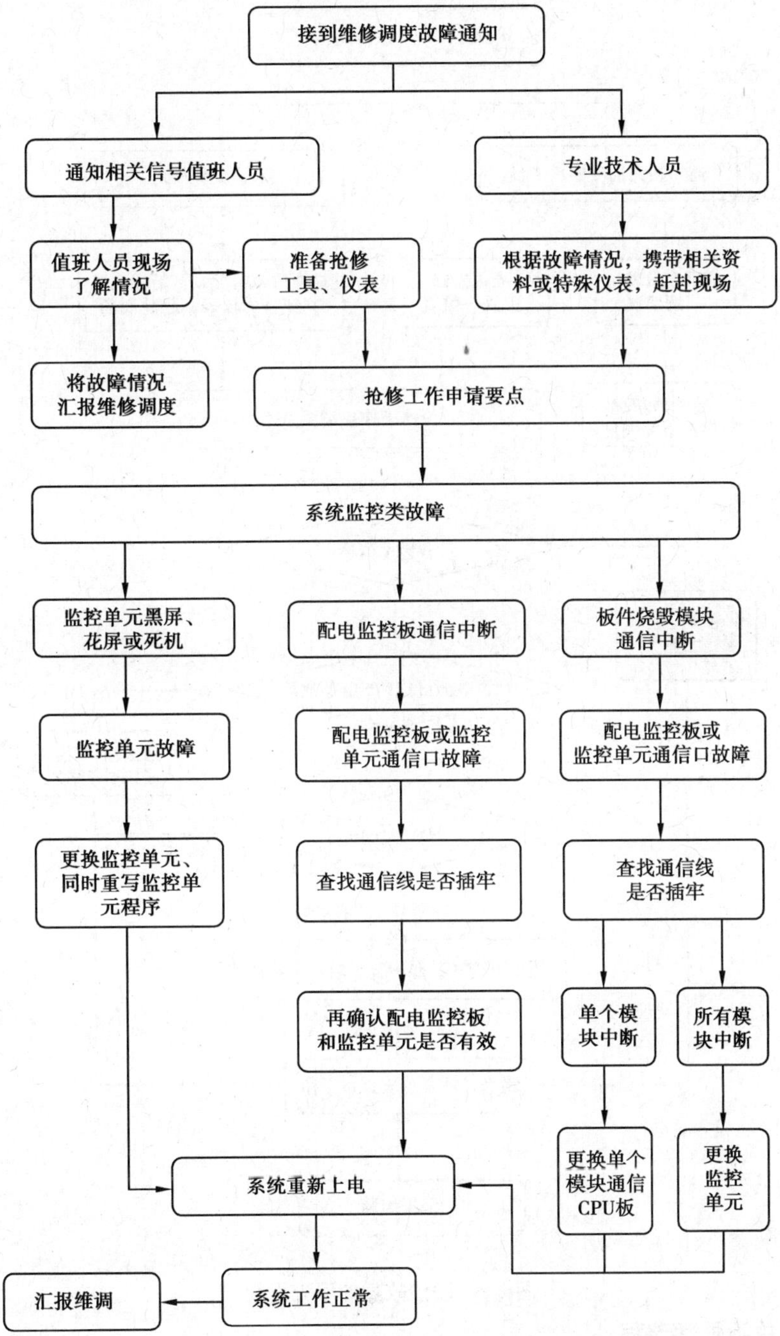

图 2.6　电源系统监控类故障处理流程图

(3)信号联锁故障处理流程

信号联锁系统故障处理流程,如图 2.7 所示。

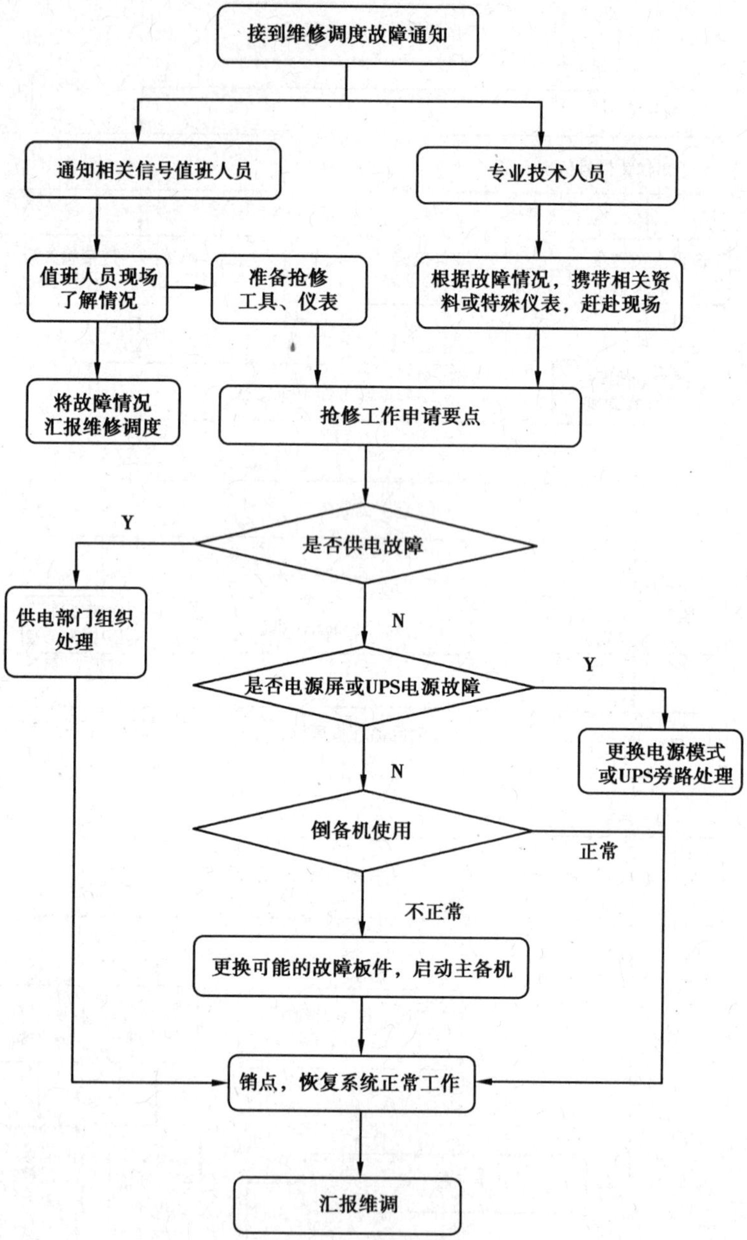

图 2.7　联锁故障处理流程图

(4)道岔故障处理流程

1)非挤岔道岔故障处理流程

非挤岔道岔故障处理流程,如图 2.8 所示。

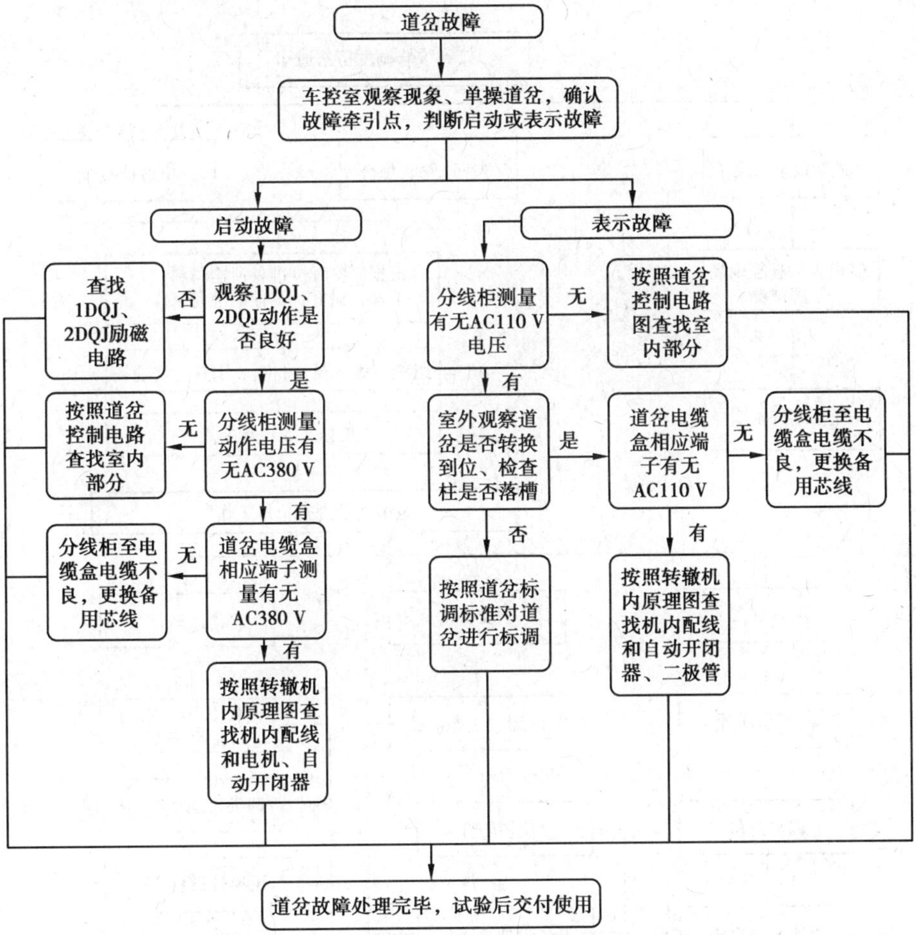

图2.8　非挤岔道岔故障处理流程图

2）挤岔道岔故障处理流程

挤岔道岔定义与分类

挤岔道岔是指列车因某种原因在经过道岔尖轨时，造成道岔密切尖轨与基本轨脱离。根据后果的严重程度可分为轻度挤岔、中度挤岔、严重挤岔。

①轻度挤岔

轻度挤岔一般表现为：电动转辙机挤脱器（ZD6为挤切削）脱落或机内部件损坏，动作杆、表示杆变形，道岔尖轨、基本轨无损伤。

②中度挤岔

中度挤岔一般表现为：电动转辙机机内部件损坏，安装装置变形，动作杆、表示杆变形，道岔尖轨损坏，基本轨无损伤。

③严重挤岔

严重挤岔一般表现为：电动转辙机损坏、安装装置损坏、动作杆、表示杆损坏，道岔尖轨、基本轨损伤。挤岔道岔故障处理流程，如图2.9所示。

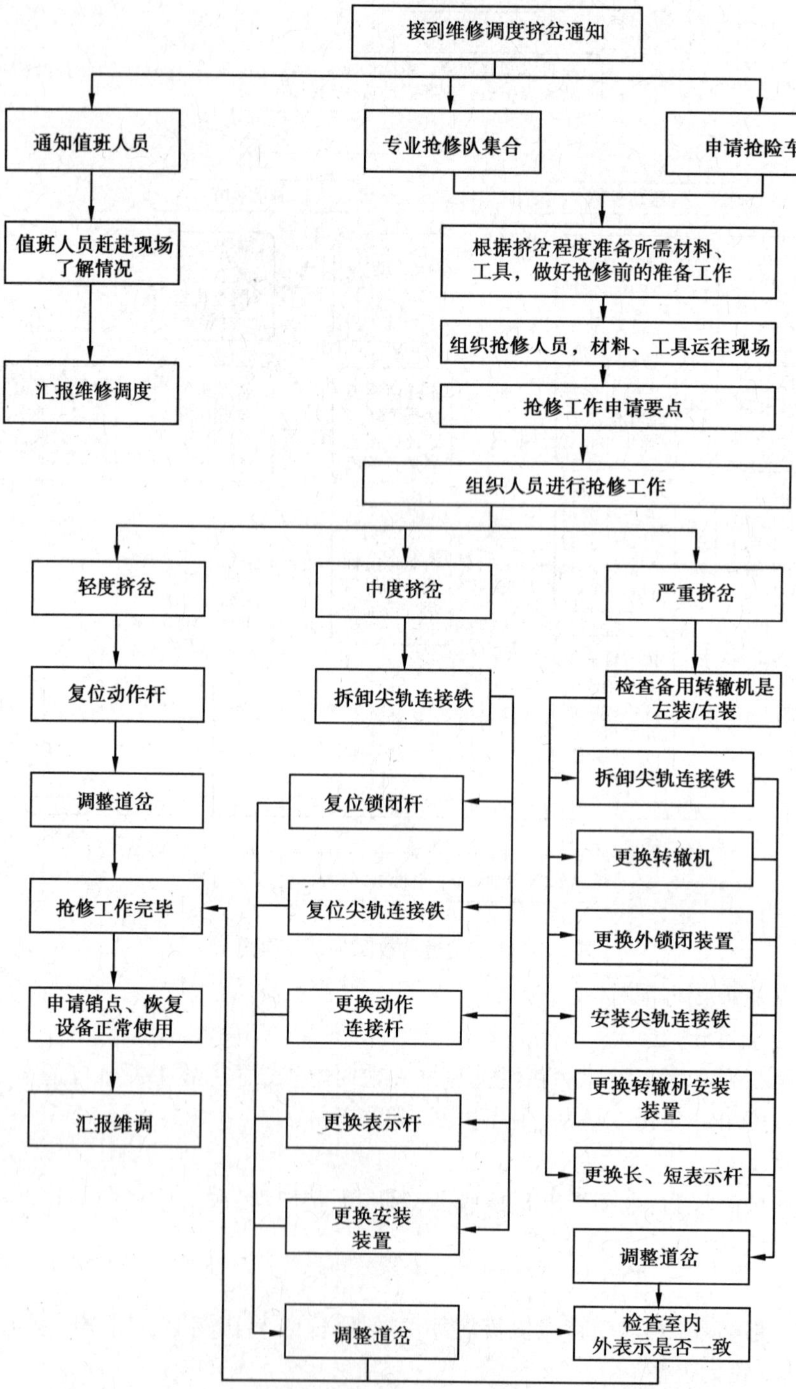

图 2.9　挤岔道岔故障处理流程图

(5)计轴设备故障处理流程

计轴设备故障处理流程,如图 2.10 所示。

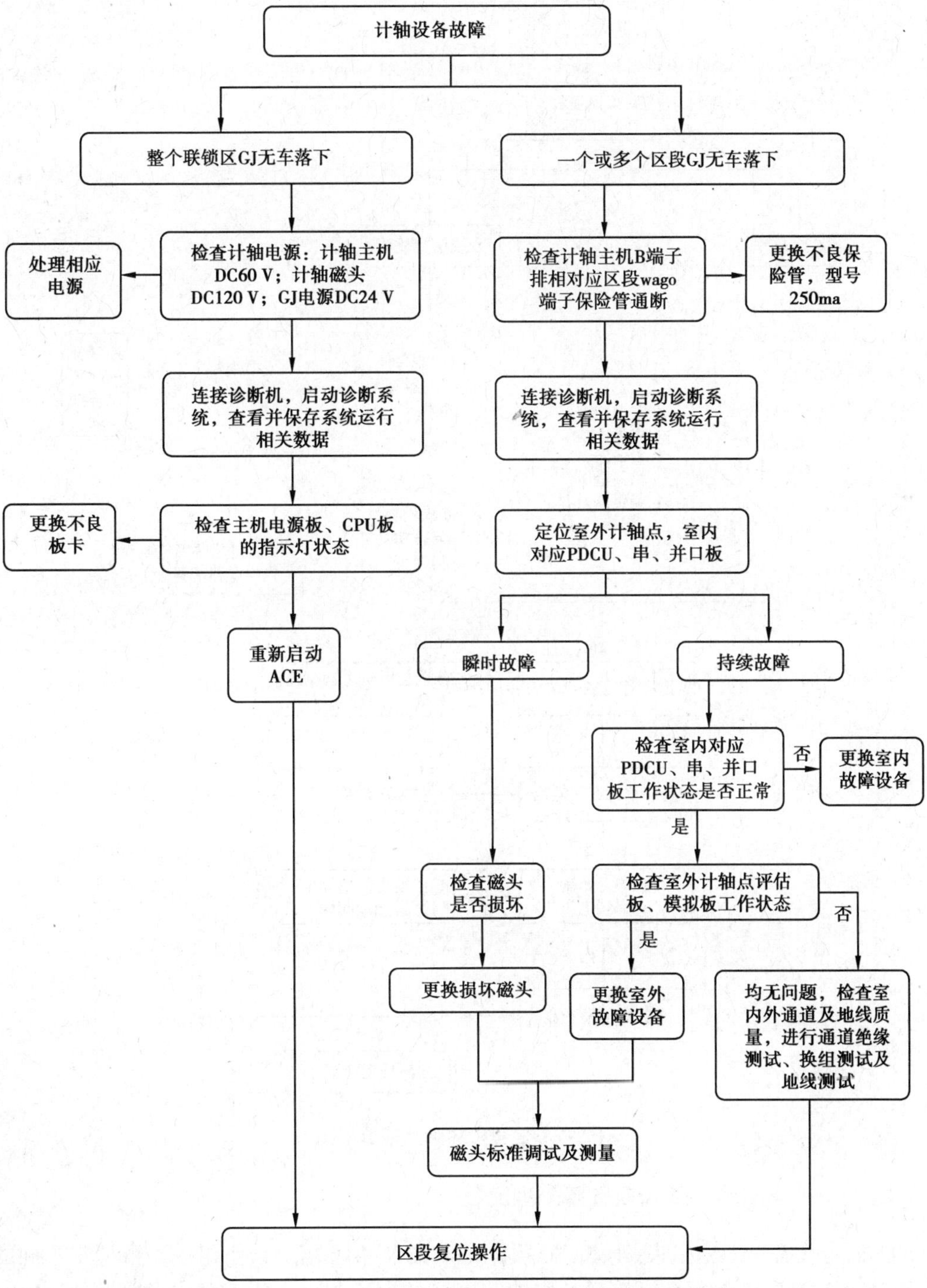

图 2.10　计轴设备故障处理流程图

(6)信号机故障处理流程

信号机故障处理流程，如图 2.11 所示。

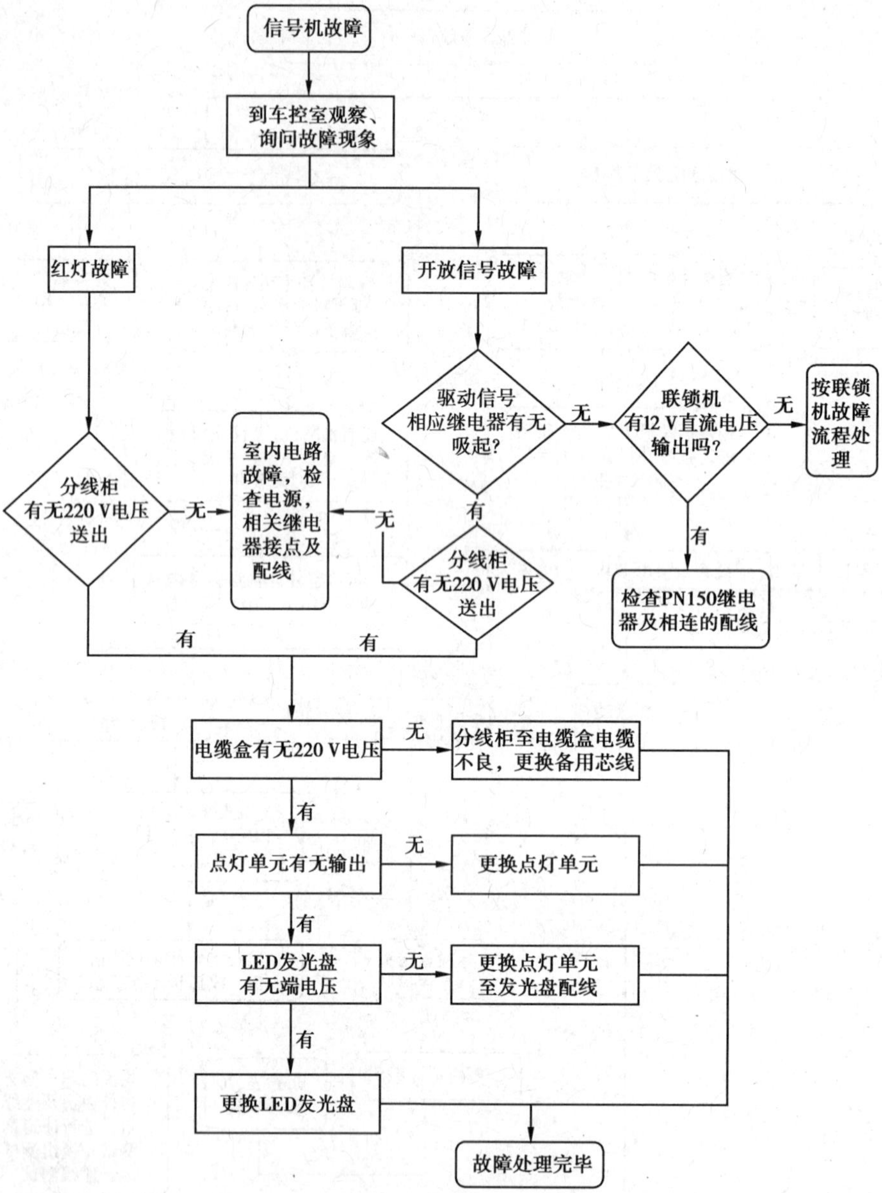

图 2.11　信号机故障处理流程图

2.1.2　中央及车站 ATS 设备故障处理流程

ATS 信号设备一般由中央、车站、车辆段、停车场及 ATS 培训设备组成。根据其不同的设备位置及功能权限,ATS 设备故障后的影响范围及处理流程也有所不同。ATS 设备故障处理流程,如图 2.12 所示。

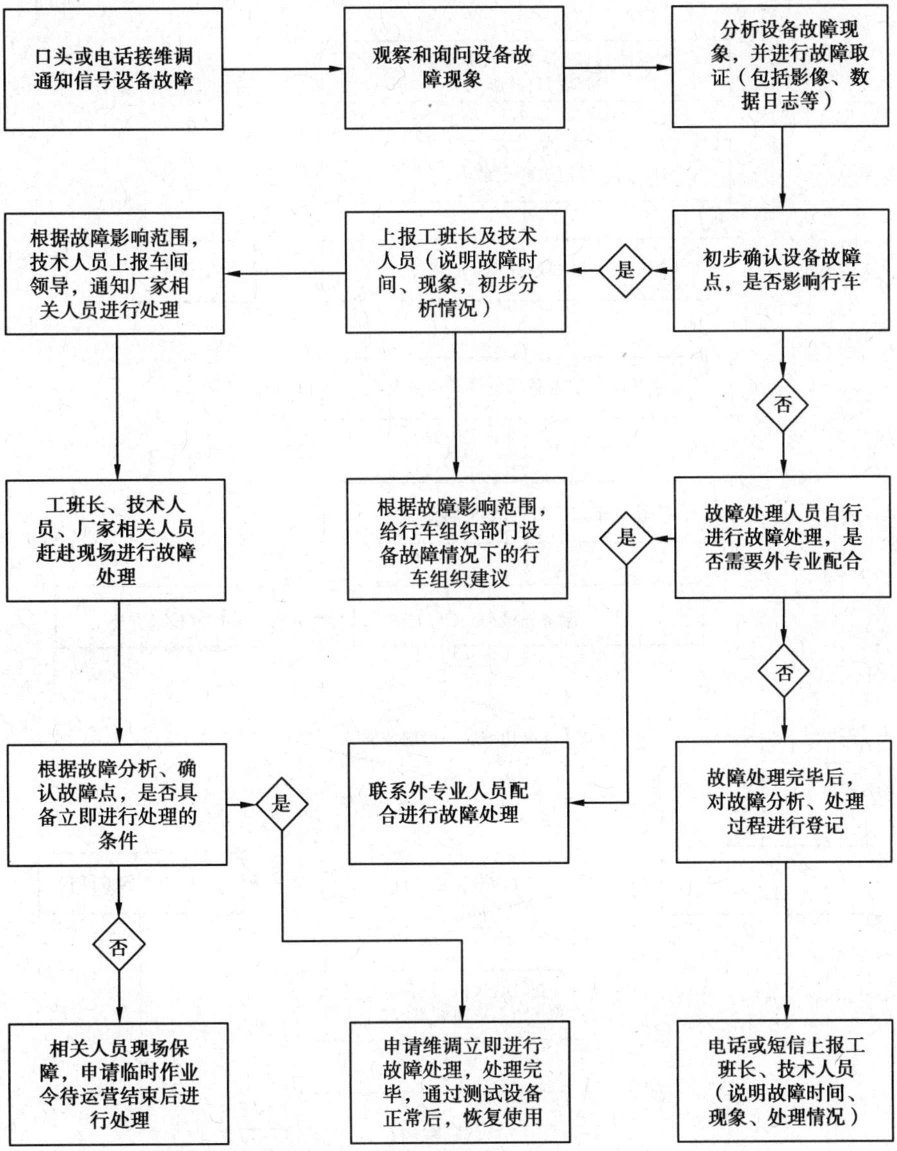

图 2.12　ATS 设备故障处理流程图

(1) ATS 系统服务器死机故障处理流程

系统死机故障处理流程，如图 2.13 所示。

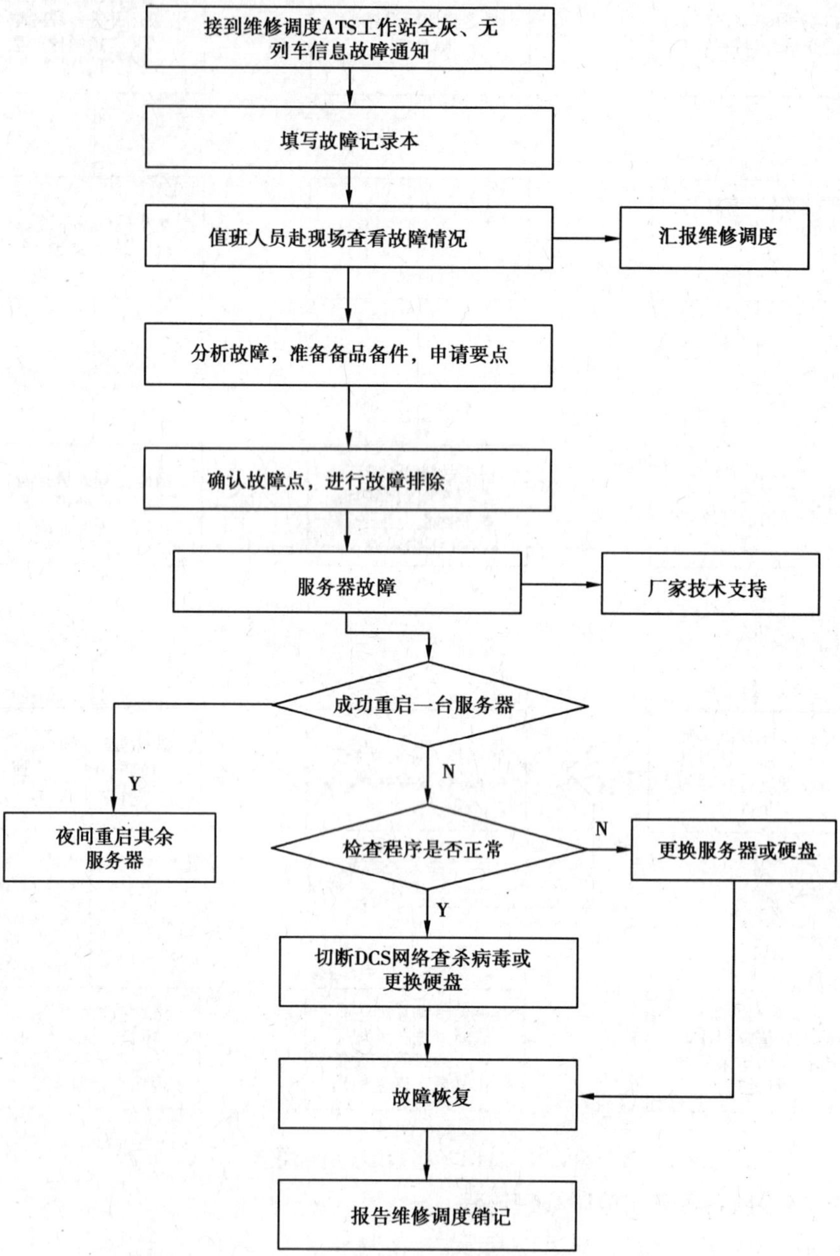

图 2.13　ATS 服务器死机故障处理流程图

(2) UPS 系统故障处理流程

UPS 设备故障处理流程,如图 2.14 所示。

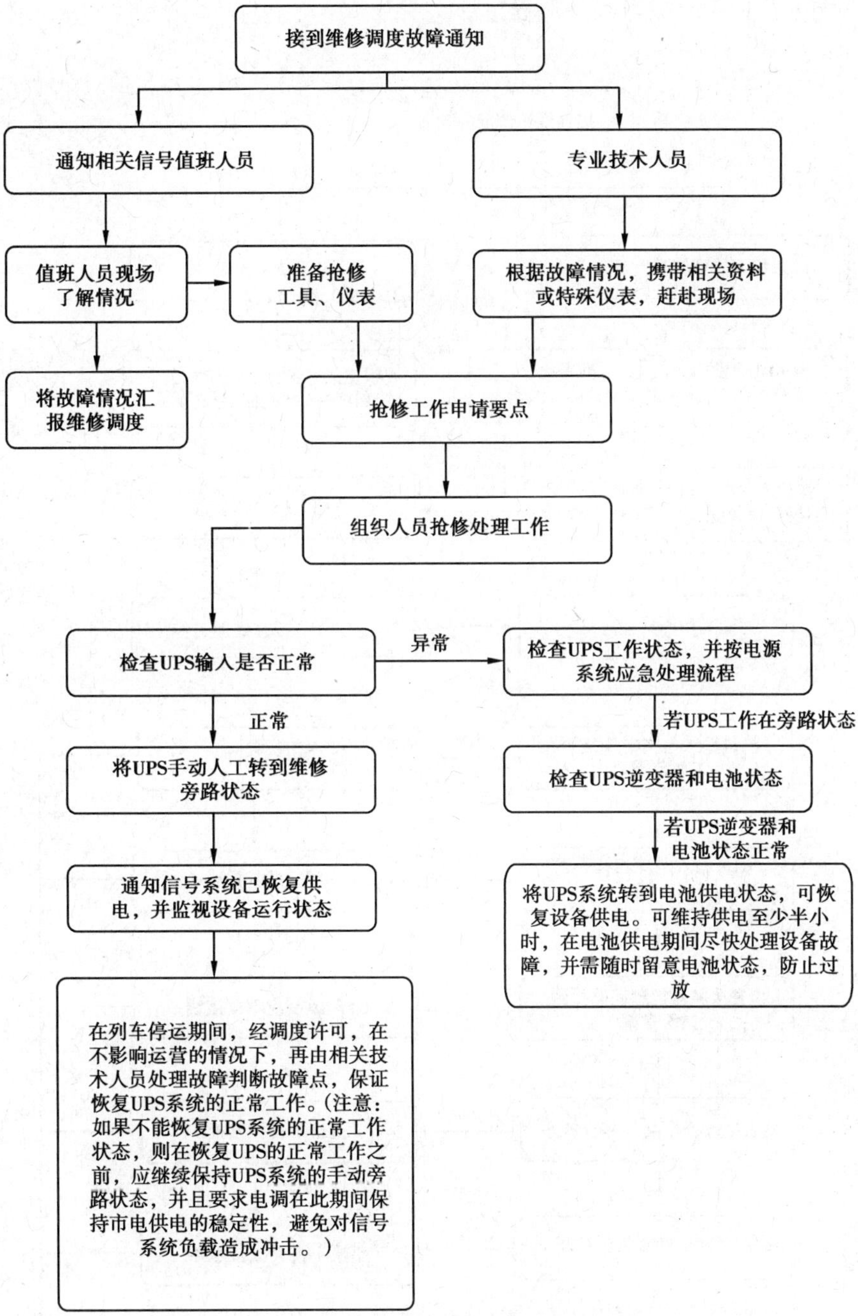

图 2.14　UPS 系统故障处理流程图

(3)电源系统故障处理流程

电源系统故障处理流程，如图 2.15—图 2.18 所示。

1)电源输入切换系统故障处理流程

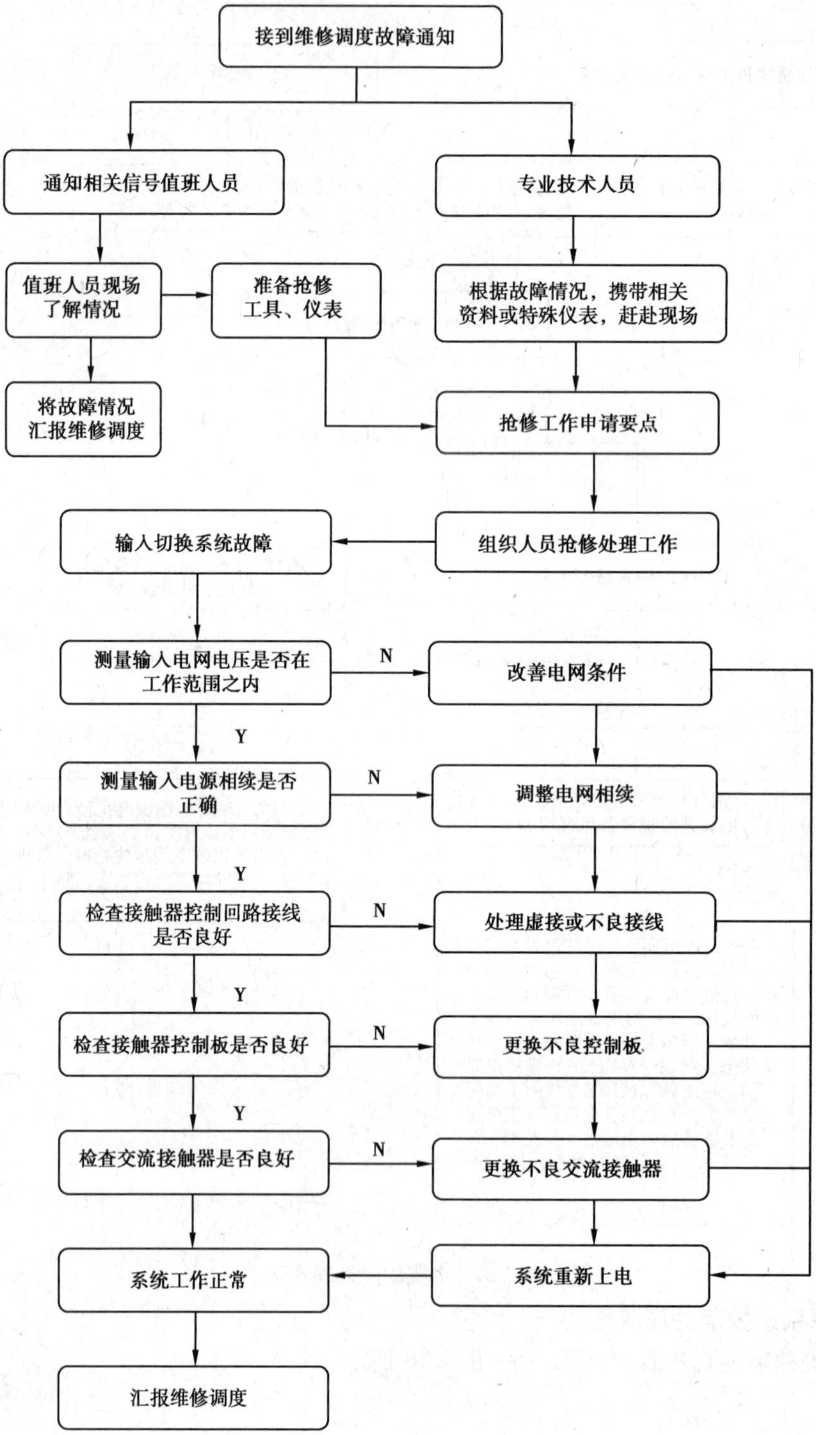

图 2.15　电源输入切换系统故障处理流程

2)电源模块类故障处理流程

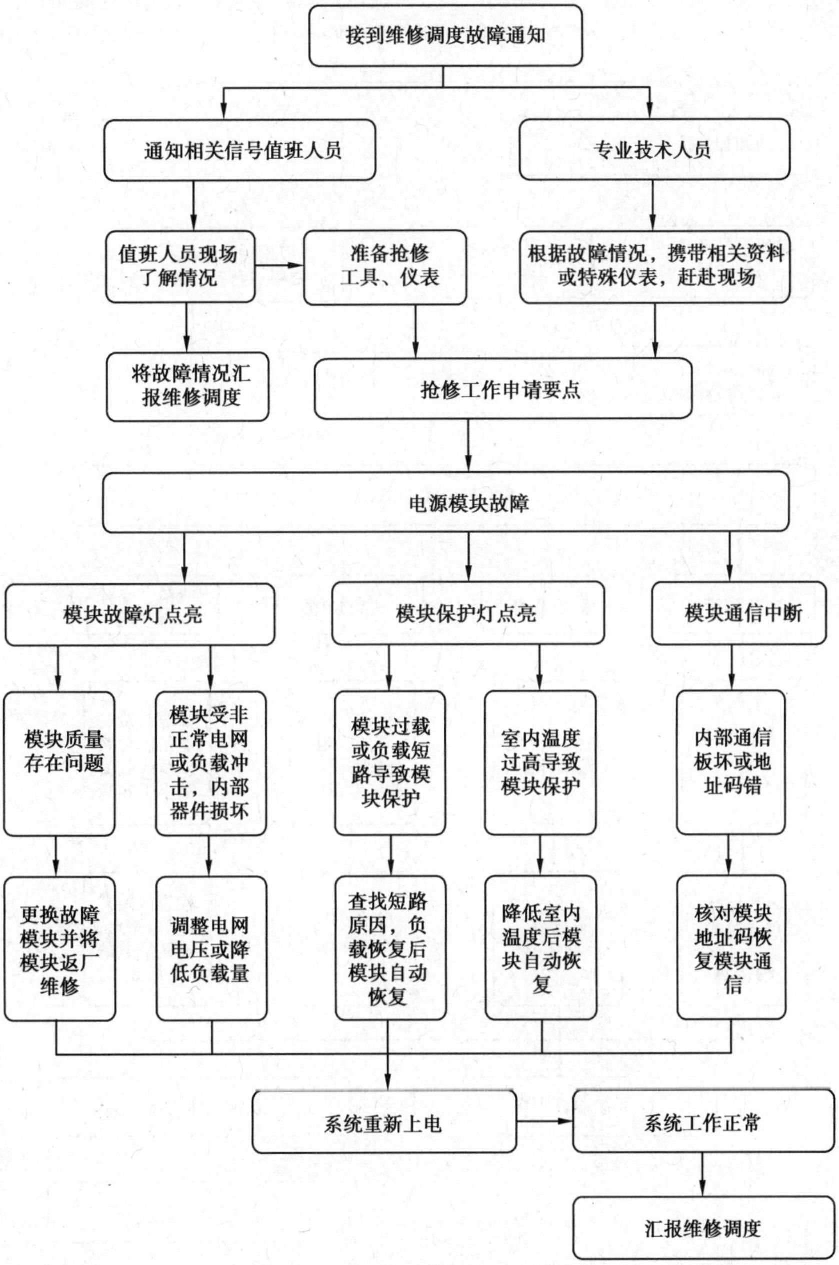

图2.16　电源模块类故障处理流程

3)电源配电类故障处理流程

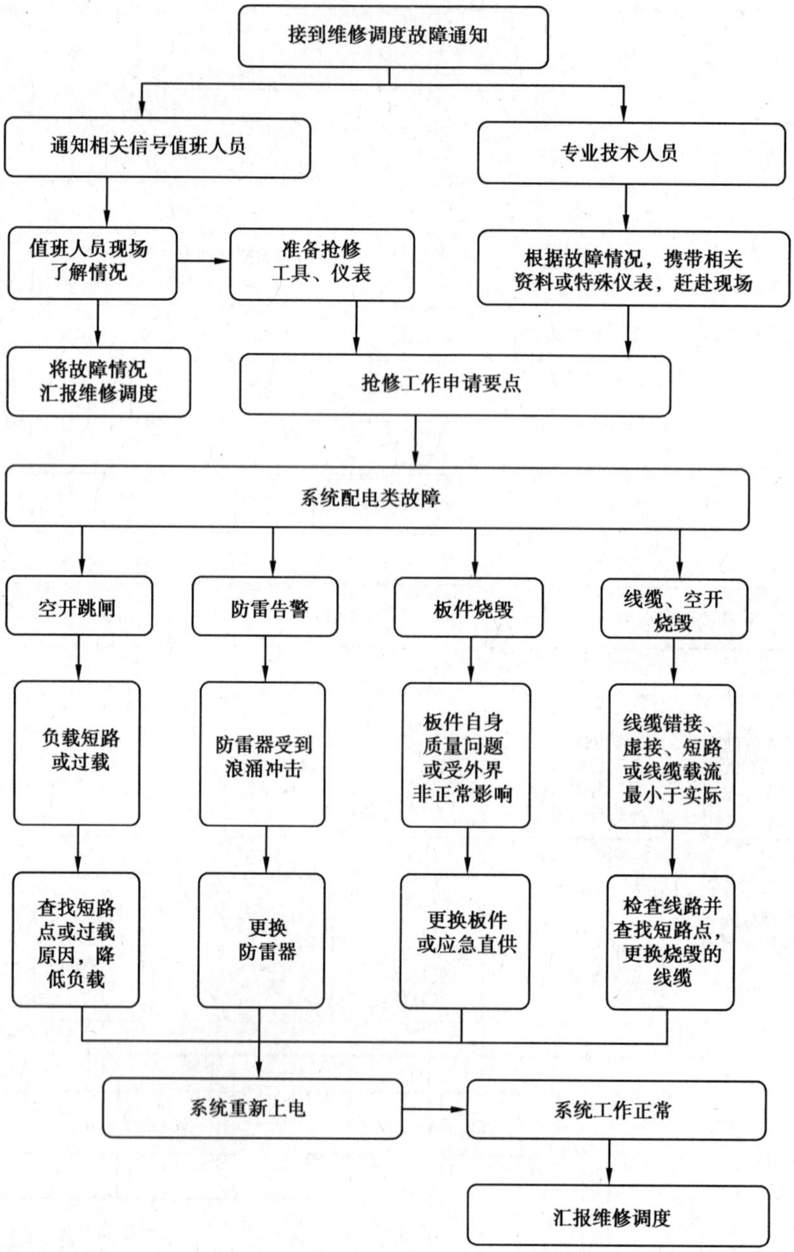

图 2.17　系统配电类故障处理流程

4)电源监控类故障处理流程

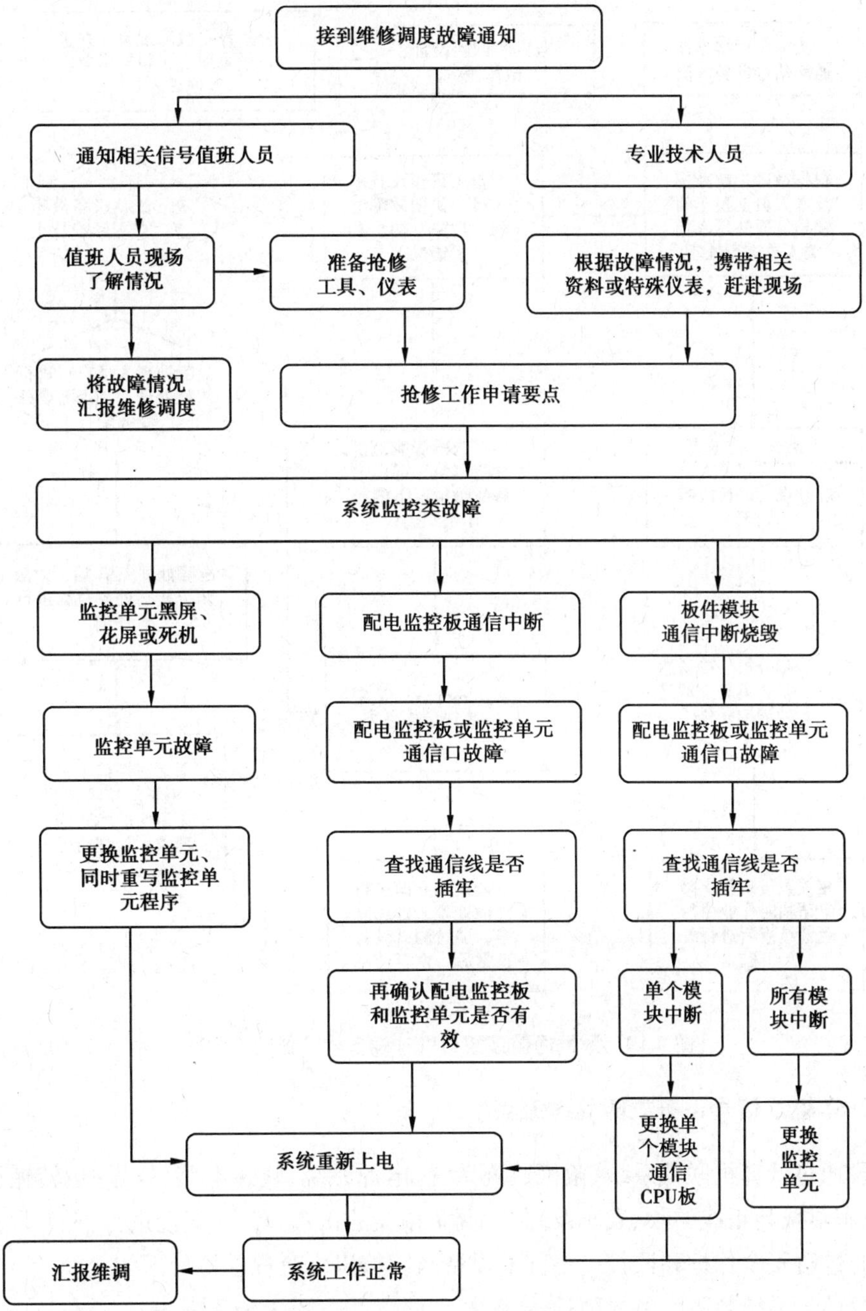

图2.18　系统监控类故障处理流程

2.1.3　数据通信系统(DCS)故障处理流程

数据通信系统(DCS)由车载数据通信设备及地面数据通信设备组成,为整个城市轨道交通信号系统提供独立可靠的数据传输网络。按其不同设备功能,发生故障时可按以下流程进行故障处理。数据通信系统(DCS)故障处理流程图,如图 2.19 所示。

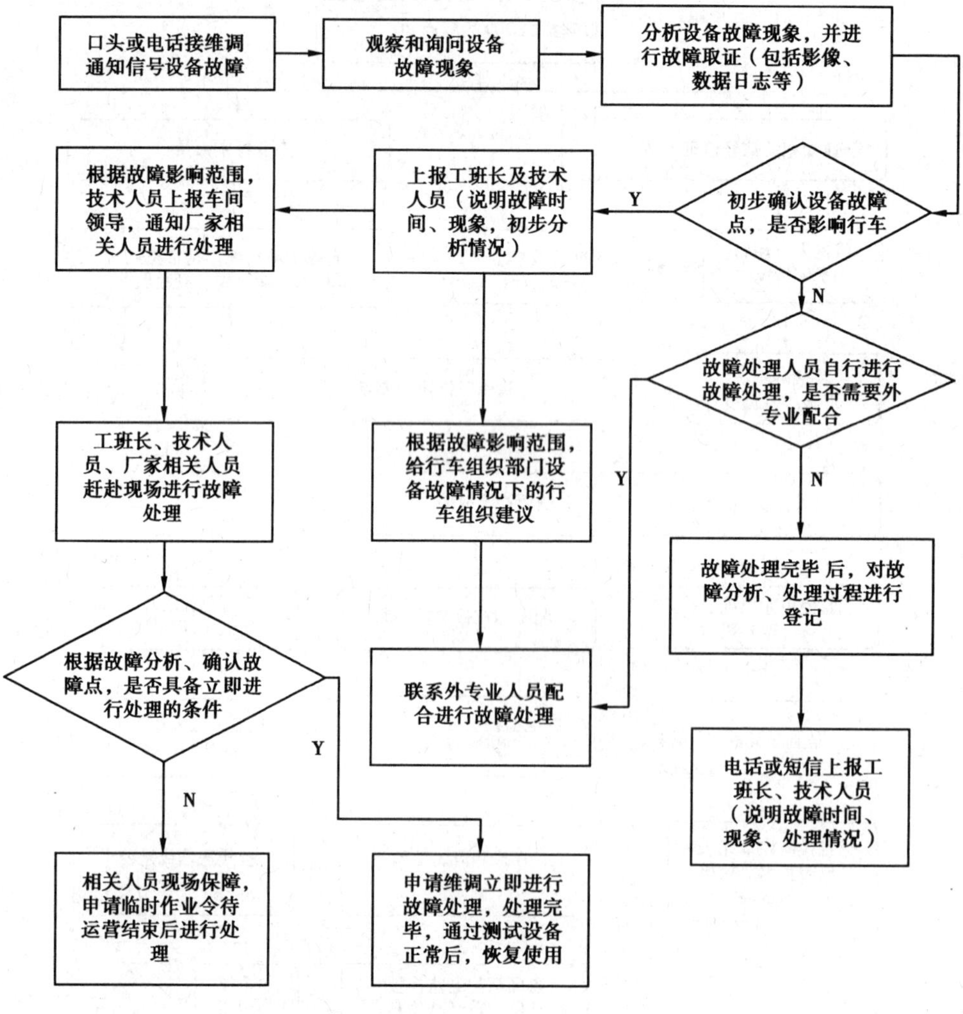

图 2.19　数据通信系统(DCS)设备故障处理流程图

2.1.4　车辆段信号设备故障处理流程

车辆段通过计算机联锁系统、微机监测系统、电源系统、轨道电路、信号机、转辙机等信号设备,保证车辆段与正线的收、发车及列车、调车作业的正常、有序、安全进行,并对段内与信号相关的作业进行安全保护和监控。不同的设备故障按以下流程进行处理。

车辆段信号系统及各设备故障处理流程,如图 2.20—图 2.26 所示。

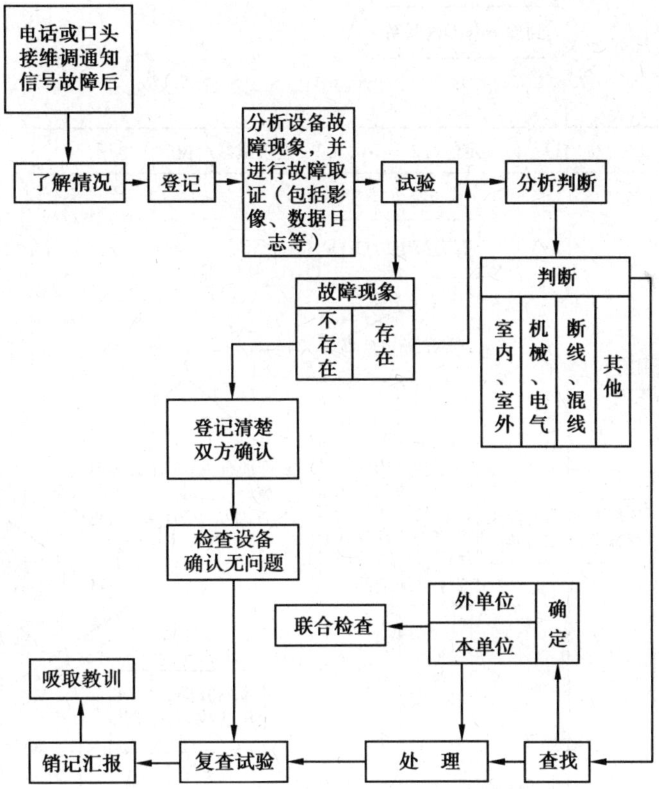

图2.20　车辆段信号故障处理流程图

(1)ZD6型电动转辙机故障处理流程

1)道岔无表示故障

道岔无表示故障处理流程，如图2.21所示。

2)道岔操不动故障

道岔操不动的故障处理流程，如图2.22所示。

3)道岔楼外启动电路故障

道岔楼外启动电路故障处理流程，如图2.23所示。

(2)透镜式色灯信号机故障处理流程

信号机灭灯故障处理流程，如图2.24所示。

(3)轨道电路常见故障处理

1)轨道电路红光带

轨道电路红光带故障处理流程，如图2.25所示。

2)轨道电路红光带楼外故障

轨道电路红光带故障如发生在楼外，则处理流程如图2.26所示。

2.1.5　车载信号系统设备故障处理流程

车载信号设备是保证列车安全行驶的重要系统设备之一，当车载信号设备发生故障时，可按以下流程及时处理故障，确保行车安全。车载信号系统设备故障处理流程，如图2.27所示。

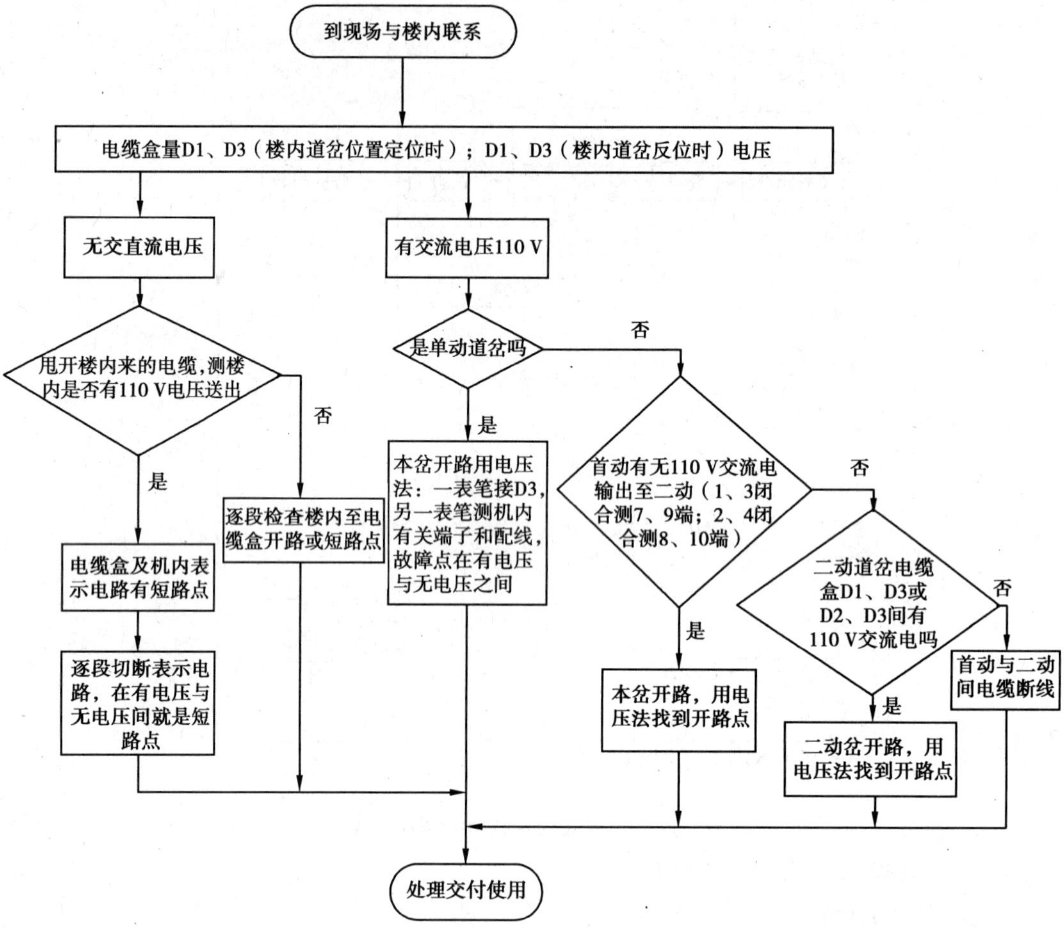

图 2.21　道岔无表示故障处理流程图

(1)车载故障处理的流程

1)记录故障现象，弄清时间、地点、车号、故障现象，显示屏的显示，驾驶室的相关指示灯，初步分析故障原因，到现场时再逐一排除。有些故障可通过故障现象直接区分是否为站内信号设备、车辆、信号车载故障。因此对一些报告不清楚的故障，可直接询问行调、司机或次日到乘务部取事件单。

2)读取故障信息及紧制信息、ATO 信息，查看显示屏记录，记录 ATP/ATO 机柜各面板指示灯的信息及 VE、DIMAS 模块的代码。

3)根据故障现象、故障信息进行分析，测量各关键点的电压。

4)根据实际情况进行修复故障、上试车线试车、扣车、设备更换等处理。

(2)车载故障处理常用方法

1)电压法

在开钥匙状态下，按图纸测量各关键点电压，与标准值进行比较来判断故障点；也可以用二分法，从电路中间测量，判断是测量点前方还是后方发生故障，然后用同样的方法逐段缩小范围来找出故障点。

此方法比较常用，适用于 ATP 不能开机、门释放、自动开门、ATO 的牵引力或按钮等。

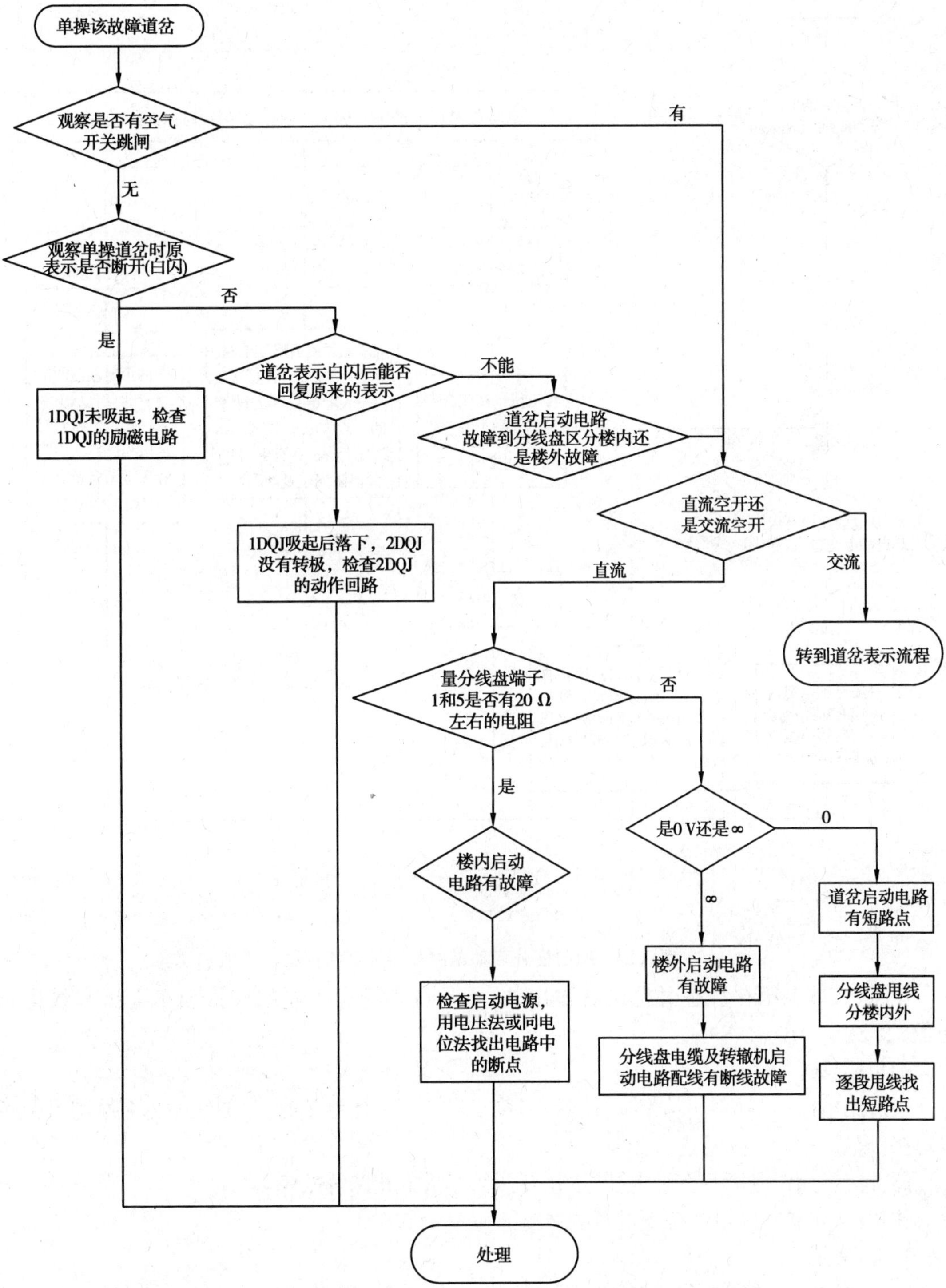

图 2.22　道岔操不动故障处理流程图

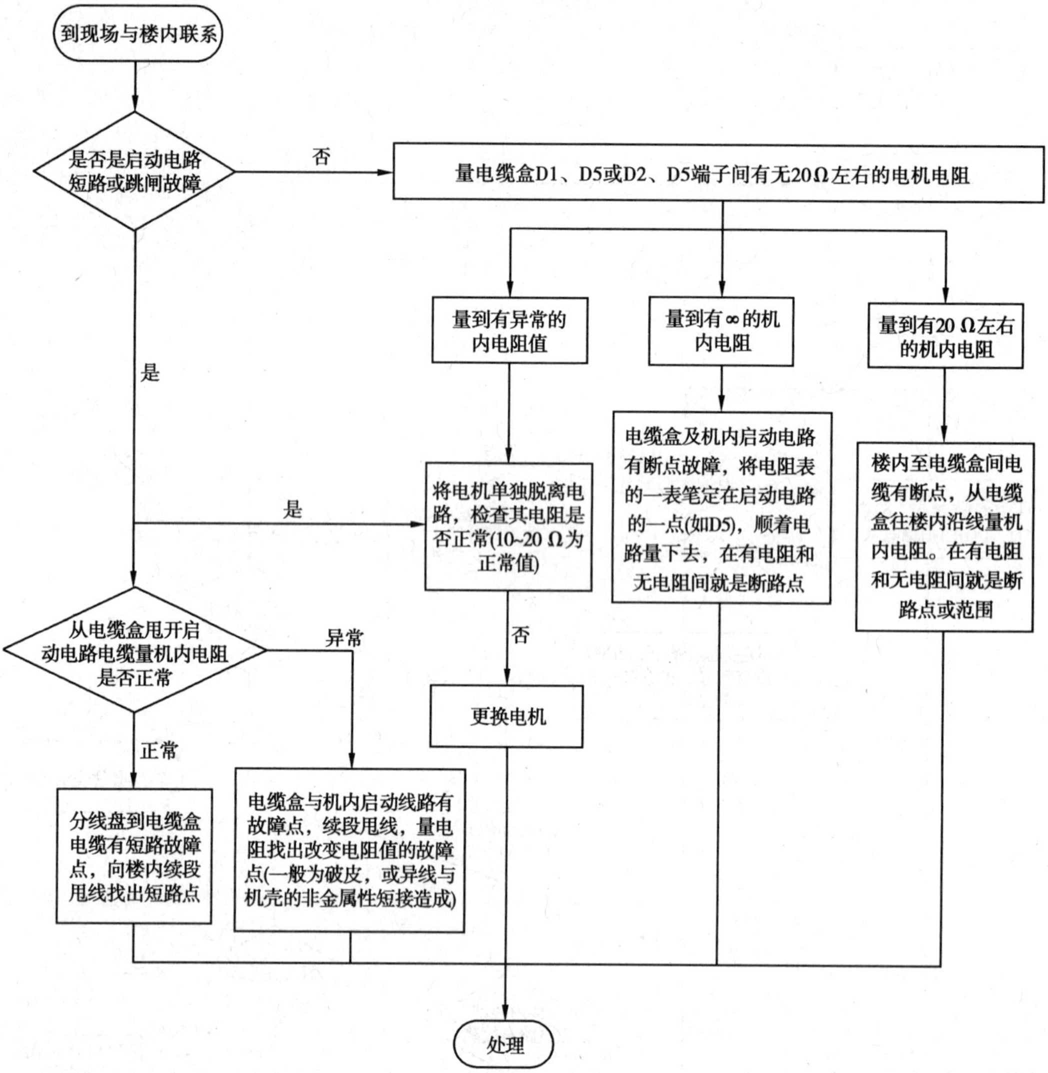

图 2.23　道岔楼外启动电路故障处理流程图

注意:有些电压在静态时是没有输出的,可通过车辆训练器或安排列车上试车线进行处理。

2)电阻法

通过用电阻挡测量判断线路的通断,当接线过长而无法测量时,可使线的另一端与另一条线短接,形成一个回路,再进行测量。

此方法常用于判断带有继电器、按钮及两边车头的线路等故障。

注意:一定要在断电状态下进行测试。

3)开路法

断开后边级联电路,测前端输出电压,如果电压正常,说明前级设备正常;如果电压不正常,说明前级设备有故障。

此方法常用于排除与车载设备接口的外部(车辆)设备故障,如:电源跳闸、线路对地引起

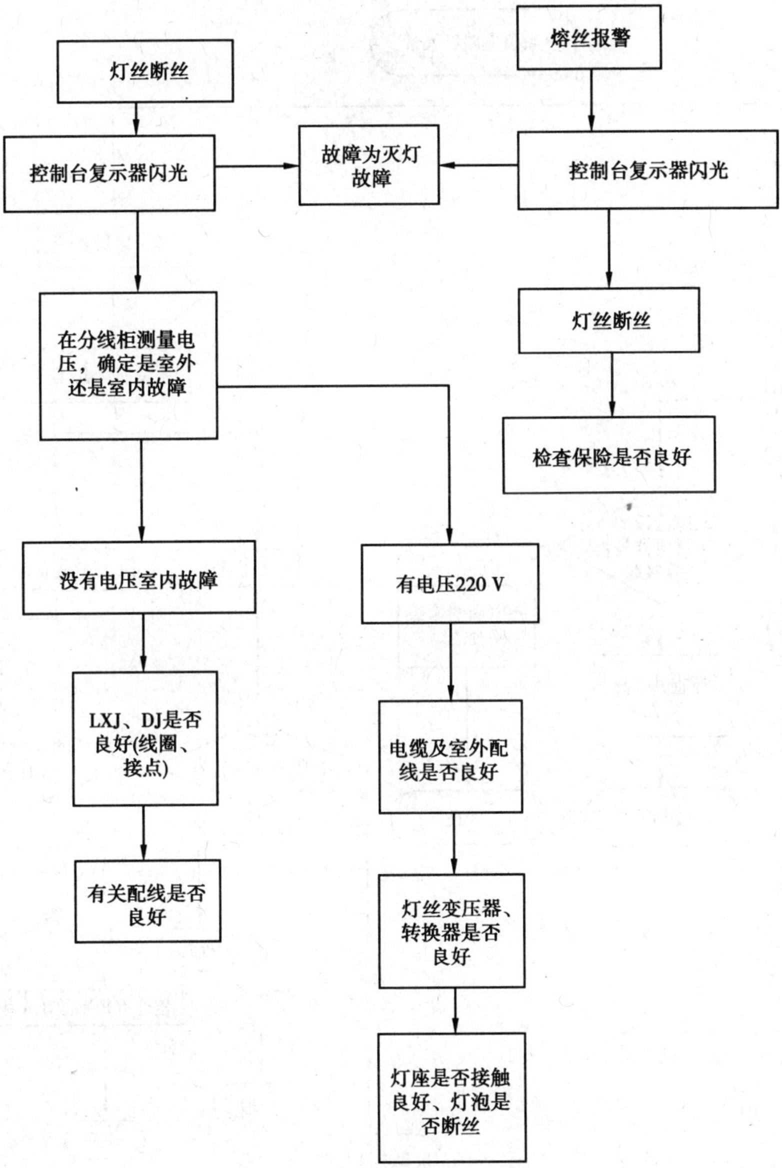

图 2.24　信号机灭灯故障处理流程图

的 ATP 打叉。

4)替代法

当无法确定具体哪块模块故障时,用已知完好的模块替换怀疑故障的模块,可以与相邻或另一驾驶室设备相同型号的模块进行替换,快速判断故障再进行更换,也可以直接使用备用模块替换。

注意:更换、替换时要注意模块的型号是否一致,带软件的模块要检查软件版本号是否与原来的一致,特别是 DIMAS 模块,要更新模块的服务数据。

更换、替换后要读取故障信息,恢复另一驾驶室的设备,确保运营。

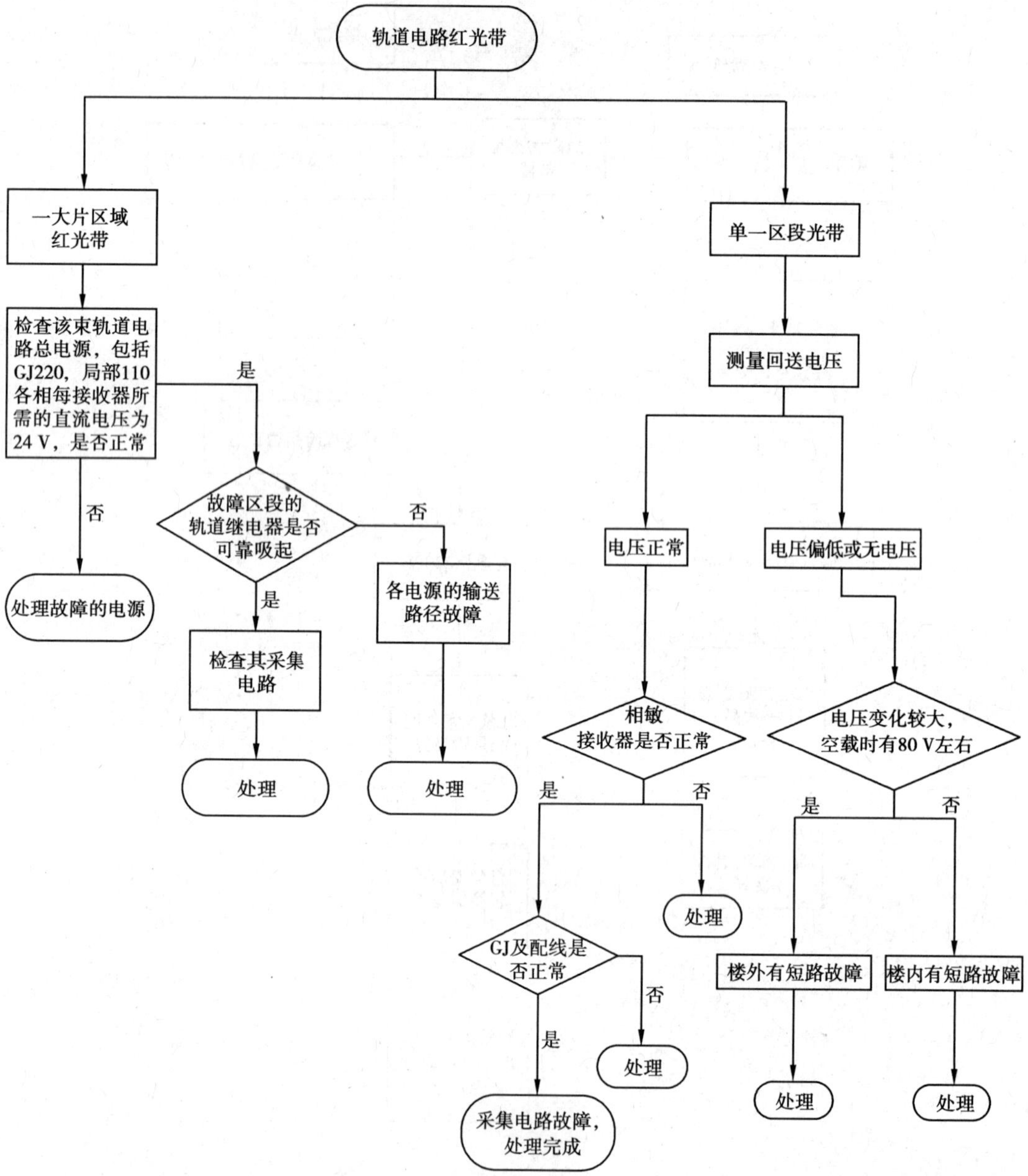

图 2.25　轨道电路红光带故障处理流程图

5）对换法

当故障出现次数比较少，检查时无法确定故障模块时，可将怀疑故障的模块换到另一列车的相同设备处，观察或跟踪故障现象是否转移到了另一列车上，以此判断是否为该模块引起的故障。

注意：

对换时要注意模块的型号是否一致，带软件的模块要检查软件版本号是否与原来的一致，特别是 DIMAS 模块，要注意服务数据的交换。

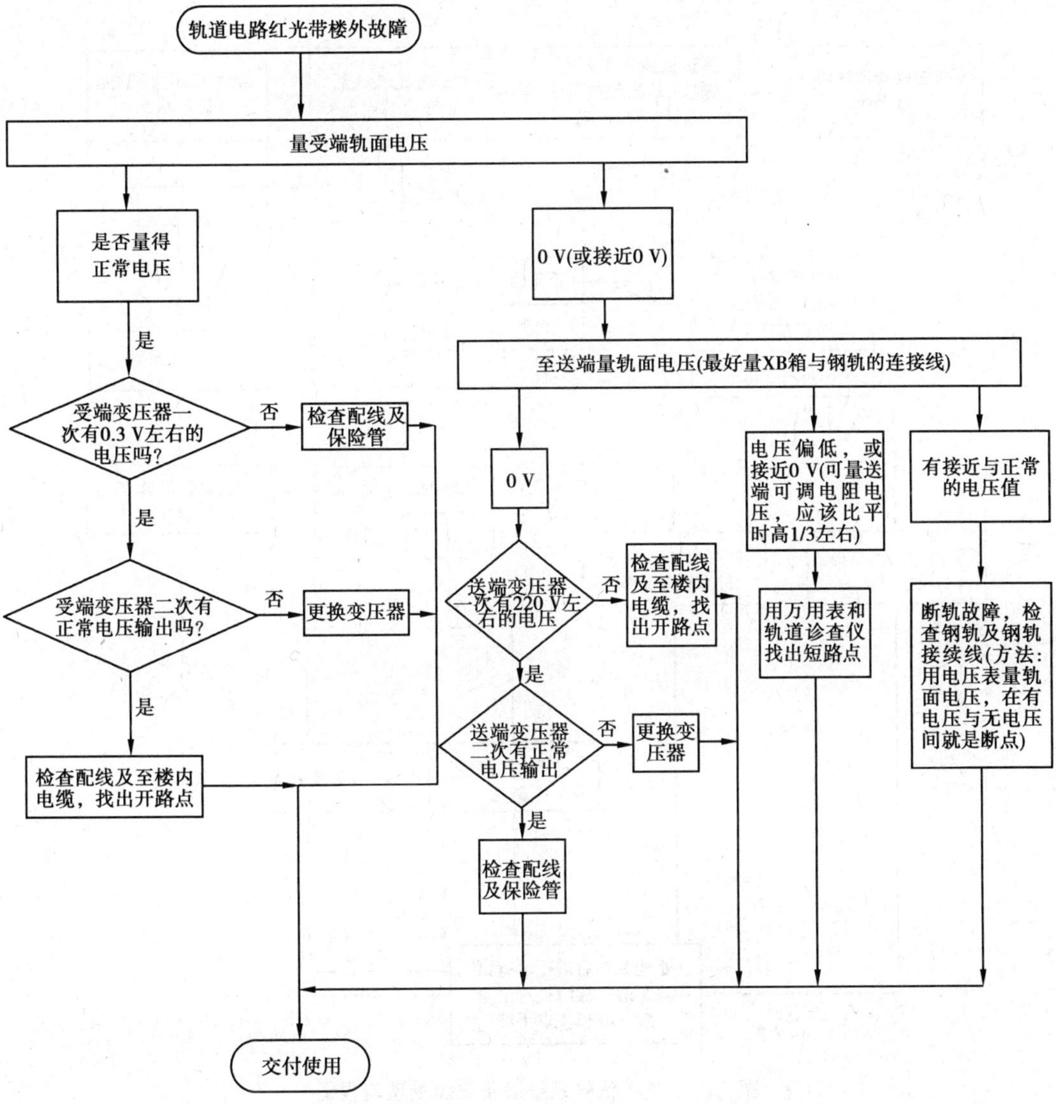

图 2.26　轨道电路红光带楼外故障处理流程图

对换后要读取故障信息，观察两个驾驶室的设备是否都正常，确保运营。

要记下对换模块的编号，避免混乱。

6) 比较法

测试人员对某接点工作时电气参数不熟悉的情况下，测量另一个正常的驾驶室在同样工作状态下的电气参数作为参考数值，来判断接点的电压是否工作正常。

(3) 列车打开主控钥匙，信号显示屏显示 ATP 打叉

故障处理流程，如图 2.28 所示。

在图 2.28 所示的故障流程图中，应当注意：

复位 ATP 时，按复位 ATP 的要求操作(关主控钥匙 25 s 后才能拨下 4F04 至 4F07 的空气开关，5 s 后再将 4F04 至 4F07 的空气开关拨上)。

当列车在线上出现复位两次 ATP 的情况时，无论两次复位的间隔时间多长，都建议行调

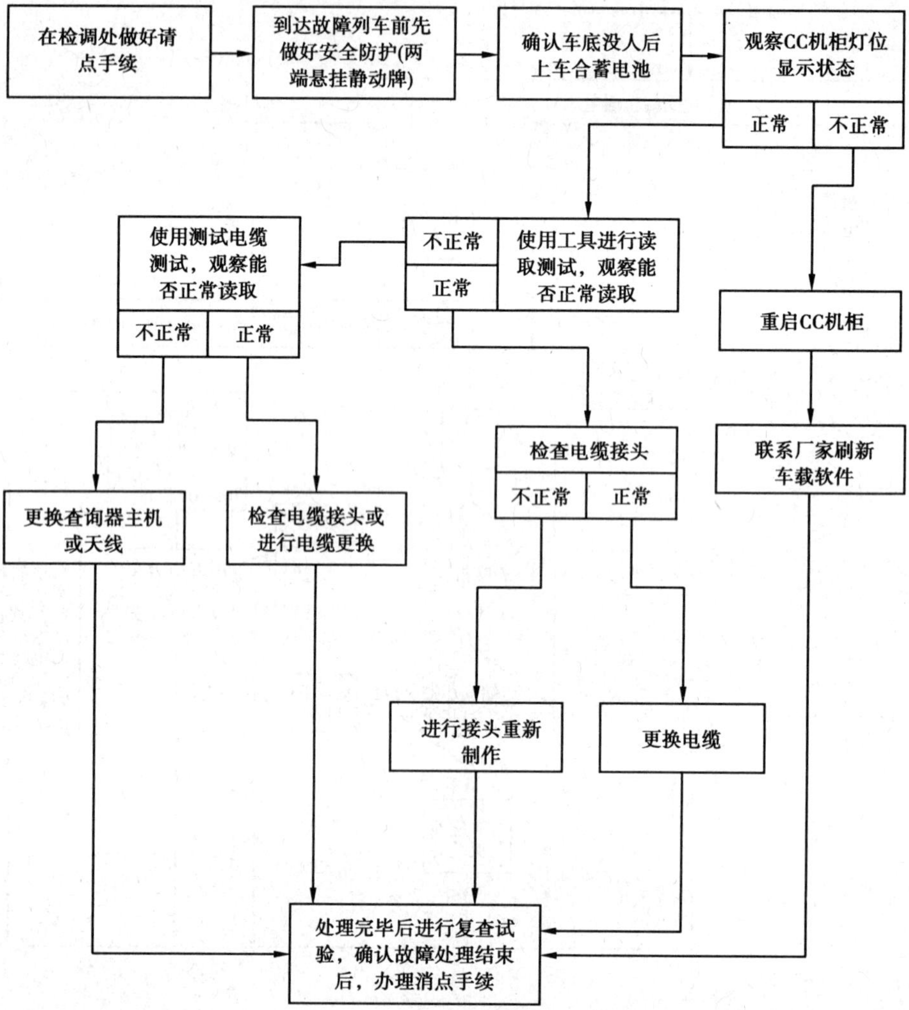

图 2.27　车载信号系统设备故障处理流程图

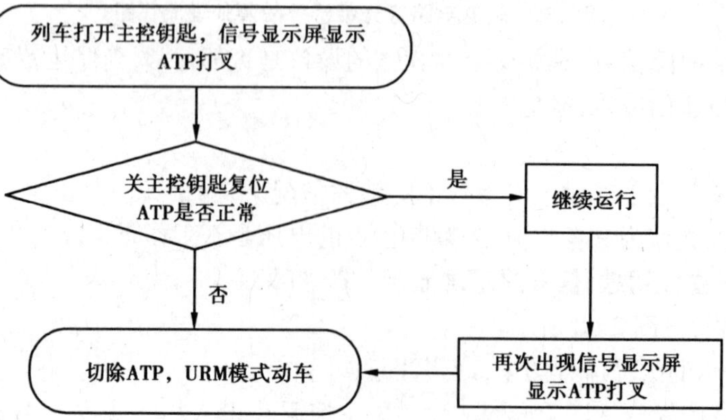

图 2.28　列车打开主控钥匙，信号显示屏显示 ATP 打叉故障处理流程图

尽量安排当次车退出服务，进行检查。

(4) 列车在运行中产生紧急制动，信号屏没有显示 ATP/ATO 打叉

故障处理流程，如图 2.29 所示。

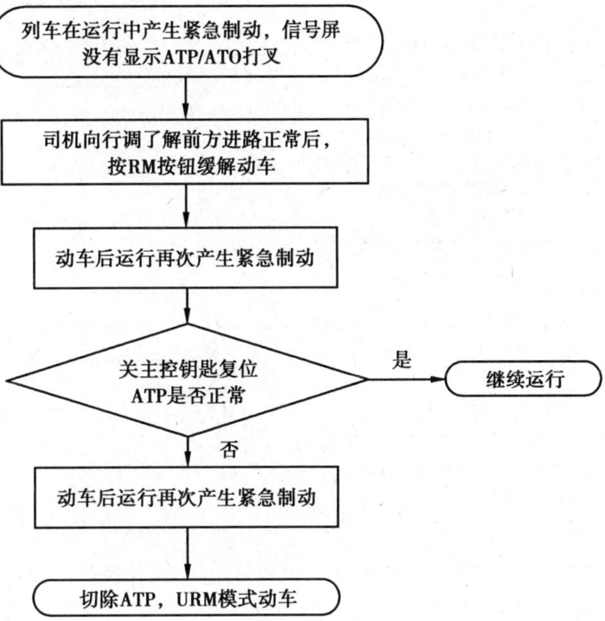

图 2.29　列车在运行中产生紧急制动，信号屏没有显示 ATP/ATO 打叉故障处理流程图

在上图中，应当注意：

①列车在运行中产生紧急制动，信号屏上没有显示故障信息，一般情况下，缓解 RM 按钮就能正常运行。

②复位 ATP 时，按复位 ATP 的操作要求操作。

③当次故障车在线上有复位两次 ATP 的情况，无论间隔时间长短，都建议当次车尽快退出服务进行检查。

(5) 列车在运行中产生紧急制动，信号显示屏显示 ATP/ATO 打叉

故障处理流程，如图 2.30 所示。

在图 2.30 所示流程图中，应当注意：

①复位 ATP 时，按复位 ATP 的操作要求操作。

②当次故障车在线上有复位两次 ATP 的情况，无论间隔时间长短，都建议当次车尽快退出服务进行检查。

(6) 列车在 ATO 模式下没有牵引，在 SM 模式下运行正常

故障处理流程，如图 2.31 所示。

故障处理过程中，应当注意：

①复位 ATP 时，按复位 ATP 的操作要求操作。

②SM 模式驾驶过程中，如需折返，要用 SM 或 RM 模式。

③出现故障时，先判断是否为信号故障，如果是，用 SM 运行可以避免行车影响。

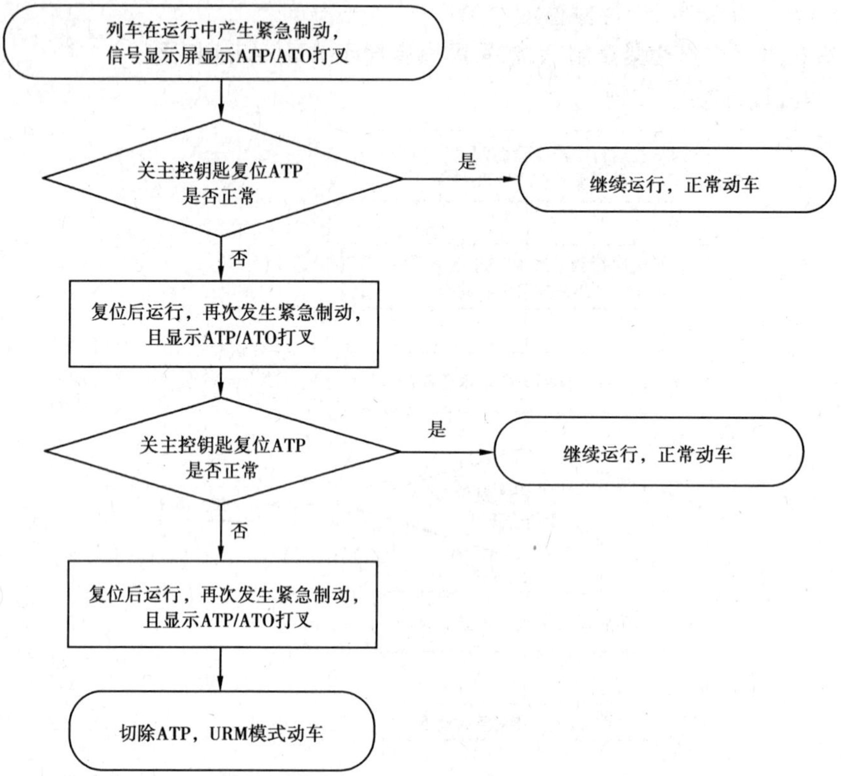

图 2.30　列车在运行中产生紧急制动,信号显示屏显示 ATP/ATO 打叉故障处理流程图

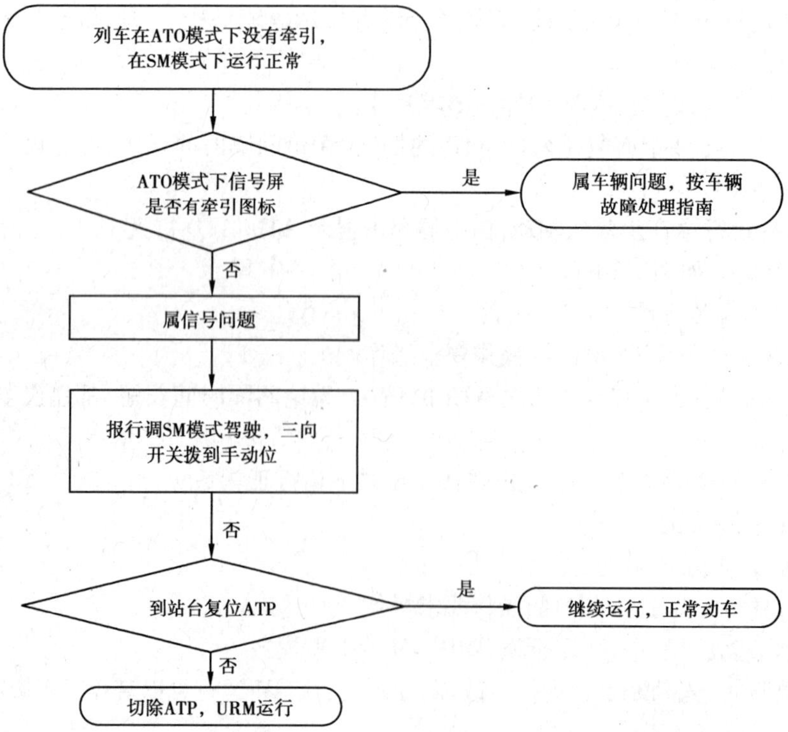

图 2.31　列车在 ATO 模式下没有牵引,在 SM 模式下运行正常故障处理流程图

(7)列车信号显示屏显示 ATO 打叉,在 SM 模式下运行正常

故障处理流程,如图 2.32 所示。

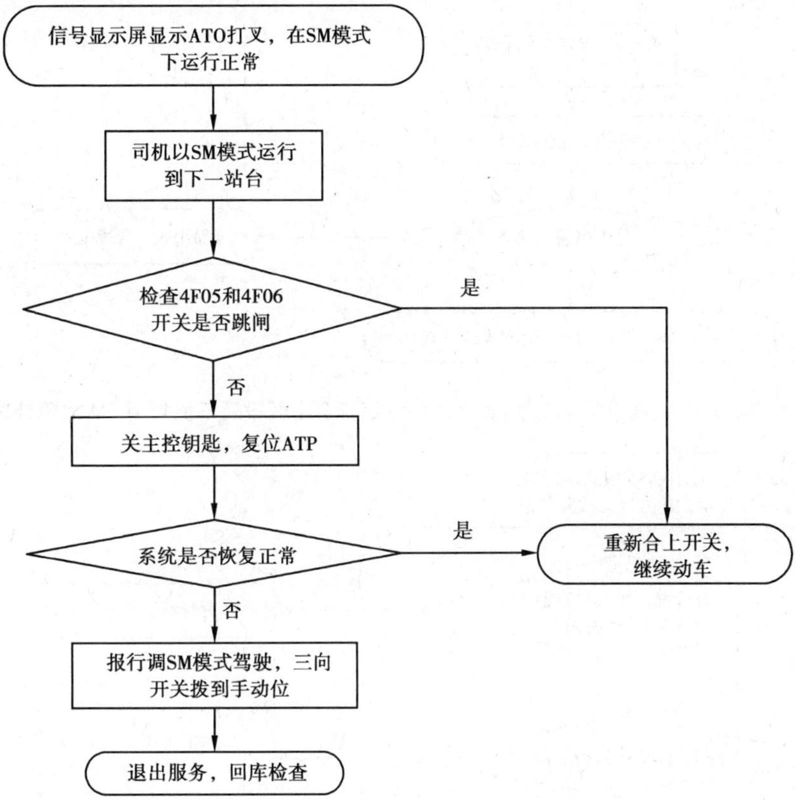

图 2.32　列车信号显示屏显示 ATO 打叉,在 SM 模式下运行正常故障处理流程图

故障处理过程中,应注意:

①复位 ATP 时,按复位 ATP 的操作要求操作。

②SM 模式驾驶过程中,如需折返,要用 SM 或 RM 模式。

③出现 ATO 故障时,司机可直接检查的是微行开关 4F05 和 4F06,若没有跳闸,再复位 ATP。

(8)列车在运行过程中紧急制动,以 RM 模式运行 3 个区段后不能转为 SM

故障处理流程,如图 2.33 所示。

故障处理过程中,应注意:

①复位 ATP 时,一定要按复位 ATP 的操作要求操作,否则不但不成功,反而造成 ATP 计算机故障。BCU 严重故障建议司机 SM 对标。

②复位后成功,该车可以在正线上继续运行,若复位不成功,建议行调安排该车退出服务,回库后进行检查处理。

(9)列车在区间 ATO/SM 模式运行时,自动停车,信号屏无故障信息

故障处理流程,如图 2.34 所示。

故障处理过程中,应当注意:

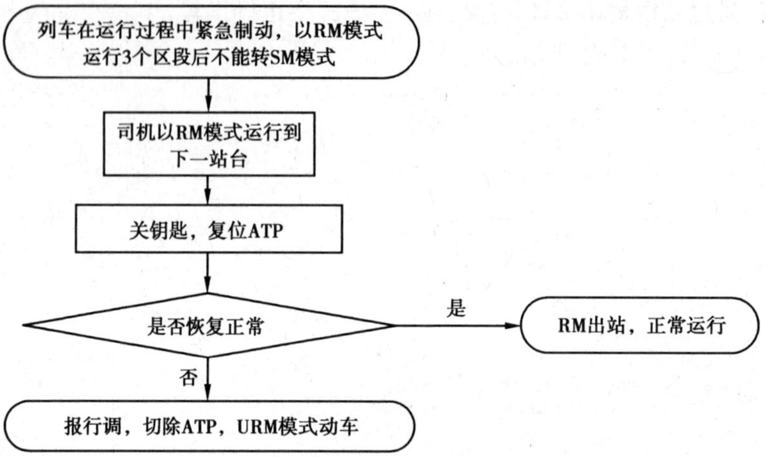

图 2.33　列车在运行过程中紧急制动,以 RM 模式运行 3 个区段后不能转为 SM 故障处理流程图

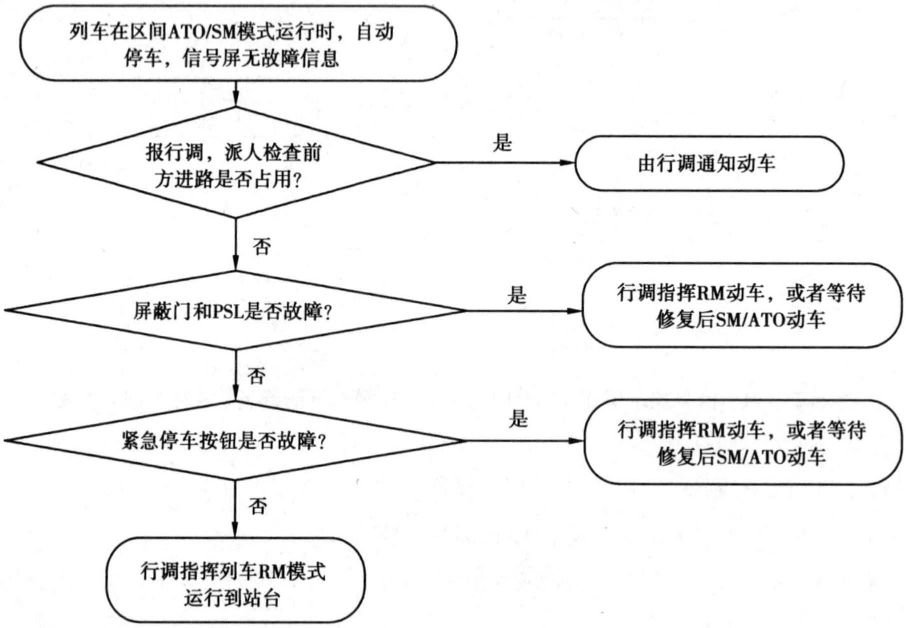

图 2.34　列车在区间 ATO/SM 模式运行时,自动停车,信号屏无故障信息故障处理流程图

①列车在运行中突然自动停车,司机通知行调,由行调安排列车先以 RM 模式动车至站台,还是先查找原因待处理后以 SM/ATO 模式动车。

②故障处理后,列车不一定能收到速度码,这时行调应通知司机以 RM 模式动车。

③如果一时不能找到故障,为避免晚点,行调应立即通知司机用 RM 模式动车通过该区段。

④列车 RM 模式出站台后应对屏蔽门、进路、紧急按钮、PSL 再次进行检查。

(10)列车在换向操作时出现 AR 指示灯闪烁

故障处理流程,如图 2.35 所示。

故障处理过程中,应注意:

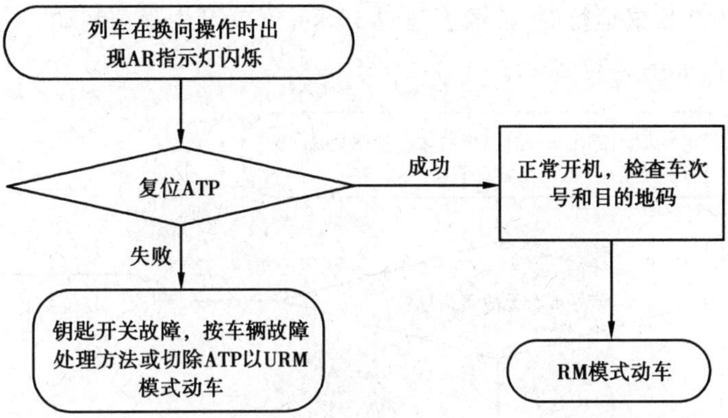

图 2.35　列车在换向操作时出现 AR 指示灯闪烁故障处理流程图

①再次开钥匙时，驾驶模式为 RM 模式，车次号与目的地码可能不正确，需要仔细校对。

②关钥匙与复位 ATP 时都要保持钥匙关闭 25 s 后再开，即必须等 ATP 计算机安全关闭后再开，否则易造成计算机死机。

(11) 列车在折返站停稳后无折返信号

故障处理程序，如图 2.36 所示。

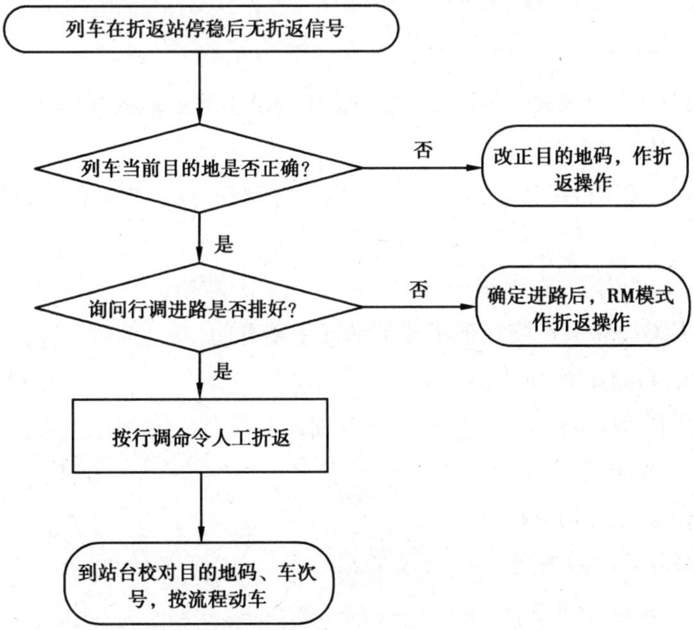

图 2.36　列车在折返站停稳后无折返信号故障处理流程图

故障处理过程中，应当注意：

①列车折返完毕，一定要校对目的地码和车次号，出站后也要仔细核对。

②列车无折返信号，应先检查目的地码。

(12)列车以 RM 模式运行时,当速度超过 15 km/h 就产生紧急制动

故障处理流程,如图 2.37 所示。

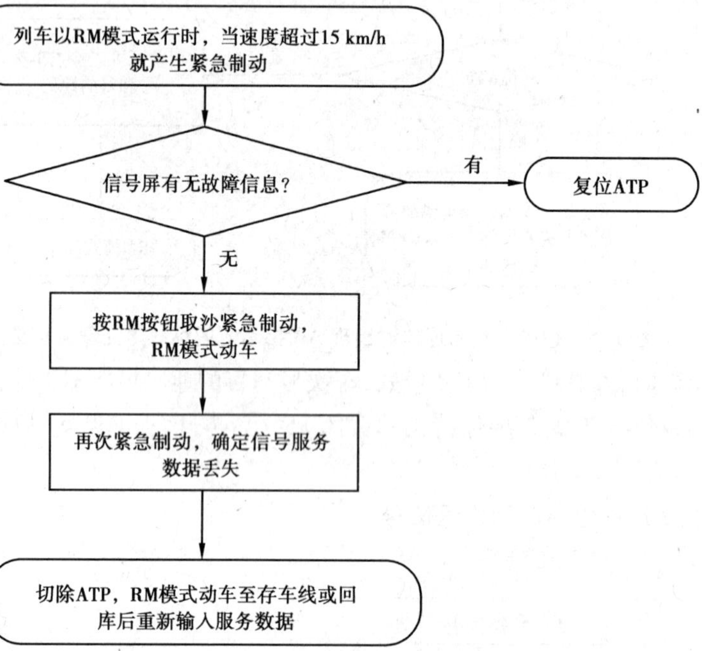

图 2.37　列车以 RM 模式运行时,当速度超过 15 km/h 就产生紧急制动故障处理流程图

故障处理过程中,应当注意:

①列车以 RM 模式运行超过 15 km/h 时产生紧急制动,没有故障信息,可以判定是列车的服务数据丢失。

②根据列车运行的需要,在存车线或回库时更改服务数据。

(13)列车在 ATO/SM/RM 模式下不能自动或手动开门

故障处理流程,如图 2.38 所示。

故障处理过程中,应注意:

①关门后,再合 ATP 开关。

②手动开门无效,立即切 ATP 开门。

(14)列车在站台开门后关门

故障处理流程,如图 2.39 所示。

故障处理过程中,应当注意:

①关门后,再合 ATP 开关。

②手动开门无效,立即切 ATP 开门。

(15)列车 ATO 按钮无效

故障处理流程,如图 2.40 所示。

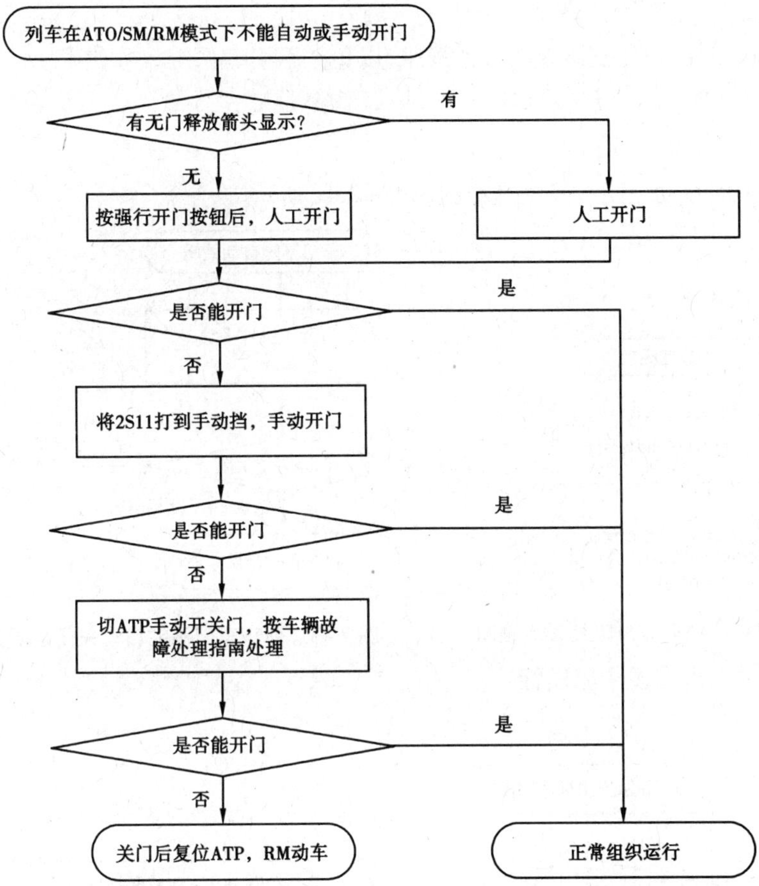

图2.38　列车在ATO/SM/RM模式下不能自动或手动开门故障处理流程图

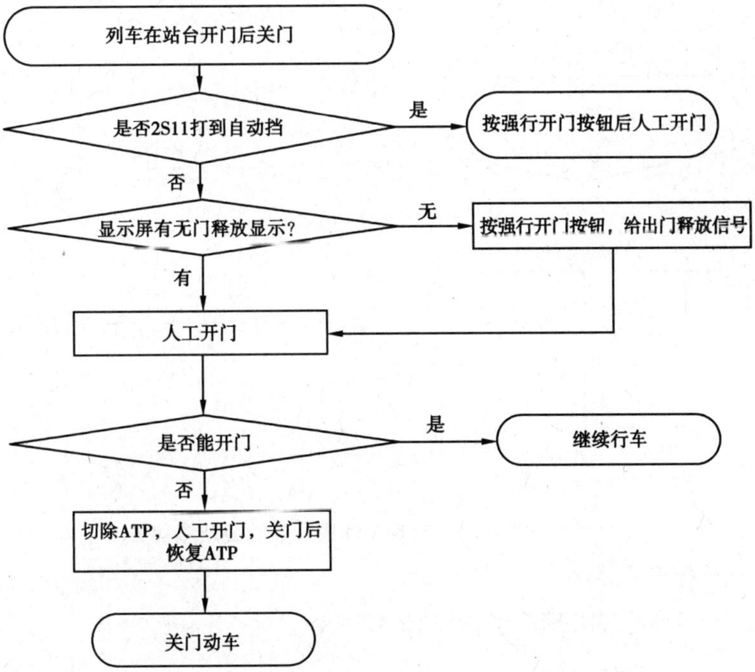

图2.39　列车在站台开门后关门故障处理流程图

故障处理过程中,应当注意:

①避免高速按压 ATO 按钮或者大力按压,以免按钮引起系统故障代码 42。

②司机尽快 SM 介入,以免晚点。

(16)列车车门不能自动关闭

列车车门不能自动关闭故障处理流程,如图 2.41 所示。

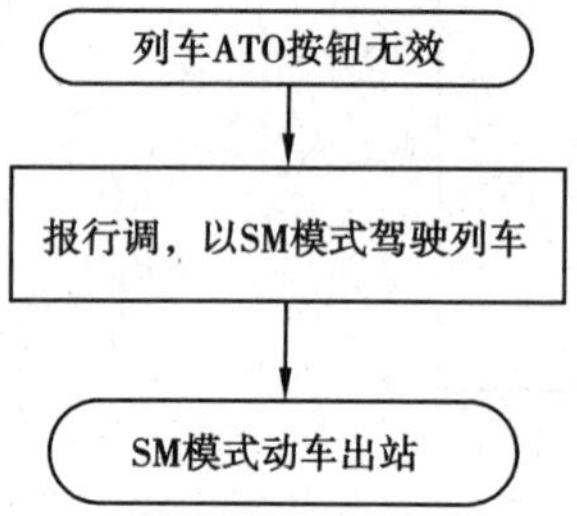

图 2.40　列车 ATO 按钮无效故障处理流程图

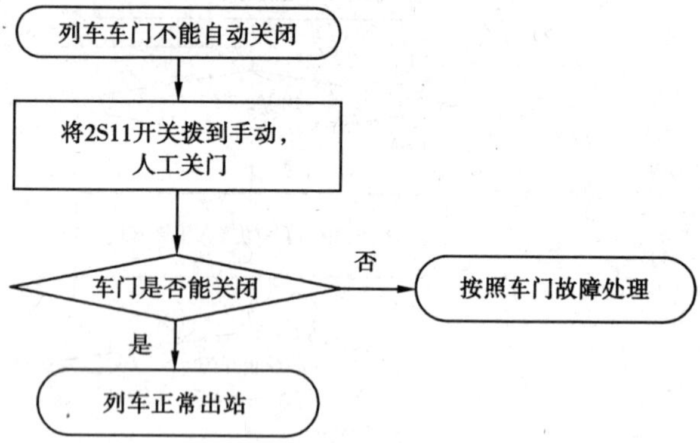

图 2.41　列车车门不能自动关闭故障处理流程图

(17)列车显示屏出现车库图标

列车显示屏出现车库图标故障处理流程,如图 2.42 所示。

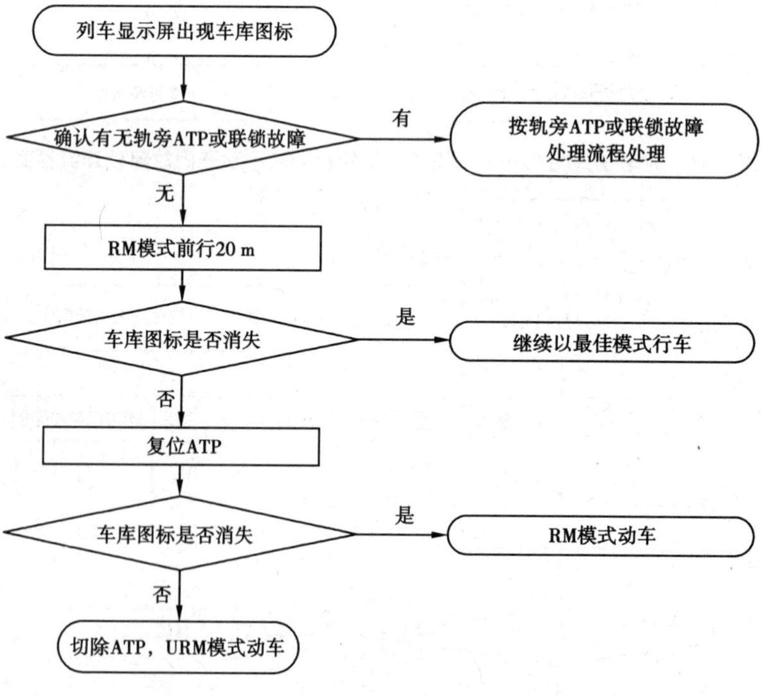

图 2.42　列车显示屏出现车库图标故障处理流程图

(18)列车 ATO 停车不准

列车 ATO 停车不准故障处理流程,如图 2.43 所示。

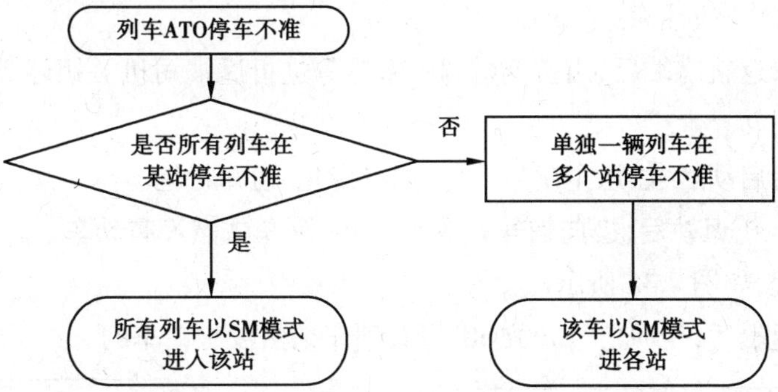

图2.43　列车ATO停车不准故障处理流程图

故障处理过程中，应注意：

①如果一列列车在多站停车不准，则此车折返时必须以SM模式进行，不能以无人折返模式或ATO模式折返。

②当车辆在正线上有BCU严重故障时，会影响ATO模式对标不准，建议司机SM对标，并希望尽早退出服务。

(19)操作DTRO按钮无效

操作DTRO按钮无效故障处理流程，如图2.44所示。

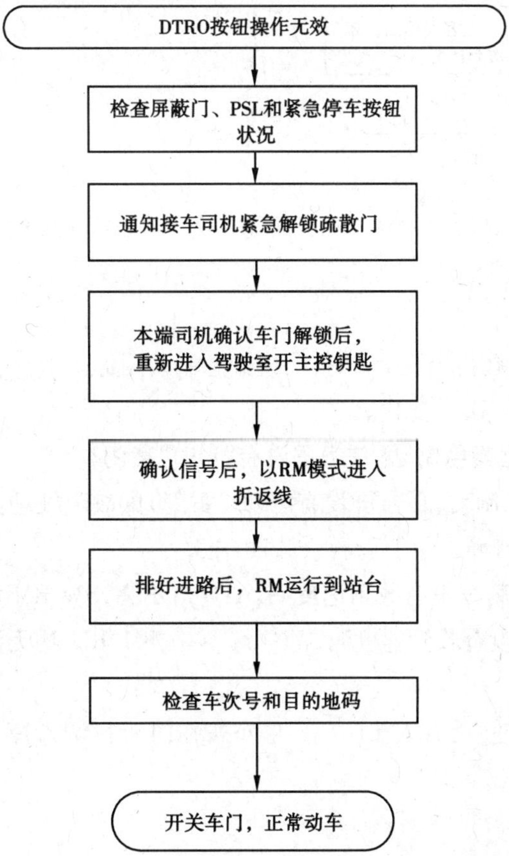

图2.44　操作DTRO按钮无效故障处理流程图

故障处理过程中,应注意:

①列车进入折返轨终端后,出折返端驾驶室需等进折返端司机关钥匙 30 s 后才能打开本端主控钥匙。

②列车在站台启动后,注意车次号变化,如有变化,通知行调。

(20)列车进入折返轨后,换向信号开放 30 s 后,列车依然没有动车

故障处理流程,如图 2.45 所示。

列车进入折返轨后,换向信号开放 30 s 后,列车依然没有动车的。

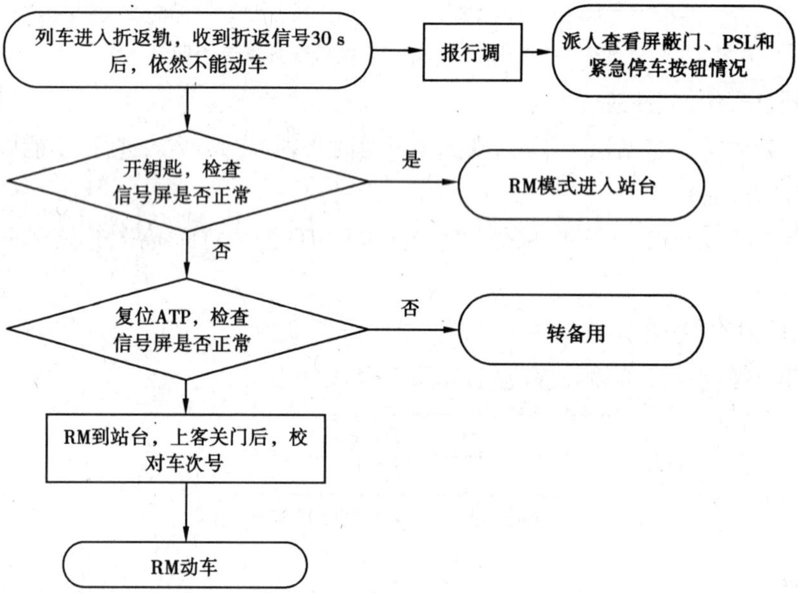

图 2.45　列车进入折返轨,换向信号开放 30 s 后,列车依然没有动车故障处理流程图

故障处理过程中,应注意:

①屏蔽门故障按屏蔽门故障程序处理。

②DTRO 模式下开钥匙会出现 ATP 打叉或紧急制动图标。

③列车出站后,注意车次号变化。

(21)列车在站台产生紧急制动(信号屏没有“PSD”黄闪)

列车在站台产生紧急制动(信号屏设有“PSD”黄闪)的故障处理流程,如图 2.46 所示。

故障处理过程中,应注意:关门后,再合 ATP 开关。

(22)停车点取消后,列车没有收到速度码,ATO 灯不亮,SM/RM 均无法动车

停车点取消后,列车没有收到速度码,ATO 灯不亮,SM/RM 均无法动车故障处理流程,如图 2.47 所示。

故障处理过程中,应注意:有人按压紧急停车按钮时听行调指挥,车站需派人配合确认屏蔽门和车门状态。

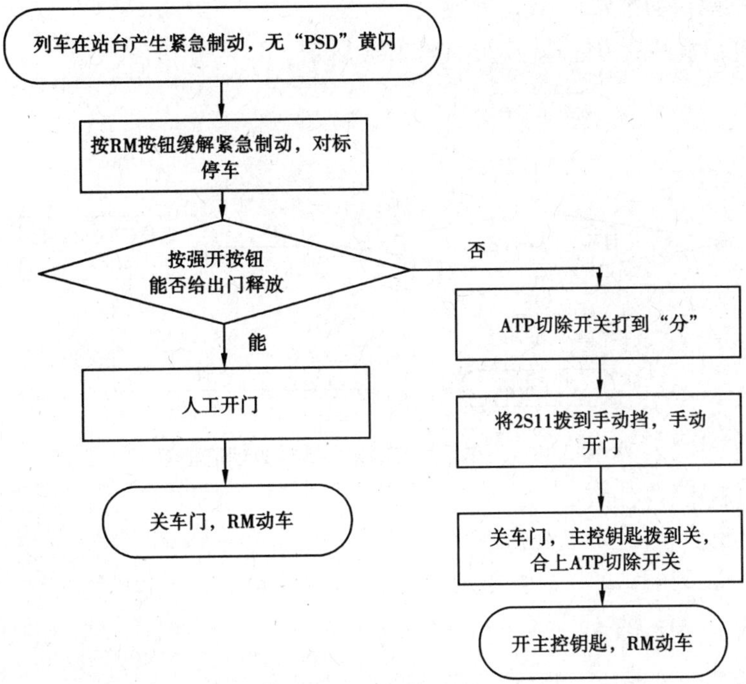

图2.46　列车在站台产生紧急制动（信号屏没有“PSD”黄闪）故障处理流程图

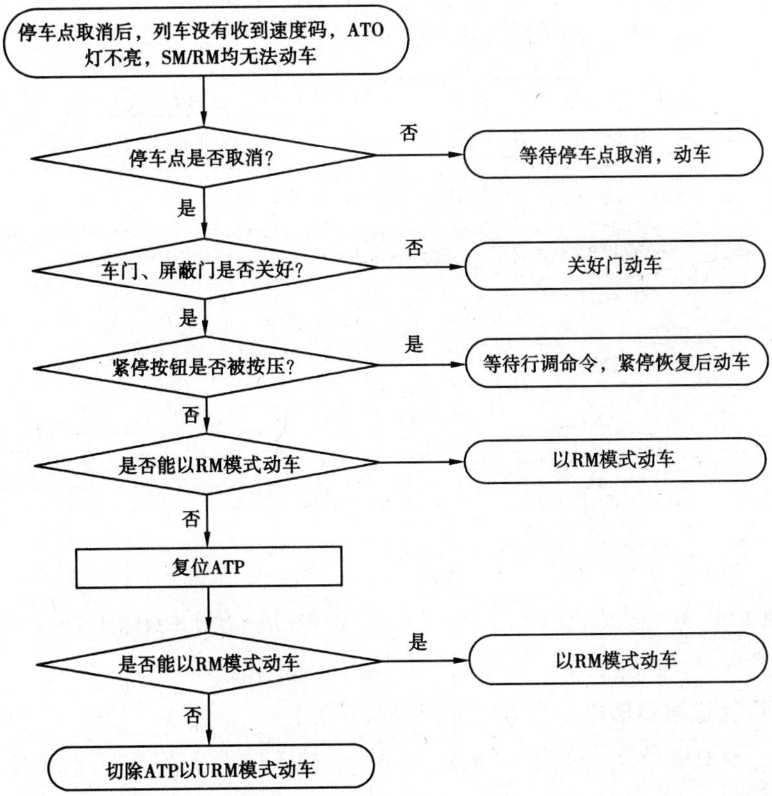

图2.47　停车点取消后，列车没有收到速度码，ATO灯不亮，SM/RM均无法动车故障处理流程图

(23)列车不能自动报站

列车不能自动报站故障处理流程,如图2.48所示。

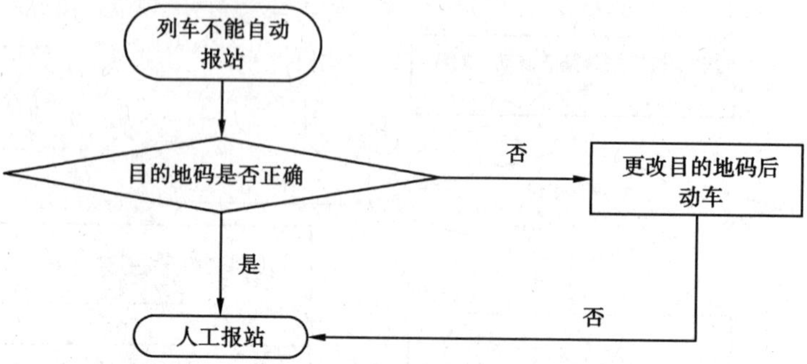

图2.48　列车不能自动报站故障处理流程图

故障处理过程中,应注意:

①可能是车辆问题,报车辆部跟进。

②需要报行调指挥处理。

③不影响动车,不应晚点。

(24)列车收到速度码后,ATO灯不亮,SM/RM均无法动车

列车收到速度码后,ATO灯不亮,SM/RM均无法动车的故障处理流程,如图2.49所示。

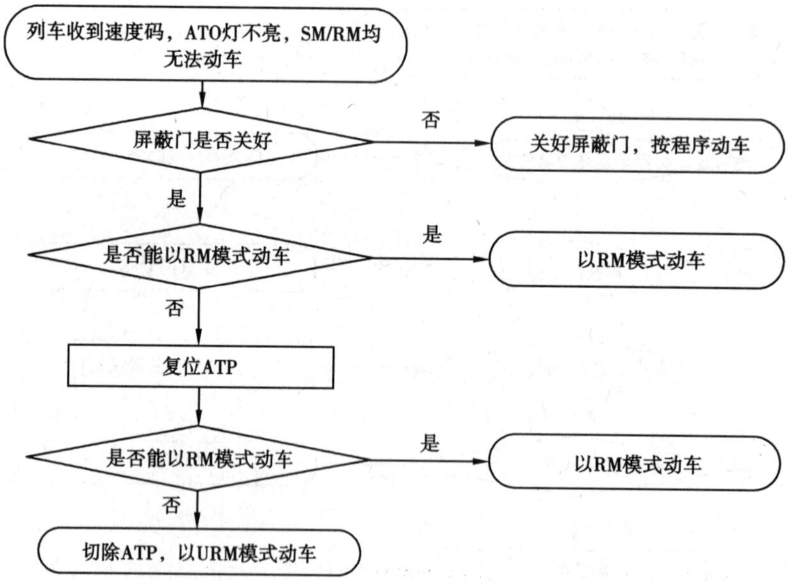

图2.49　列车收到速度码后,ATO灯不亮,SM/RM均无法动车故障处理流程图

故障处理过程中,应注意:车站需派人配合检查屏蔽门状态。

(25)列车运行过程中信号显示屏黑屏(灰显、花屏)

列车运行过程中信号显示屏黑屏(灰显、花屏)的故障处理流程,如图2.50所示。

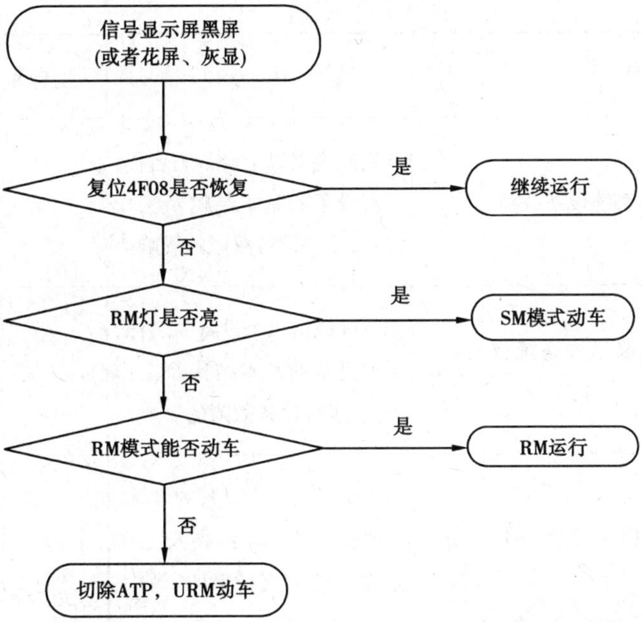

图 2.50　列车运行过程中信号显示屏黑屏(灰显、花屏)故障处理流程图

【任务考评】

以学生自评、互评为主,教师根据学习过程参考自评、互评结果进行综合评定。

任务实施过程考核评价表

考评项目		分值/分	要　求	学生自评	小组互评	教师评定
知识准备	系统可能出现的故障	10	能在学习之后或根据日常工作经验,说明城轨信号系统可能出现的各类故障及故障现象			
	系统故障处理的一般方法及各设备故障处理流程	20	能读懂各流程图,并且能结合前面所学知识,根据流程图处理故障			
任务完成	正确处理轨旁信号设备故障	10	能正确说出每个设备的名称,了解设备的基本结构及工作方式,了解设备故障的影响			
	正确处理 DCS 系统设备故障	10	能正确说出每个设备的名称,了解设备的基本结构及工作方式,了解设备故障的影响			

续表

考评项目		分值/分	要 求	学生自评	小组互评	教师评定
任务完成	正确处理 ATS 系统设备故障	10	能正确说出每个设备的名称，了解设备的基本结构及工作方式，了解设备故障的影响			
	正确处理车辆段信号系统设备故障	10	能正确说出每个设备的名称，了解设备的基本结构及工作方式，了解设备故障的影响			
	正确处理车载信号系统故障	10	能正确说出每个设备的名称，了解设备的基本结构及工作方式，了解设备故障的影响			
根据上面已经掌握的知识技能，小组之间利用实际设备或仿真实训设备，相互按照任务模式设定故障，并排除故障		10	要求小组合作，相互按照任务模式设定一定故障，由合作小组查找并排除故障，之后互换			
学习与故障处理实践结果交流演示		10	小组成员根据学习成果及故障处理实践准备交流材料，并且交流讨论，完成互评			
成 绩						

任务 2.2 城市轨道交通信号设备常见故障分析

【场景设计】

1.推荐在现场或实训场所进行教学，如不具备条件，可采用仿真设备或多媒体教学环境替代。

2.教学中应准备各种故障分析过程中需要使用的工器具及耗材、备件等。

3.考评所需的记录、评价表。

【知识准备】

故障处理有一定的规律可循，对于城市轨道交通信号系统这样高度自动化的设备，其本身具有完备的冗余切换与故障监测功能，要正确地处理故障，必须熟知设备的外部表示及各类故障代码的具体含义，才能更快更准地找到故障点处理好故障。

2.2.1　电源系统常见故障分析

(1)UPS 系统常见故障分析

1)UPS 系统故障现象

信号系统 UPS 无输出电压,相应供电区所有信号系统停止工作。UPS 电源设备实物图,如图 2.51 所示。

图 2.51　UPS 电源设备实物图

2)UPS 系统故障影响范围

故障影响其供电区所有信号系统以及与光纤相连的其他系统,停电过程中所有信号系统停止工作。

3)UPS 系统故障可能的原因

信号电源系统的市电输入中断后 UPS 启用电池供电,在其后备时间过后,UPS 系统自动关机;或超出了 UPS 输入所允许的范围、或 UPS 系统故障导致无电压输出、或 UPS 系统负载超载故障导致 UPS 停机。

4)UPS 系统故障分析处理方法

根据系统故障处理流程,按照流程指示的各点顺序查找故障。

UPS 电源系统故障处理流程,如图 2.52 所示。

5)UPS 系统设备故障处理工具

剪线钳、压线钳、各种扳手、螺丝刀、电工刀、钢锯、WAGO 端子插接工具等,工具使用前要做好绝缘处理和防静电处理。

UPS 系统设备故障处理电气连接材料包括:交流电缆线、屏间信号连接电缆线、负载连接电缆、接地连接电缆等,设计规格应按电气行业相关规范。输入线截面要求:5 kVA、10 kVA 系

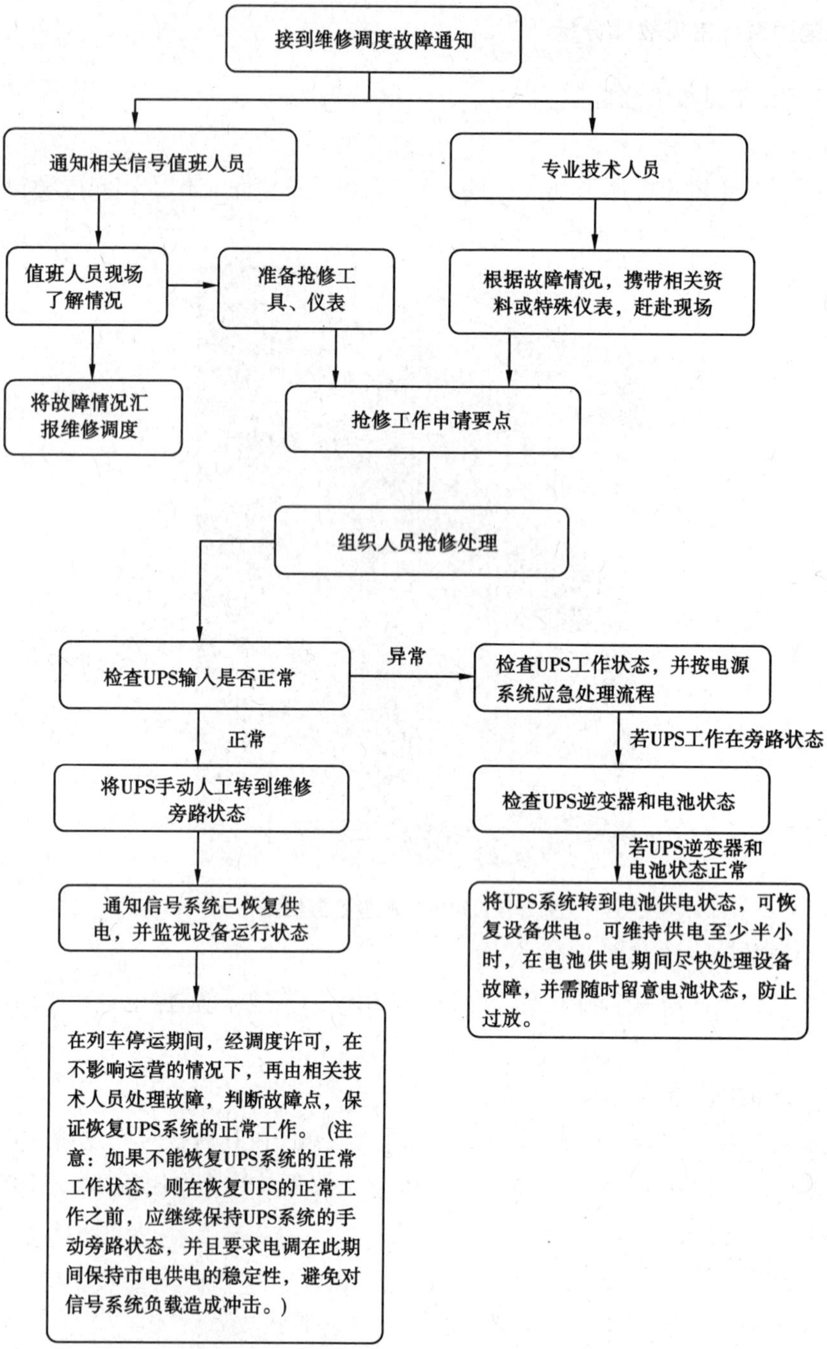

图 2.52　UPS 电源系统故障处理流程图

统为 10 mm^2,15 kVA 及以上系统为 16 mm^2,地线截面要求:≥10 mm^2。

UPS 系统设备故障处理辅料包括:膨胀螺钉、接线端子、线扎带、绝缘胶布、标签纸等。

(2)电源系统常见故障分析

电源系统主要包括智能电源屏系统。其设备实物,如图 2.53 所示。

图 2.53　信号电源屏实物图

1)电源系统故障现象

电源屏输入、输出电压异常,连接电源屏的信号设备失电。

2)电源系统故障的影响范围

影响该电源屏供电的所有信号设备。

3)电源系统故障可能的原因

电源系统故障一般有:输入切换类故障、电源模块类故障、系统配电类故障、系统监控类故障(以上故障影响正常运营)。

模块类故障和配电故障发生时,电源屏的液晶屏上可以查看到故障告警的内容,同时电源屏相应故障灯亮,蜂鸣器告警;抢修时,先把蜂鸣器的控制开关拨到故障消音位置,查找相应的故障内容,进行相应的处理,故障处理完毕告警回叫,将告警控制开关拨到故障告警位置。

配电故障告警时,请核实告警内容是否与实际相符,如果不相符,可以基本判定为监控类故障。

输入切换系统故障原因:

电网存在问题,可能电压超过设备工作范围、电网相续不对、接触器控制线缆回路存在虚接或脱路、接触器控制板坏、接触器损坏等。

4)故障处理方法

①电源模块故障。

在办理相关手续的基础上,通过监控设备给出的报警提示,按照故障处理流程查找故障点并处理故障。故障处理流程,如图 2.54—图 2.56 所示。

②系统配电类故障

系统配电类故障现象:配电类故障主要表现在空开跳闸、防雷告警、烧毁板件、线缆空开烧毁等。配电系统故障处理流程,如图 2.56 所示。

③系统监控类故障

系统监控类故障现象:监控类故障主要表现在监控单元黑屏、花屏、死机、配电监控板通信

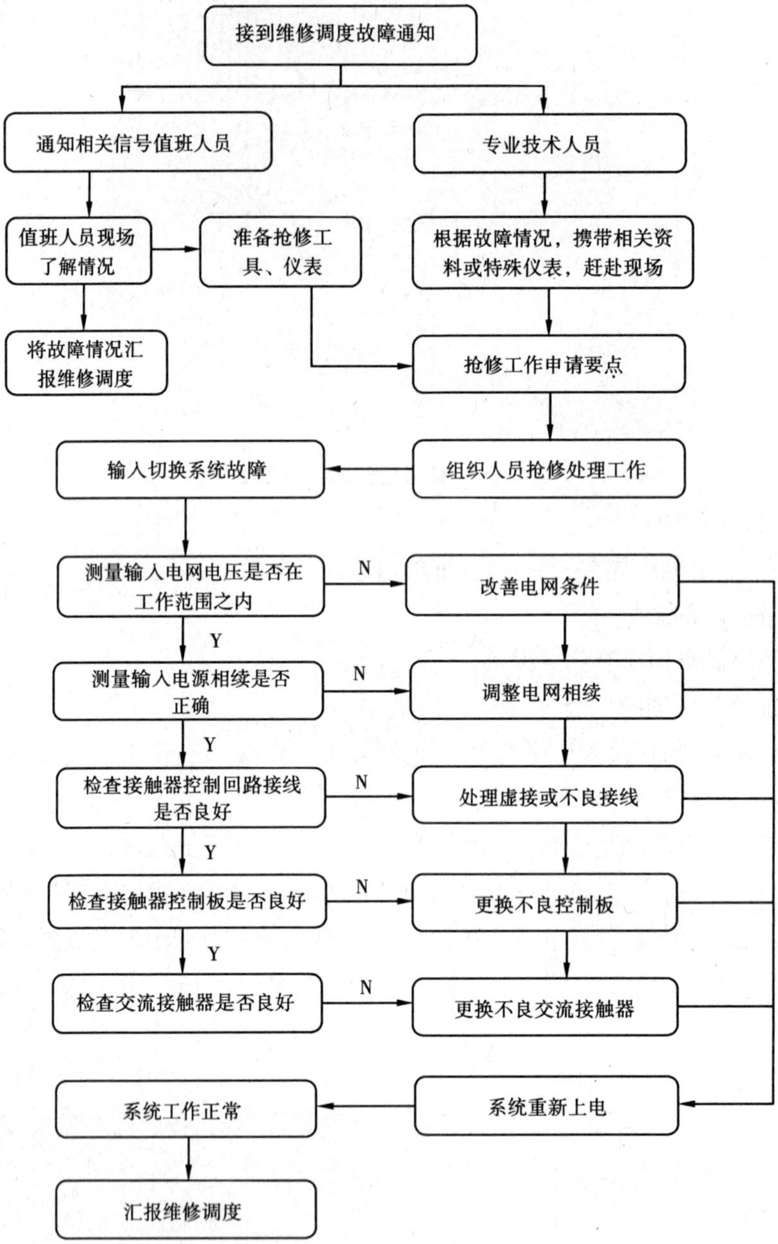

图 2.54　输入切换系统故障处理流程图

中断、模块通信中断等。监控系统故障处理流程，如图 2.57 所示。

5）信号电源系统故障处理所需材料及工器具

信号电源系统设备故障处理所需的工具包括：剪线钳、压线钳、各种扳手、螺丝刀、电工刀、钢锯、WAGO 端子插接工具等，工具使用前要做好绝缘处理和防静电处理。

6）信号电源系统设备故障处理所需的电气连接材料

信号电源系统设备故障处理所需的电气连接材料包括：

交流电缆线、屏间信号连接电缆线、负载连接电缆、接地连接电缆等，设计规格应按电气行业相关规范。输入线截面要求：5 kVA、10 kVA，系统为 10 mm^2，15 kVA 及以上系统为16 mm^2，地线截面要求：≥10 mm^2。

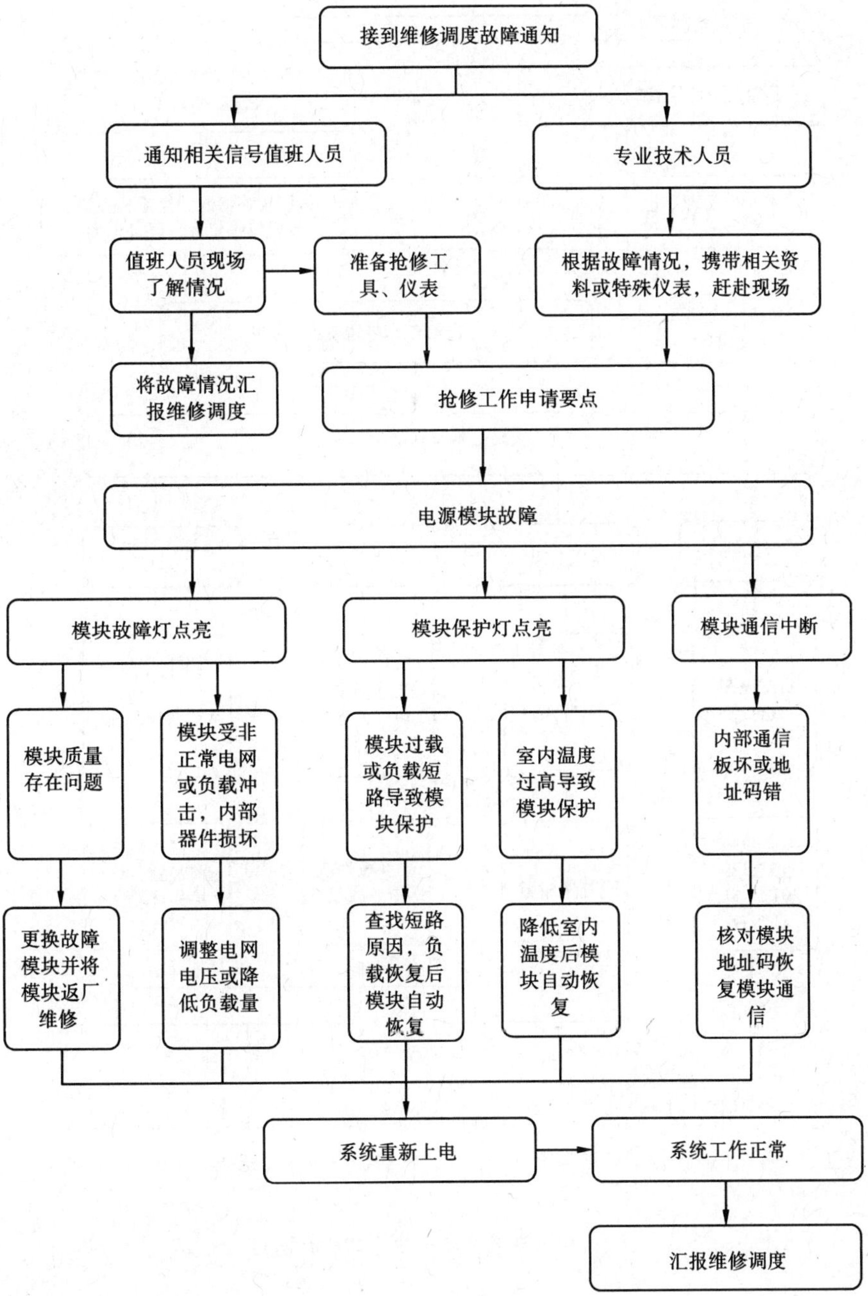

图 2.55　电源模块类故障处理流程图

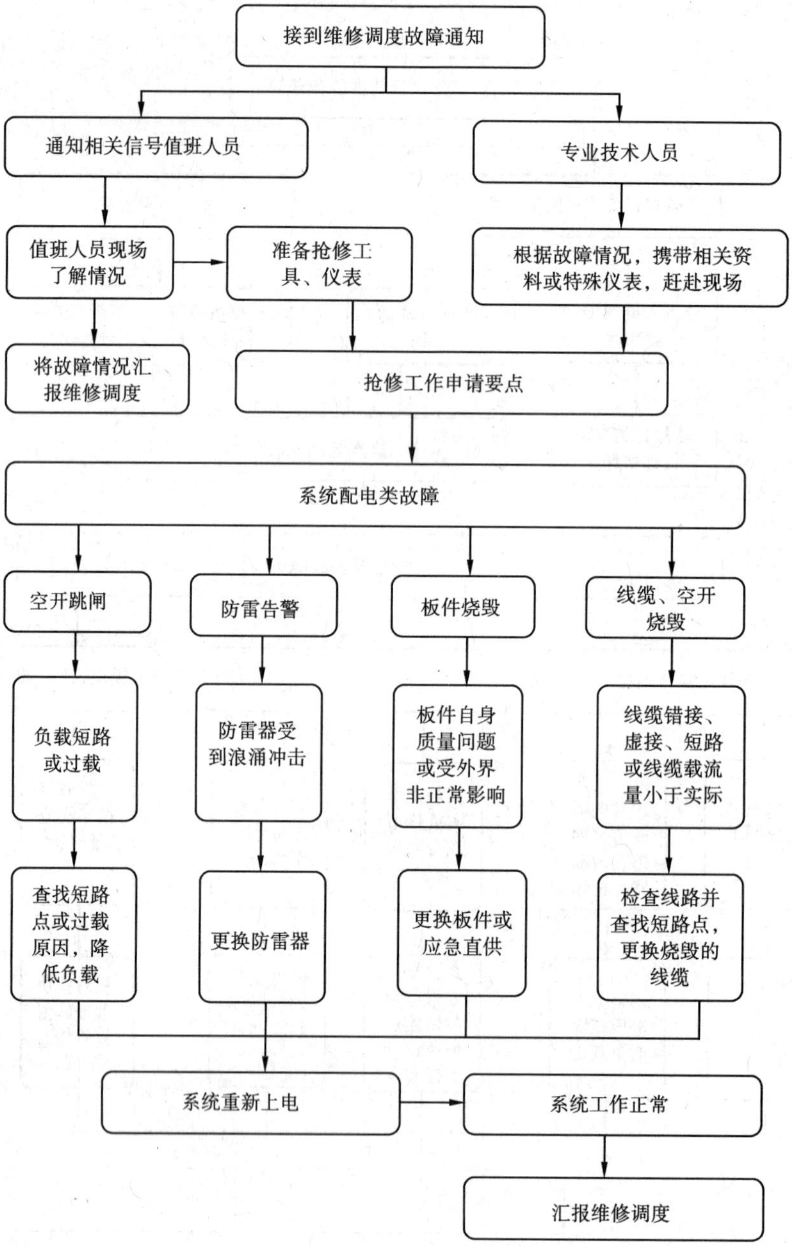

图 2.56　**系统配电类故障处理流程图**

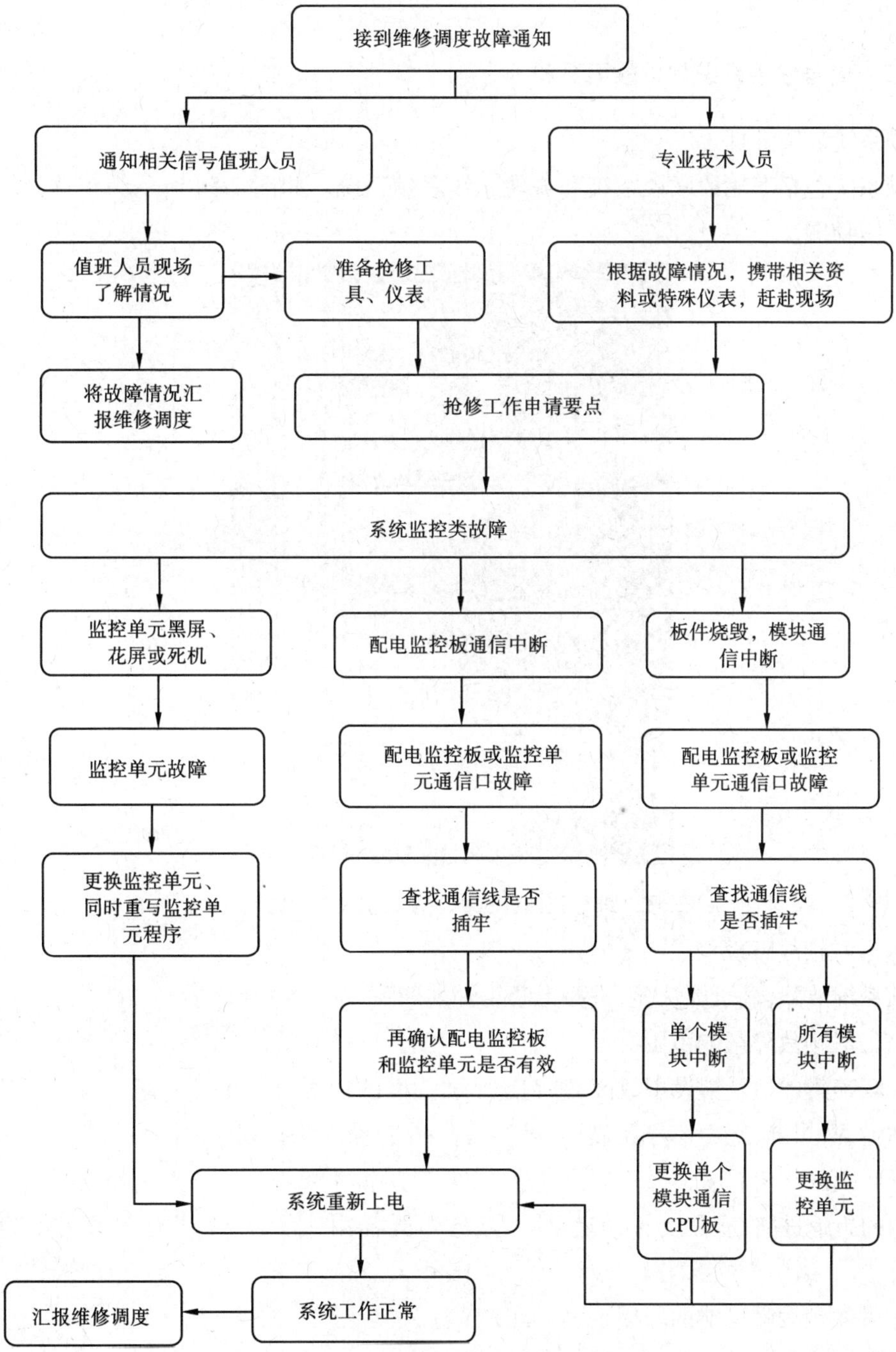

图 2.57　系统监控类故障处理流程图

7)信号电源系统设备故障处理所需的辅料

信号电源系统设备故障处理所需的辅料包括:膨胀螺钉、接线端子、线扎带、绝缘胶布、标签纸等。

2.2.2 信号联锁系统常见故障分析

联锁系统故障处理

联锁系统包括车辆段联锁系统和城轨正线联锁系统。如图 2.58 所示为正线计算机联锁系统设备实物图。

图 2.58 正线计算机联锁系统设备实物图

1)信号联锁故障现象

联锁系统故障,显示屏灰显,进路无法正常办理等。

2)信号联锁故障影响范围

某个联锁集中站联锁设备故障,影响这个联锁区的信号设备正常使用。整个联锁区可能出现车站 LCW 黑屏,地面信号无显示、道岔无表示、进路无法排列。

故障联锁区与相邻联锁区不能排列进路,人工办理进路需要站务人员勾锁道岔。对于故障区域中的折返进路,有需要转动道岔的,站务人员需要对道岔进行人工转换并对道岔只勾不锁。

3)信号联锁故障可能的原因

①因供电故障,造成信号联锁集中站一类负荷停电。

②UPS 或电源屏故障,造成联锁设备柜无电源。

③联锁设备柜本身电源部分故障、板卡故障、软件故障。

④联锁设备双机热备系统,主备机均故障。

⑤联锁设备柜与DCS、计轴等的通道故障。

⑥联锁设备柜内其他设备故障，造成联锁设备不能正常工作。

4)信号联锁系统故障处理方法

信号联锁系统故障处理的流程，如图2.59所示。

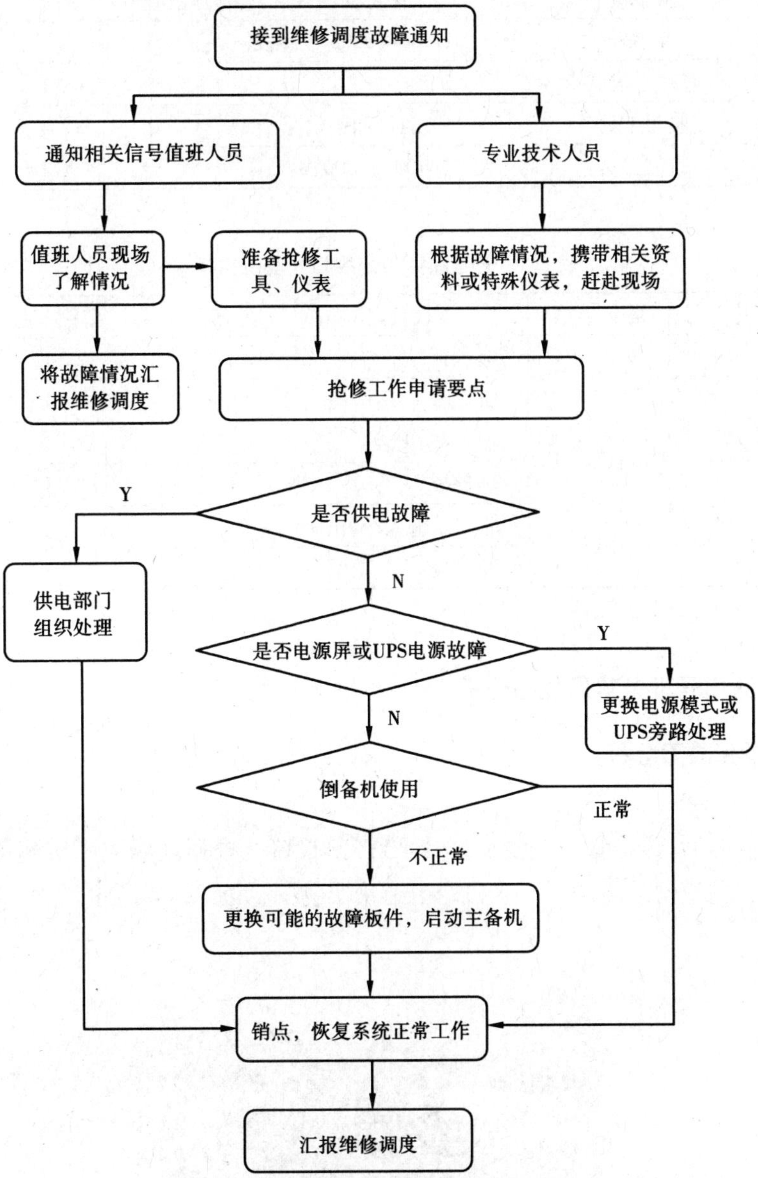

图2.59　信号联锁系统故障处理流程图

5)信号联锁系统故障处理所需材料、工器具

信号联锁系统故障处理所需要的工具，见表2.1、表2.2。

表 2.1 信号联锁系统故障处理工具表

工具名称	型号规格	单 位	数 量
螺丝刀	2 mm/3 mm/5 mm	把	1
烙铁	50 W	把	1
插座板	多用插座	套	1
万用表	MF-14 或 9803 数字表	块	2
芯片起拔器		个	1
照明工具	应急灯和手电筒	个	4
通信工具	400 M,800 M	台	各 2 台

表 2.2 信号联锁系统故障处理所需板卡

序 号	联锁类型	板件名称	厂家编号	数 量
1	Microlok Ⅱ	电源板		1
2		CPU 板		1
3		输入/输出板		1
4		热备板		1
5		非安全输入/输出版		1
6		通信板		1

2.2.3 轨旁信号设备常见故障分析

(1)道岔常见故障分析

1)道岔故障现象

发生道岔故障后,道岔将失去表示,并给出挤岔报警。根据现场故障实际情况,分为非挤岔道岔故障和挤岔道岔故障两类。多机牵引道岔实物图,如图 2.60 所示。

图 2.60 多机牵引道岔实物图

2)道岔故障影响范围

影响经由该道岔(包括保护区段道岔)的进路排列。

3)非挤岔道岔故障

故障现象:道岔转换不到位或道岔不动作、道岔失去表示;LCW/ATS 显示故障道岔闪红,并有挤岔报警。

非挤岔故障可能的原因:

①道岔动作、表示电源故障。

②室内继电器、空开、配线发生不良。

③转辙机、外锁闭装置不良。

④道岔调整不良,密切或道岔缺口变化。

⑤道岔注油不良,尖轨间夹有异物等。

⑥道岔存在工务病害:尖轨爬行、轨距不良、道岔飞边、滑床板吊板。

4)非挤岔道岔故障处理流程

非挤岔道岔故障处理流程,如图 2.61 所示。

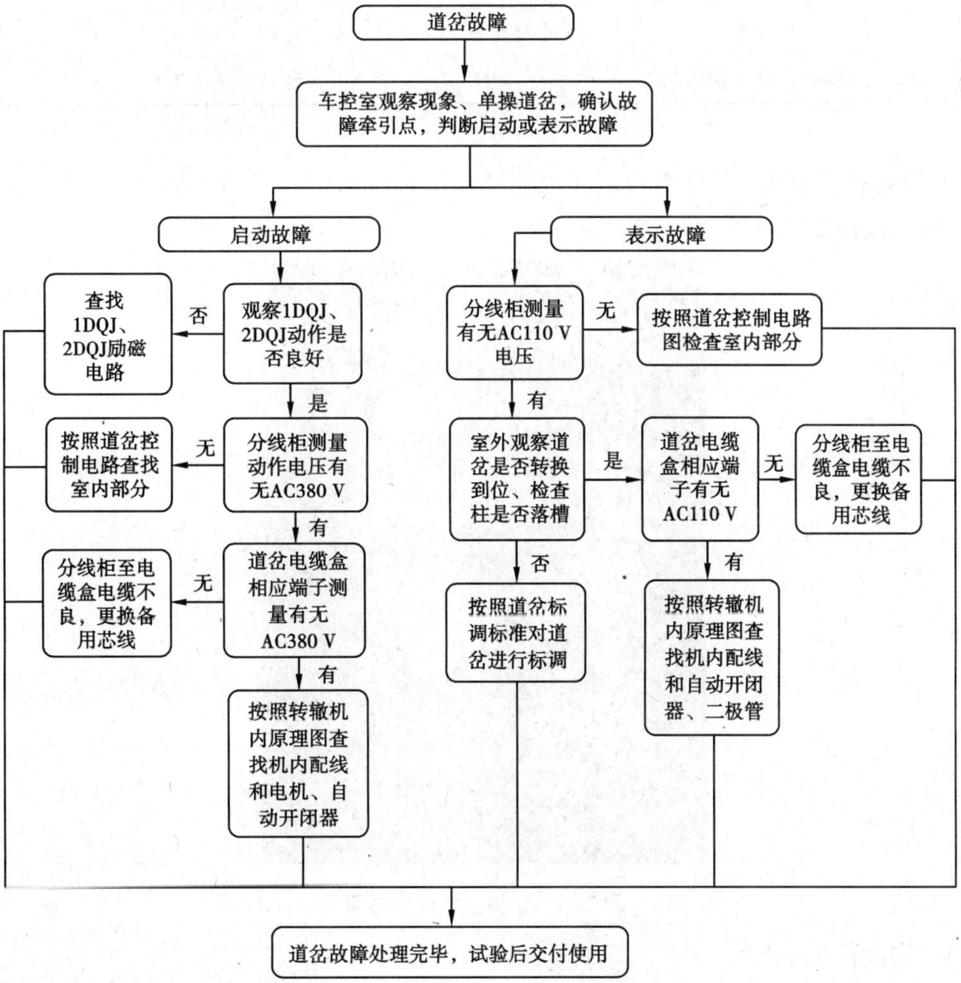

图 2.61　非挤岔道岔故障处理流程图

5)道岔故障处理使用的工器具

道岔故障处理工器具,如表2.3所示。

表2.3　道岔故障处理所需工具材料

序　号	名　称	型号规格	单　位	数　量	备　注
1	道岔检修工具		套	1	
2	万用表		块	1	
3	照明灯具		台	1	
4	撬棍	500 mm	把	2	
5	活动扳手	450 mm	把	1	
6	活动扳手	375 mm	把	1	
7	活动扳手	300 mm	把	2	
8	通信工具(手持台)	400 M,800 M	台	2	
9	棘轮扳手	65件套6.3×10 mm	套	1	
10	检修道岔常用材料		套	1	

(2)计轴设备常见故障分析

计轴主机柜实物图,如图2.62所示。

图2.62　计轴主机柜实物图

1)计轴设备故障现象

①整个联锁区计轴区段GJ无车落下,LCW整个联锁区计轴区段显示红光带。

②一个或多个计轴区段GJ无车落下,LCW一个或多个计轴区段显示红光带。

2)计轴设备故障影响范围

①整个联锁区显示红光带时,整个联锁区进路无法正常办理,联锁区内所有道岔无法正常转动。

②一个或多个区段显示红光带时,经过该区段的(包括作为保护区段时)进路无法正常办理,道岔区段红光带时,区段内道岔无法正常转动。

3)计轴设备故障可能的原因

造成计轴设备故障的原因比较多,常见的主要有以下几点:

①计轴电源故障,包括计轴主机电源 DC60 V、室外磁头电源 DC120 V、轨道继电器电源 DC24 V。

②电源板或 CPU 板故障。

③并口板或串口板故障。

④室外计轴磁头故障。

⑤计轴箱内模拟板或评估板故障。

⑥受外界其他因素干扰。

⑦除上述原因外,还有通道未连接上、PDCU 保险熔断、WAGO 端子接触不良等。

4)计轴设备故障处理流程

计轴设备故障处理流程,如图 2.63 所示。

5)计轴系统故障处理使用工器具

计轴系统故障处理使用的工器具及所需备件,见表 2.4 和表 2.5。

表 2.4　计轴故障处理所需工器具

序　号	工具名称	型号规格	单　位	数　量	备　注
1	诊断机		台	1	1.装有诊断软件 2.RS-232 串口数据线
2	磁头测试仪		套	1	数字万用表、模拟轮、扭矩扳手、螺丝刀
3	ISDN 测试仪		台	1	
4	芯片起拔器		个	1	
5	照明工具		个	2	
6	通信工具	400 M,800 M	台	各 2 台	

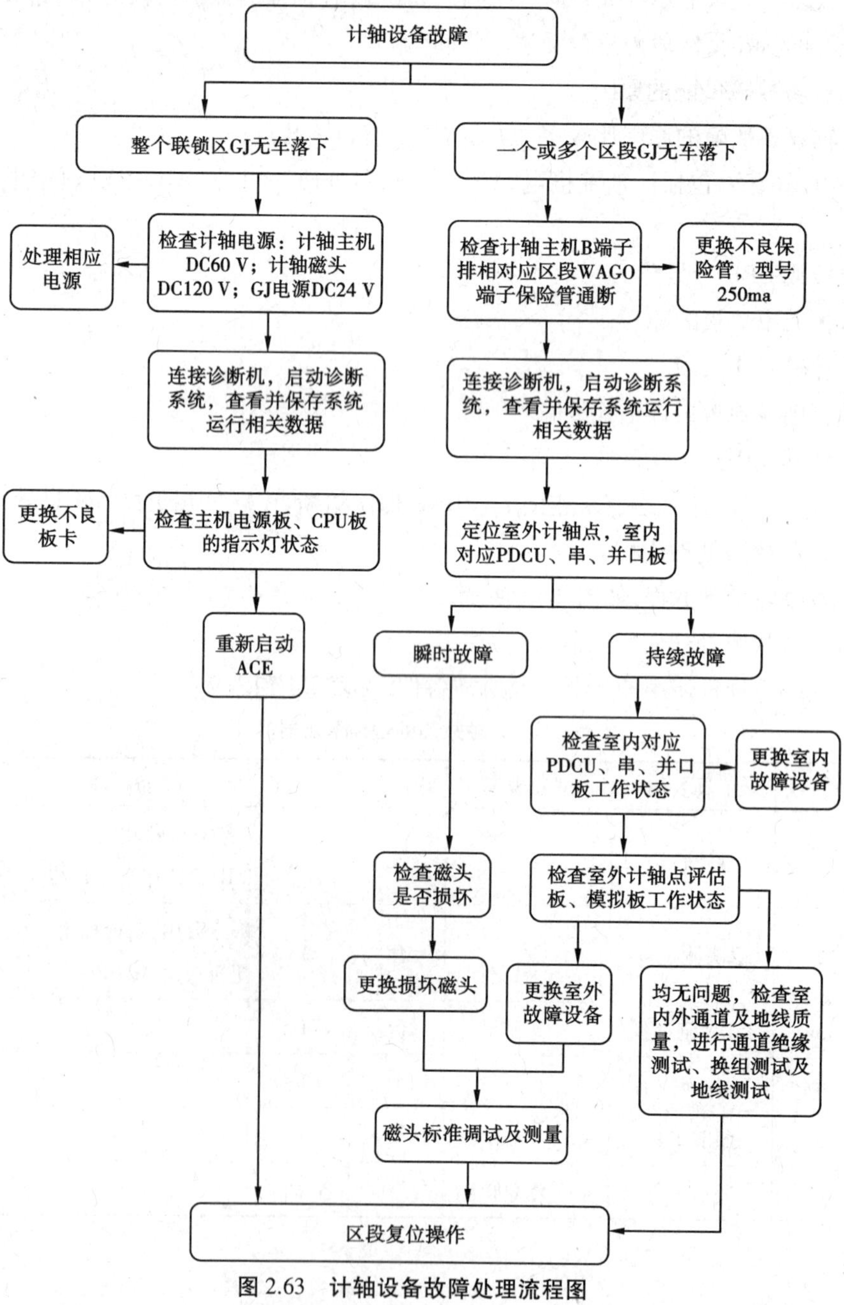

图 2.63　计轴设备故障处理流程图

表 2.5　计轴设备故障处理所需备件

序　号	名　称	单　位	数　量	备　注
1	电源板	个	1	
2	CPU 板	个	1	
3	串口板	个	1	
4	并口板	个	1	
5	电源数据耦合板	个	1	
6	电子盒	套	1	
7	计轴磁头	套	1	

6)计轴设备故障处理注意事项

①计轴设备故障处理必须执行有关规章制度(行规等规章制度),以确保行车及人身安全。

②ACE 主机电源板、CPU 板不支持热插拔。

③ACE 主机重启前至少断电 10 s。

④一台 ACE 只能有一个 CPU 的诊断接口可以连接到诊断机,禁止将一台诊断机连接到两个 CPU 的诊断接口。

⑤串口板、并口板以及室外计轴点 EAK 模拟板、评估板支持热插拔。

⑥如果有故障电路板,必须立即更换,并将故障电路板包装好,以避免机械或电气损坏;用户不得自行修理电路板,没有经过检验的电路板不能投入使用。

(3)信号机常见故障分析

LED 信号机实物图,如图 2.64 所示。

图 2.64　LED 信号机实物图

1)信号机故障现象

①红灯灭灯;

②排列进路后对应的绿灯(或黄灯)无法点亮。

2)信号机故障影响范围

在非 CBTC 列车运行时,影响列车在该信号机防护区段的运行。

3)信号机故障可能的原因

①信号点灯电源故障。

②信号组合侧面空开落下。

③LED 发光盘不良(发光二极管损坏数量超过 30%)。

④点灯单元不良。

⑤信号机电缆不良。

⑥继电器故障或接点不良。

⑦信号驱动电路故障。

⑧屏蔽门未关好或关闭未锁紧。

4)信号机故障处理流程

信号机故障处理流程,如图 2.65 所示。

5)信号机故障处理需要的工器具

LED 信号机故障处理所需材料及工器具,见表 2.6。

表 2.6 LED 信号机故障处理所需材料及工器具

序号	名称	型号规格	单位	数量	备注
1	微型螺丝批		把	1	
2	套筒	4 mm、5 mm、6 mm	套	1	
3	活动扳手	200 mm	把	1	
4	照明灯具		把	1	
5	万用表		块	1	
6	点灯单元		台	1	
7	LED 发光盘		套	1	

2.2.4 车载信号设备常见故障分析

(1)速度传感器常见故障分析

速度传感器实物,如图 2.66 所示。

1)速度传感器故障现象

速度忽快忽慢,甚至突然为零或者无速度显示。

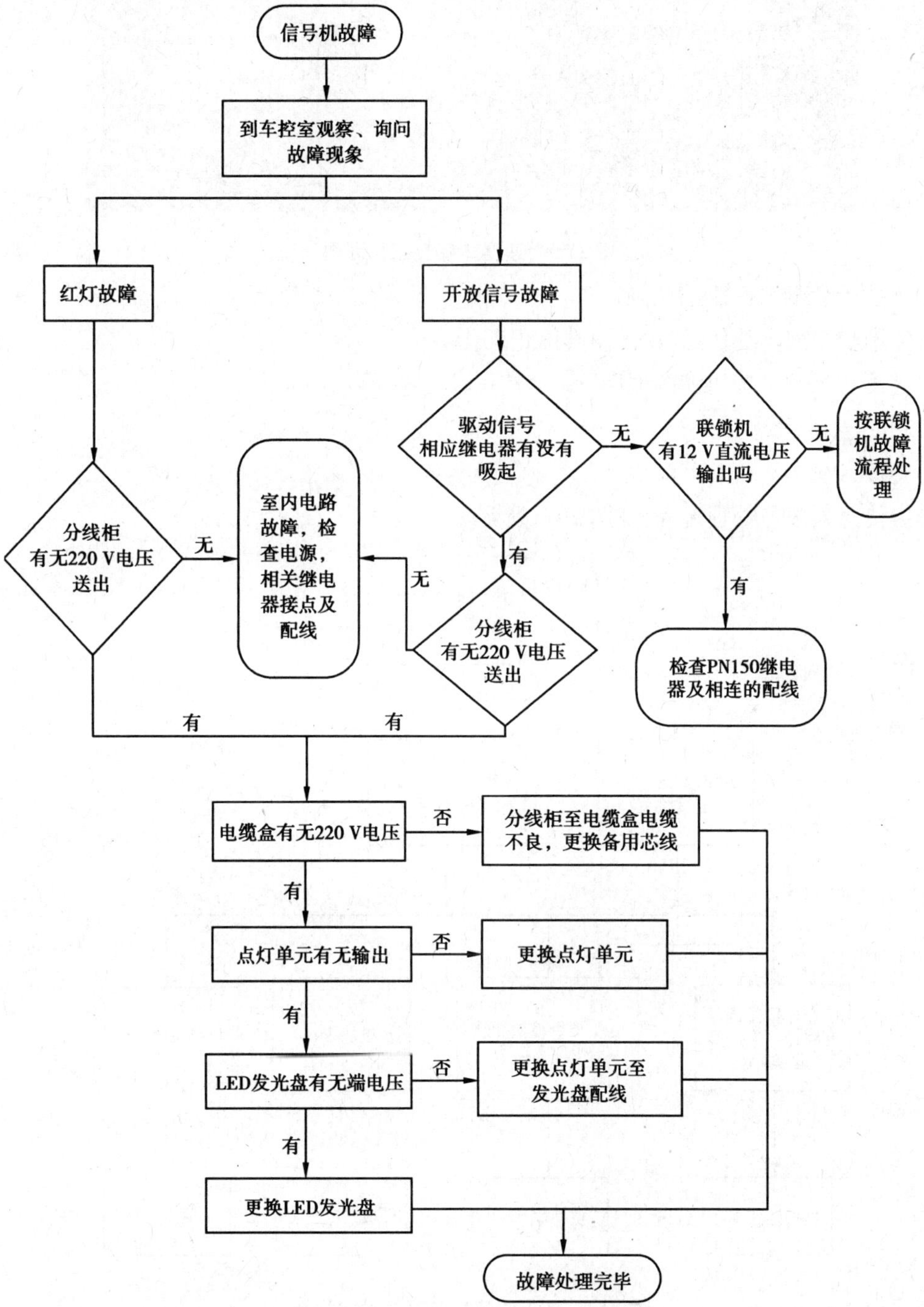

图2.65　信号机故障处理流程图

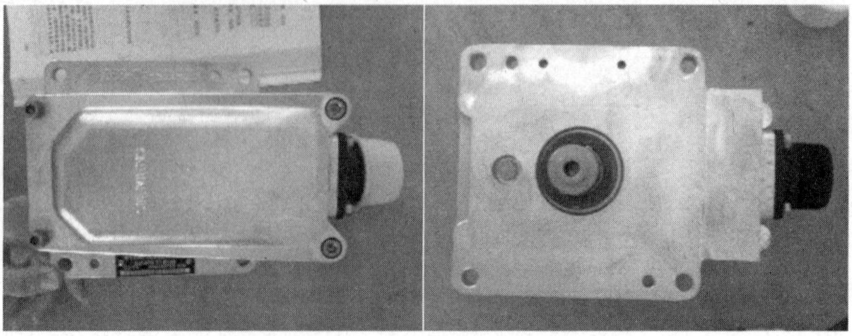

图 2.66　速度传感器正反面图

2）速度传感器故障影响范围

故障影响单列车载信号系统，使其停止工作。

3）速度传感器故障可能的原因

舌轴断，轴卡死。

4）速度传感器故障处理流程

速度传感器故障处理流程，如图 2.67 所示。

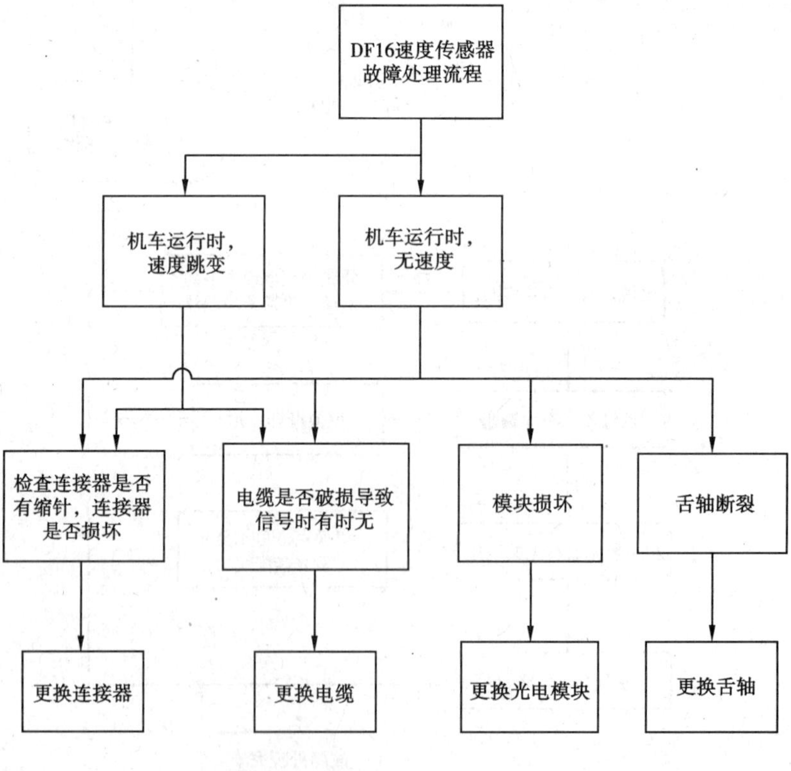

图 2.67　速度传感器故障处理流程图

5）速度传感器故障处理所需的工具及备件

活口扳手、万用表、JZ-1 转速校验台。

速度传感器故障处理的备件包括：舌轴（如图 2.68 所示）、连接器、电缆、光电模块等。

图 2.68　舌轴实物图

(2)加速度计常见故障分析

图 2.69 为不同种类的加速度计的实物图。

图 2.69　不同种类的加速度计的实物图

1)加速度计故障现象

加速度计无信号输出或有信号输出但不正常。

2)加速度计故障影响范围

加速度计故障会使单列车载信号系统停止工作。

3)加速度计故障可能的原因

电缆线与插头故障、模拟加速度计或数字加速度计故障。

4)加速度计故障处理流程

加速度计故障处理流程图,如图 2.70 所示。

5)加速度计故障处理所需工器具及备件

加速度计故障处理所需材料及工器具见表 2.7。

表 2.7　加速度计故障处理所需材料及工器具

序　号	工具名称	单　位	数　量
1	便携式数字示波器	台	1
2	便携式现场校验仪	台	1

加速度计故障处理所需备件包括:电缆线、插头、数字加速度计、模拟加速度计。

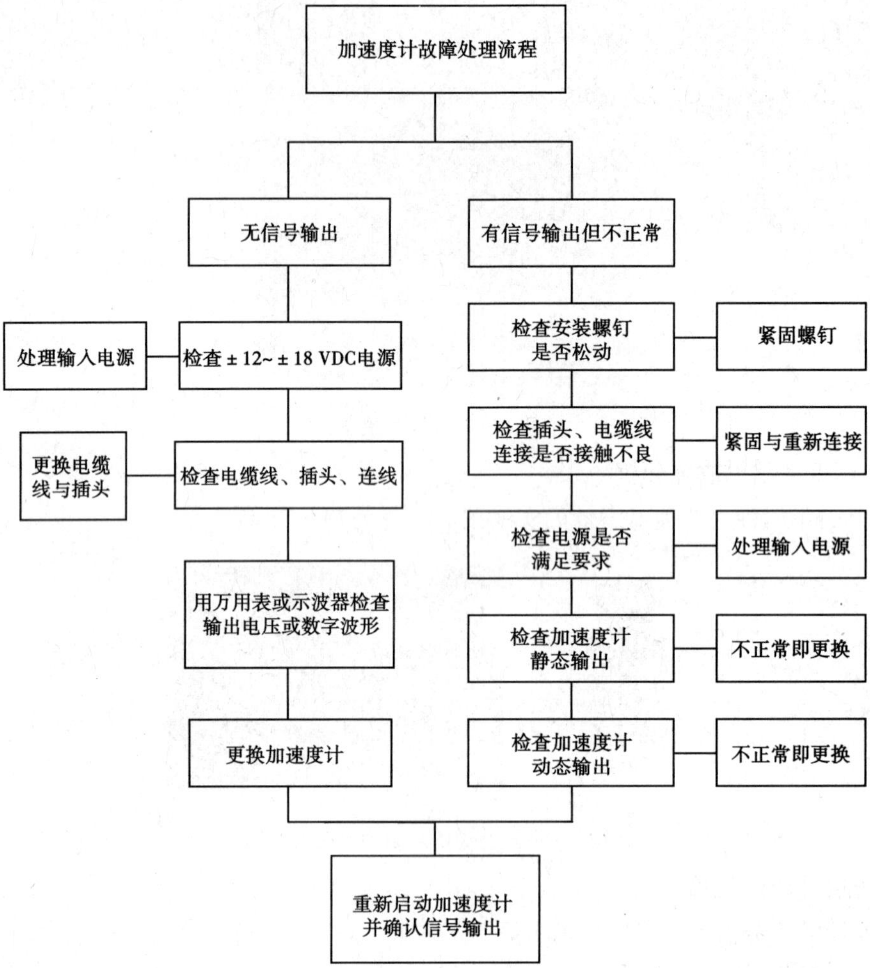

图 2.70　加速度计故障处理流程图

(3) 车端连接器常见故障分析

1) 车端连接器故障现象

①过桥线脱落或断裂松动。

②插头插针退针、绝缘体断裂或接线错误。

③插座插孔退针、绝缘体断裂或接线错误。

2) 车端连接器故障影响范围

车端连接器故障会影响单列车载信号设备的正常工作。

3) 车端连接器故障处理流程

车端连接器故障处理流程图,如图 2.71 所示。

4) 车端连接器故障处理所需工器具及备件

车端连接器故障处理所需器具及备件,见表 2.8。

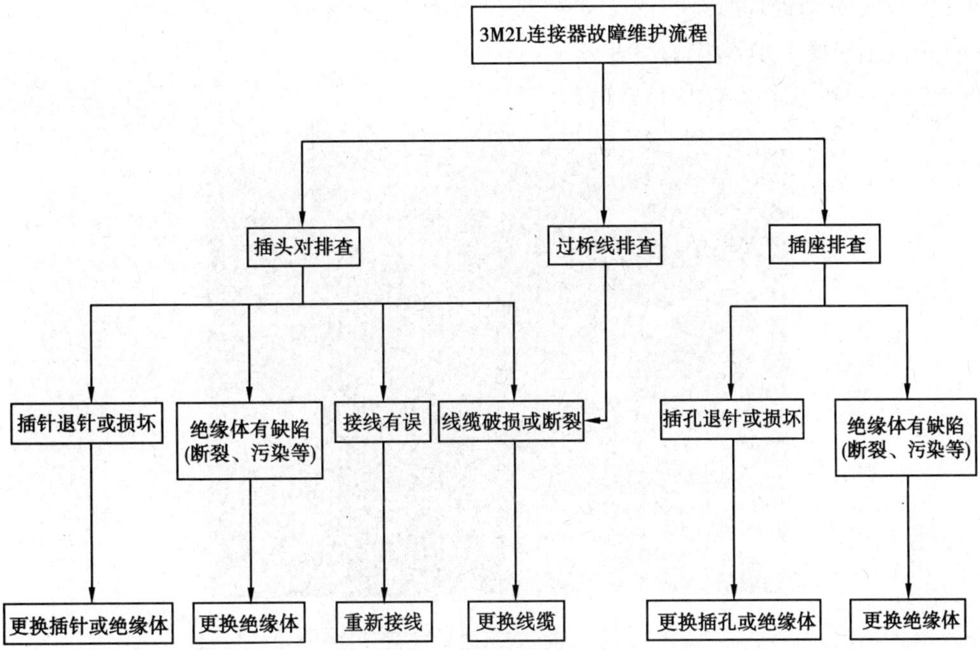

图2.71　车端连接器故障处理流程图

表2.8　车端连接器故障处理所需工器具

序　号	工具名称	单　位	数　量	备　注
1	一字螺丝刀	把	1	安装或卸载M6、M4及M3螺钉
2	5 mm内六角扳手	把	1	安装或拆卸M6内六角螺钉
3	扭矩扳手	把	1	测试螺钉的扭矩
4	扎带枪	把	1	绑缚线缆用扎带的收紧和截断
5	取针器(RT-3)	把	1	拆卸针孔
6	M25-1六角扳手	把	2	管接头松紧工具。此工具为工厂自制件,如有相同规格也可
7	M25-2六角扳手	把	1	管接头松紧工具。此工具为工厂自制件,如有相同规格也可
8	标准剥线钳	把	1	接线时剥除线缆胶皮
9	压线钳	把	1	压接针孔
10	热风枪	把	1	热缩套管
11	通断器	台	1	测试线缆通断性
12	绝缘电阻仪	台	1	测试绝缘电阻
13	耐压测试仪	台	1	测试耐压

车端连接器故障处理所需的备件包括:插针、绝缘体、线缆等。

(4)司机显示器 TOD 常见故障分析

图 2.72 为司机显示器 TOD 显示图。

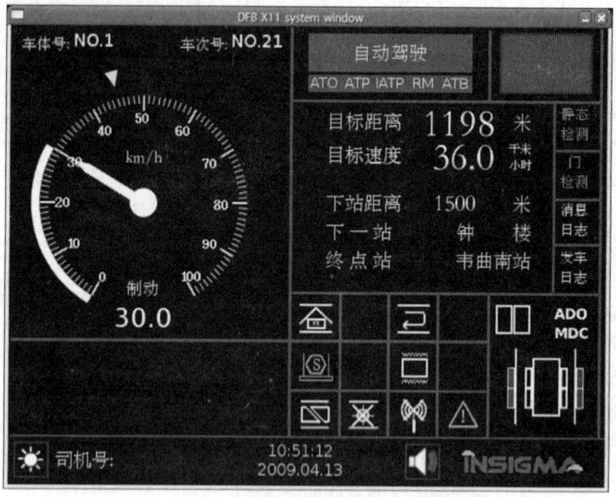

图 2.72 司机显示器 TOD 显示图

1)司机显示器 TOD 故障现象

TOD 黑屏或花屏。

2)司机显示器 TOD 故障影响范围

司机显示器 TOD 故障会使单列车载信号系统工作异常。

3)司机显示器 TOD 故障可能的原因

①TOD 黑屏原因:TOD 故障或者电源线故障。

②TOD 花屏:灯管老化或者通信线接触不良。

4)司机显示器 TOD 故障处理工器具及备件

司机显示器 TOD 故障处理所需工器具,见表 2.9。

表 2.9 司机显示器 TOD 故障处理所需工器具

序 号	工具名称	单 位	数 量	备 注
1	十字螺丝刀,尺寸为 T25	把	1	

司机显示器 TOD 故障处理所需备件包括:TOD 显示屏、电源线、通信线。

(5)应答器读取系统常见故障分析

图 2.73 为应答器读取天线实物图。

1)应答器读取系统故障影响范围

故障影响单列车载信号系统。

图 2.73　应答器读取天线实物图

2)故障现象及处理方法,见表 2.10。

表 2.10　应答器读取系统故障处理表

序号	故障现象	现象补充说明	故障定位	故障分析	解决方案
1	某点信标一直无法识别	所有机车上的读写器均如此	某点信标	信标失效	更换
2				信标周围,特别是上面覆盖有金属类物体	清理信标周围环境
3				信标安装错误,特别是极化方向错误	按正确方法重新安装,特别是注意与定位天线之间的极化关系
4				有源信标供电失效	检查有源信标的供电
5	某点信标偶尔识别不到	所有机车上的读写器对该点的识别结果表现不一	某点信标	信标周围是否有金属类物体	清理信标周围环境
6				信标安装错误	按正确方法重新安装,特别注意是否保持在水平面上、安装周围(有夹角范围)是否有遮盖物
7				信标性能下降	如果上述两种方案仍未解决,则可考虑更换信标
8				有源信标供电偶尔失效	检查有源信标在系统需要供电的时候是否确保供电有效

续表

序号	故障现象	现象补充说明	故障定位	故障分析	解决方案
9	机车上的某读写器只能识别部分信标	其他机车上的读写器则能正常地全部识别	定位天线	定位天线损坏	检查定位天线外观是否有损坏现象,如有,需更换天线
10				定位天线上覆盖影响微波性能的物质,如金属类	检查定位天线上是否有一层含金属材质的覆盖层,予以清洗
11				定位天线内部结构发生松动,特别是接头部分	更换天线
12			定位天线与读写器之间的微波电缆及接头	定位天线与读写器之间的微波电缆接头接触不良或进水	处理接头
13				定位天线与读写器之间的微波电缆破损	更换微波电缆
14			定位读写器	如果此故障各项原因均不存在,而该读写器得出的识别结果一直与其他读写器差别很大,则需要重点检查该读写器的微波输出功率是否正常,请参照读写器说明书的步骤详细检查读写器的微波工作状态	按读写器说明书检查读写器各项指标,特别是微波输出
15				定位读写器电源适配器工作不稳定	确保读写器有稳定的(13.5±1.0)V DC
16			上位处理器	因 RS232 串行通信原因,未收到识别结果或者软件系统未记录	检查串行通信线连接是否牢固,接头是否松动

续表

序号	故障现象	现象补充说明	故障定位	故障分析	解决方案
17	机车上的某读写器不能识别所有信标	其他机车上的读写器则能正常地全部识别	定位天线	定位天线损坏	检查定位天线外观是否有损坏现象,如有,需更换天线
18				定位天线内部结构发生松动,特别是接头部分	更换天线
19			定位天线与读写器之间的微波电缆及接头	定位天线与读写器之间的微波电缆接头接触不良或进水	处理接头
20				定位天线与读写器之间的微波电缆断裂	更换微波电缆
21			定位读写器	如果此故障各项原因均不存在,而该读写器得出的识别结果一直与其他读写器差别很大,则需要重点检查该读写器的微波输出功率是否正常,请参照读写器说明书的步骤,详细检查读写器的微波工作状态	按读写器说明书检查读写器各项指标,特别是微波输出
22				定位读写器电源适配器失效	更换电源适配器,确保读写器有稳定的(13.5±1.0)V DC
23				定位读写器主电源开关关闭	打开读写器主电源开关
24				定位读写器保险烧坏	更换保险
25				因定位读写器内部电池失效,造成设置信息丢失,诸如:日期、时间、波特率等	送回原厂家维护
26			上位处理器	因 RS232 串行通信原因,未收到识别结果或者软件系统未记录	检查串行通信线连接是否牢固,接头是否松动
27				因应用软件未工作或者工作不正常,造成识别结果未记录	检查应用软件

(6)车载 ATO/ATP 计算机(CC)机柜常见故障分析

1)车载 ATO/ATP 计算机故障现象

通信无法建立或者灯位显示不正常、列车突发性 EB、板卡故障。

2)车载 ATO/ATP 计算机故障影响范围

车载 ATO/ATP 计算机故障会使单列车载信号系统停止工作。

3)车载 ATO/ATP 计算机故障可能的原因

CC 机柜死机或者板卡故障。

4)车载 ATO/ATP 计算机故障处理方法

①CC 机柜故障:断开 CC 机柜 ATO1~ATO4 路电源开关,间隔三十几秒后,合上 ATO1~ATO4 路电源开关。

②板卡故障:列车回库后,对故障板卡进行更换,并进行再一次验证。

2.2.5 中央及车站 ATS 信号设备常见故障分析

(1)ATS 系统服务器常见故障分析

图 2.74 为 ATS 服务器实物图。

图 2.74 ATS 服务器实物图

1)ATS 系统服务器死机故障现象

控制中心服务器、市图书馆后备站服务器均故障。全部 HMI 和背投上显示联锁区全灰,联锁区内无列车信息,列车车次不能跟进/出该联锁区。

2)ATS 系统服务器死机故障影响范围

行调不能通过中央调度员工作站和大屏幕设备监督列车的运营,失去中央控制权。各联锁站现地控制工作站正常工作,能正确地显示联锁区内列车信息及设备的状态。

3)ATS 系统服务器死机故障可能的原因

程序严重丢失或错误无法倒机、受到病毒侵害。

4)ATS 系统服务器死机故障处理流程

ATS 系统服务器死机故障处理流程图,如图 2.75 所示。

5)ATS 系统服务器死机故障处理所需的材料、工器具

备用服务器、硬盘等;工器具:一字螺丝刀、十字螺丝刀、万用表等。

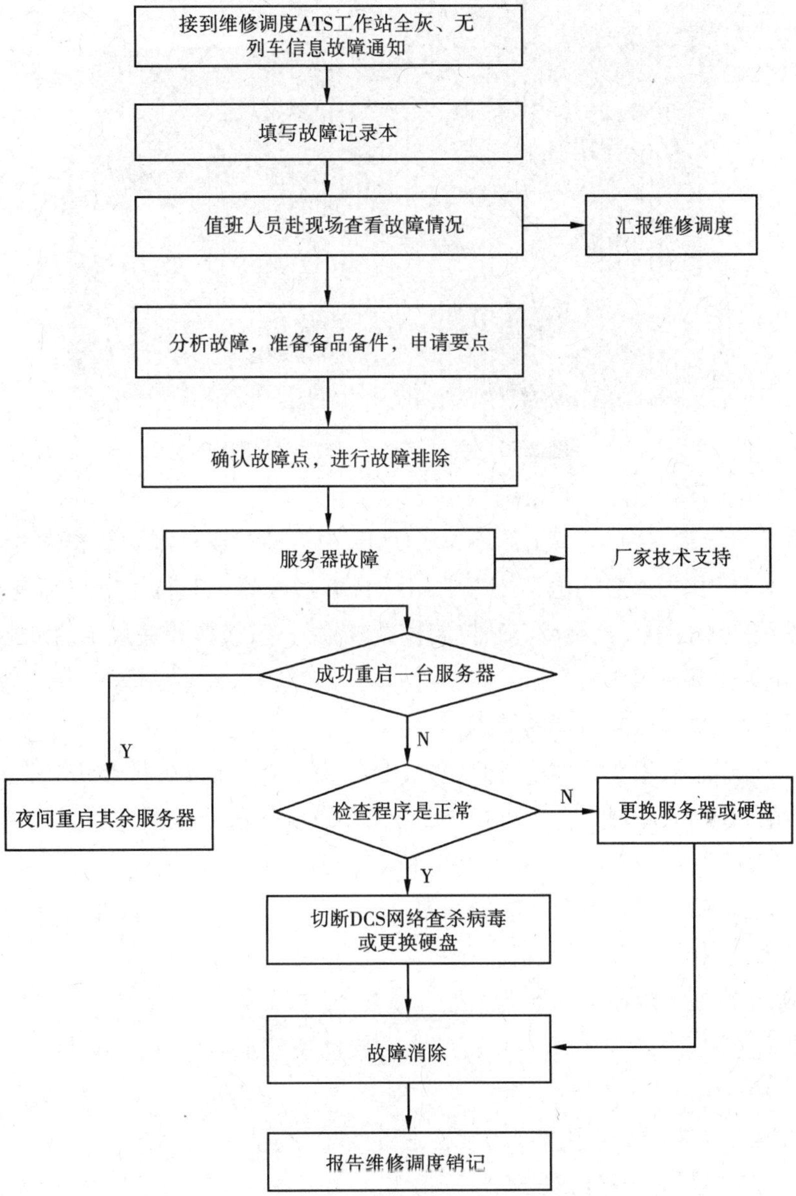

图2.75　ATS服务器死机故障处理流程图

(2)中央/车站工作站故障

图2.76为中央/车站工作站实物图。

1)中央/车站工作站故障现象

中央/车站工作站故障现象1:中央/车站工作站显示器黑屏无任何故障显示。

中央/车站工作站故障现象2:中央/车站工作站“死机”。

中央/车站工作站故障现象3:只有一台工作站不能操作命令。

图 2.76　中央/车站工作站实物图

2) 中央/车站工作站故障影响范围

故障 1、2 都将导致中央/车站工作站无法使用,中央或现场控制功能丧失,需按相关规定启动运营应急处理程序(如启动电话闭塞法组织行车);故障 3 对行车组织影响较小,可按可操作的工作站级别进行中央控制或车站控制模式继续行车,或按相关规定启动运营应急处理程序(如启动电话闭塞法组织行车)。

3) 中央/车站工作站故障可能的原因

中央/车站工作站故障现象 1 可能的原因:电源、显示器、连接线路或操作系统崩溃等。

中央/车站工作站故障现象 2 可能的原因:操作系统崩溃或主服务器运行的软件程序异常等。

中央/车站工作站故障现象 3 可能的原因:故障工作站服务器运行的软件程序异常等。

4) 中央/车站工作站故障处理流程

中央/车站工作站故障现象 1 处理流程:

检查显示器电源开关是否打开或电源线是否松动使显示器没电,重新打开电源开关或插好电源线。

检查显示器信号输入线与主机接口接触是否良好。

检查主板与工控机底槽接触是否良好。

重新安装操作系统或更换硬盘。

更换内存条。

中央/车站工作站故障现象 2 处理流程:

操作系统崩溃,出现“蓝屏”,进行重装系统处理。

检查主服务器程序是否正常工作,如程序不能正常工作,重新启动该程序。

如果不能恢复,对系统进行重启;若仍不能恢复,应完全断电重启本机。

若是硬件故障,更换相应的部件。

中央/车站工作站故障现象 3 处理流程:

检查本台工作站上运行的程序。

重新启动本机或重新启动相应的程序。

如无法恢复,进行重装系统处理。

(3)PDI 发车指示器常见故障分析

图2.77为PDI发车指示器实物图。

图2.77　PDI发车指示器实物图

1)PDI发车指示器故障现象

PDI发车指示器故障现象1:PDI不显示。

PDI发车指示器故障现象2:PDI不响应SCC(如图2.78所示)发出的指令。

PDI发车指示器故障现象3:PDI花屏。

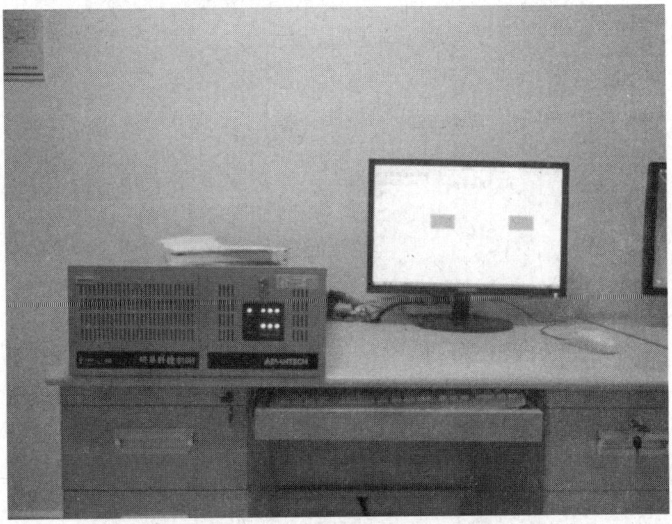

图2.78　PDI室内控制计算机(SCC)

2)PDI发车指示器故障影响范围

PDI发生指示器故障会使司机无法从PDI发车指示器获取停站及发车提示。

3)PDI 发车指示器故障可能的原因

室内 SCC 控制计算机故障、PDI 发车指示器显示器故障、室内外数据传输故障。

4)PDI 发车指示器故障处理流程

PDI 发车指示器故障现象 1 处理流程:

检查电源屏至 PDI 的电源输入线是否连接良好,供电电压是否正常。

检查信息线是否完好。

检查 SCC 是否对 PDI 发出显示指令。

PDI 发车指示器故障现象 2 处理流程:

检查数据格式设置是否正常。

检查信息线是否正常,与 PDI 相连的通信线接口接触是否良好。

用备件更换显示模块。

PDI 发车指示器故障现象 3 处理流程:

检查该模块的行驱动 IC。

检查该行的显示块是否有问题。

检查该行电路连线是否出现开路或短路现象。

2.2.6 信号数据通信网络设备常见故障分析

(1)交换机常见故障分析

图 2.79 为 DCS 交换机的实物图。

图 2.79 DCS 交换机实物图

1)交换机接口设备故障

交换机接口设备故障现象:前置面板指示灯显示异常。

交换机接口设备故障处理方法:更换至备用端口,或更换交换机模块。

2)交换机单模块故障

交换机单模块故障现象:前置面板指示灯显示异常。

交换机单模块故障处理方法:更换至备用端口,或更换交换器模块。

3)交换机整体背板故障

交换机整体背板故障现象:交换机整体背板不工作。

交换机整体背板故障可能的原因:受到环境潮湿、电路板受潮短路、元器件因高温或雷击等因素影响而使电路板不能正常工作。

交换机整体背板故障处理方法:在外部电源正常供电的情况下,若交换机的各个内部模块亦不能正常工作,故障可能发生在背板,此时则需要更换整个背板上的各模块。

4)系统软件故障

系统软件故障现象:软件端口被错误关闭。

系统软件故障处理方法:重新配置交换机。恢复出厂默认配置,再按阅读说明书一步一步配置。

(2)无线控制器常见故障分析

图 2.80 为无线控制器实物图。

图 2.80　无线控制器实物图

1)无线控制器端口故障

无线控制器故障现象:前置面板指示灯显示异常。

无线控制器故障处理方法:更换至备用端口,或更换无线控制器模块。

2)无线控制器模块故障

无线控制器模块故障现象:模块指示灯异常。

无线控制器模块故障处理方法:确保交换机及模块的电源正常供应,然后检查各个模块是否安置在正确的位置上,最后检查模块连接线是否正常,必要时更换故障模块。

(3)光电转换器常见故障分析

图 2.81 为光电转换器实物图。

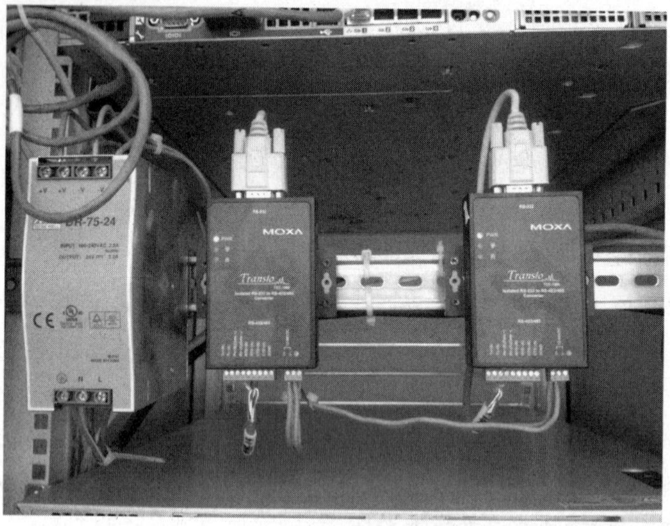

图 2.81　光电转换器实物图

1)光电转换器加电故障

光电转换器加电故障现象:光电转换器加电后指示灯灭灯。

光电转换器加电故障处理方法:检查电源输入是否正常。若正常,说明是光电转换器自身故障,需更换;该路电源非正常时上报设施部调度。

2)光电转换器双绞线接头故障

光电转换器双绞线接头故障现象:光电转换器加电后,以太网端口指示灯灭灯。

光电转换器双绞线接头故障处理方法:用测线器检测网线连通性,此时排除线缆故障;故障问题发生在双绞线接头,则需重新制作接头。

3)光电转换器光纤接口故障

光电转换器光纤接口故障现象:光电转换器加电后,光纤端口指示灯灭灯。

光电转换器光纤接口故障处理方法:查看光纤上是否有光信号,若有,则查看光纤端口的 RX、TX 线是否连接正确,必要时更换光电转换器。

(4)MR 主机及 MR 天线常见故障分析

1)MR 主机供电系统故障

图 2.82 为车载 MR 主机(交换机)实物图。

图 2.82　车载 MR 主机(交换机)实物图

MR 主机供电系统故障现象:MR 主机不能正常工作。

MR 主机供电系统故障处理方法:查看 MR 主机供电线缆外观是否完好,连接是否紧固,接线端子是否完好无损;用试电笔对接口进行测量,确定故障发生点,必要时进行相应的更换。

2)MR 主机故障

MR 主机故障现象:MR 主机故障,导致网络连接不稳定,数据读取不稳定。

MR 主机故障处理方法:确定 CC 机柜保险盒、MR 主机接线端子工作正常,各接线端子及紧固零件无松动,此时对 MR 主机重启复位;若重启复位无效,则进行必要的更换。

3)MR 天线设备故障

MR 天线设备故障现象:MR 天线无法正常工作,信号场强不符合要求。

MR 天线设备故障处理方法:查看设备供电系统是否工作正常,用试电笔对接线端口测量数据。查看安装位置和角度是否符合图纸的要求,接线端子是否松动,从而进行必要的紧固。查看 MR 天线,对各接线端子进行电气测试,查看数据是否符合参数要求,从而进行必要的更换。

(5)轨旁 AP 常见故障分析

图 2.83 为轨旁 AP 接入设备实物图。

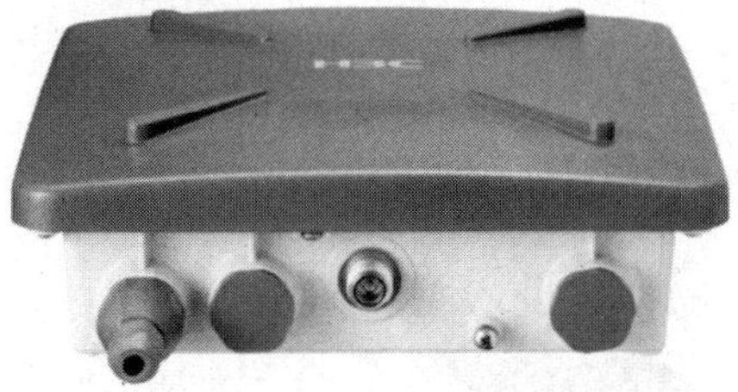

图 2.83　轨旁 AP 接入设备实物图

1)轨旁 AP 设备接入故障

图 2.84 为区间 AP 天线实物图。

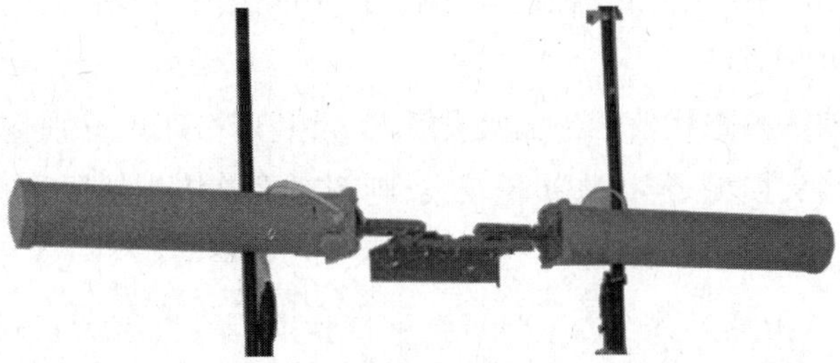

图 2.84　区间 AP 天线实物图

轨旁 AP 设备接入故障现象:DCS 网管告警,轨旁 AP 不能正常工作(AP 接入交换机端口指示灯正常,光纤连接正常,电源输入输出正常)。

轨旁 AP 设备接入故障处理方法:携带笔记本电脑(安装有 11 b/g 无线网卡)至设备房将该 AP 接入交换机,查看该 AP 配置数据,对比原备份数据,确定是否配置正确;携带笔记本电脑(安装有 11 b/g 无线网卡)及 AP 备件至轨行区 AP 故障点,检查 AP 所有指示灯状态,均显示正常;用笔记本作为无线客户端搜索该 AP 的 SSID H3C,无法成功连接到该 AP,判断为 AP 硬件故障;更换备用 AP 后,接入交换机配置该 AP 数据,DCS 网管监测该 AP 正常,该点障碍排除。

2)轨旁 AP 电源故障

轨旁 AP 电源故障现象:DCS 网管告警,轨旁 AP 不能正常工作(轨旁 AP 电源故障)。

轨旁 AP 电源故障处理方法:根据轨旁 AP 维护资料查找故障 AP 点接入电源屏第几路,在信号设备房查看该路电源输出是否正常,该路电源非正常时上报设施部调度;电源输出正常时,携带万用表及常用工具赴故障 AP 点,用万用表交流 250 V 挡测试轨旁 AP 电源端子输入、输出是否正常(220 V),若电源端子故障时,更换电源端子;电源端子正常时,判断为电源开关至电源航插部分故障,根据故障更换开关或航插。

(6)骨干光缆常见故障分析

图 2.85 为光缆实物图。

图 2.85　光缆实物图

1)骨干光缆故障现象

DCS 网管告警,A、B 两站信号传输发生数据连接中断故障,判断为 A、B 站之间光缆故障。

2)骨干光缆故障处理方法

根据站间光缆维护资料查找信号传输收发纤芯号,利用 OTDR 分别在 A、B 两站设备房测试线路总衰耗及双向接头损耗,若接头损耗较大,则判断为该接头处尾纤问题,更换该尾纤;若线路总衰耗较大,则判断为该纤芯故障,进行空纤测试,调整故障纤芯占用至测试正常空纤。若光缆断裂,则携带光纤熔接机及相关工具材料赴现场进行光缆熔接;清除现场杂物,准备接续工具及材料;开剥外护层;处理加强芯,开剥束管;光纤预盘留,光纤端面制作;光纤熔接;接头盒安装、固定;出清现场。

(7)其他通信系统常见故障分析

1)交换机端口 DOWN 故障

故障现象:网管告警,XXX 交换机、XX 端口显示状态为 DOWN。

故障判断及处理过程:

①与接口列表对照,查看接口连接设备归属及其描述(或使用维护终端登录下线端口交换机,查看下线端口归属,此方法适用于不在值班室网管终端,直接在设备室)。

②根据查看信息初步判断本专业或其他信号专业的原因及影响范围。

③查看对应下线端口交换机(若是正线设备,还需其他人员配合查看线路):A 为线路问题,则重新制作以太网双绞线。B 为端口故障,则重新更换至备用端口,并对此新端口重新进行配置或更换相应模块。C 为设备间连接问题,对连接设备主、客户端进行故障处理(若为其他信号专业设备,则通知相关专业)。

④设备恢复正常后,网管上恢复确认,并作故障记录。

2)交换机故障

故障现象:网管告警某交换机网络不可达。

故障判断及处理过程:

①查看此交换机位置,并赶往对应设备室对此交换机进行查看。

②设备房交换机故障现象:A 工作指示灯位全部熄灭。B 工作指示灯位 RUN 等显示红色。

③出现 A 类情况,查看电源接头是否供电正常,不正常,判断为电源故障,对电源接头及电源线路进行处理;否则判断为交换机硬件故障,对交换机进行处理,将其更换为备用交换机并对其重新配置。

④出现 B 类现象,查看是否为软件故障,重启交换机,若恢复,判断为交换机软件问题。如仍未恢复,使用维护终端登录交换机,核对交换机配置是否与正确配置相同,不同,则视为交换机配置问题,重新修改配置;相同,则视为交换机硬件问题,更换备用交换机硬件(若是骨干交换机则先更换板卡,更换板卡时注意佩戴静电手环,防止静电击穿板卡,更换板卡后仍然不能恢复,就更换整个交换机)。

⑤设备恢复后与网管恢复确认,并作故障记录。

3)网管故障

故障现象:网管终端显示与所有设备网络不可达。

故障判断及处理过程:

①使用终端命令提示符与网管服务器相 ping,能否 ping 通(不通则跳至第②条)。若可以,继续 ping 网关查看是否为网卡故障,Ping 通,判断为网管软件问题,需重新安装网管软件或重新安装操作系统;ping 不通,判断为网卡故障,更换终端网卡。

②与网管服务器不能 ping 通,查看 RJ-45 接口是否接紧,若松动或断开没接,可判断为接口松动故障,重新接紧;若正常则前往 OCC 信号设备室查看。

③信号设备室内查看交换机连接网管终端接口是否正常(正常跳至④),不正常,则使用网线测试仪测量网线,不正常,可以判断为网管终端网线故障,重新制作网线,接入恢复。

④查看交换机连接网管服务器接口是否正常(正常跳至⑤),不正常,则使用网线测试仪测量网线,不正常,可以判断为网管服务器网线故障,重新制作网线,接入恢复。

⑤查看网管服务器工作指示灯,不正常,则重启服务器;恢复,则判断为软件问题,重启服务器恢复。若未能恢复,登录网管服务器查看其软件,判断为软件问题则重新安装网管服务器软件或操作系统软件。软件正常,判断为网管服务器硬件故障,更换网管服务器。

⑥故障恢复,网管确认恢复,并作故障记录。

4)AP 故障

故障现象:网管告警 APXXXX 下线。

故障判断及处理过程:

①通过网管软件或维护终端设备查看 APXXXX 下线告警信息:A 出现单个 AP 下线,重启若无法恢复,此种情况可以判断为轨旁 AP 出现故障,需要准备更换轨旁 AP;B 出现连续或间隔 3 个以上轨旁 AP 未上线的情况,可以判断为轨旁 AP 的电源出现故障,则需要检查轨旁 AP 的电源系统并对其处理。

②出现了 A 类情况,则更换轨旁 AP,具体操作如下:

A.打开轨旁 AP 的机箱,并用支撑架撑起轨旁 AP 机箱盖子。

B.查看轨旁 AP 机箱的内部情况(线缆连接、电源)。

C.拆卸 AP 相关线缆,拆卸时注意保护线缆。

D.将固定轨旁 AP 的进行螺栓拧松,手扶 AP 主机,防止掉落。

E.记录将要安装的新 AP 的 SN 号(20 位的以 210 开头的字符)。

F.将新的轨旁 AP 固定到轨旁机箱内的衬板上。

G.连接轨旁 AP 机箱内的连接线缆(按恢复之前的线缆次序连接)。

H.检查线缆连接,检查相关螺栓是否都已拧紧。

I.盖好轨旁 AP 机箱盖,并紧固相关螺丝。

J.查看相关工具,出清轨旁现场。

③重新注册轨旁 AP(以 ap0304_b 为例)

AP 更换完毕后,需要登录到 AC 上,注册新更换的轨旁 AP,注册成功后才能看到轨旁 AP 上线,具体注册步骤如下:

A.登录到 AC 设备

使用 console 线和串口转 USB 口线连接至交换机 console 口,并使用 CRT 软件登录。

常用 telnet 登录:

Telent　X.X.X.X　　　　X.X.X.X 表示登录 AC 的 IP 地址

B.进入 AC 设备的全局模式,操作命令如下:

[L2-OCC-B-AC_WX6103-B]wlan ap ap0304_b

[L2-OCC-B-AC_WX6103-B-wlan-ap-auto_b]radio　1

[L2-OCC-B-AC_WX6103-B-wlan-ap-auto_b-radio-1]radio dis

[L2-OCC-B-AC_WX6103-B-wlan-ap-auto_b-radio-1]quit

[L2-OCC-B-AC_WX6103-B-wlan-ap-ap0304_b]serial-id

[L2-OCC-B-AC_WX6103-B-wlan-ap-auto_b]radio　1

[L2-OCC-B-AC_WX6103-B-wlan-ap-auto_b-radio-1]radio ena

C.查看轨旁 AP 注册是否成功,输入命令 dis wlan ap name ap-name 查看,如下所示:

```
<L203-STSG-B-AC_WX6103-M>dis wlan ap name ap0304_b
                              AP Profile
State : I = Idle,     J = Join, JA = JoinAck,     IL = ImageLoad
        C = Config, R = Run,   KU = KeyUpdate, KC = KeyCfm
--------------------------------------------------------------------------------
AP Name                       State Model              Serial-ID
--------------------------------------------------------------------------------
ap0304_b                      R/M    WA2210X-GE        210235A36LB103000205
--------------------------------------------------------------------------------
```

D.保存设备配置,在用户模式输入 save 即可。

④验证

通过查看轨旁 AP 是否在线,就可以说明本次更换的 AP 运行是否正常,查看轨旁 AP 是否在线,可以通过下列命令查看:

A.查看指定注册的 AP 运行情况。

Dis wlan ap name ap-name(其中 ap-name 表示轨旁 AP 注册的名字)。

B.查看指定注册的 AP 运行详细信息 dis wlan ap name ap-name ver 其中 ap-name 表示轨旁 AP 注册的名字。

C.查看指定注册的 AP 的地址 dis wlan ap name ap-name add,其中 ap-name 表示轨旁 AP 注册的名字。

注意:在更换轨旁 AP 时,需要注意 AP 的工作模式。H3C 的 AP 分为 FAT 和 FIT 两种模式,通过命令 dis cu 可以看出当前 AP 运行的模式,H3C 的 AP 支持 FAT 和 FIT 平滑切换。

附:FAT 切换 FIT 步骤如下:

A.通过 Console 线连接到 AP 的 console 接口。

B.在 AP 用户视图中输入:ap-mode fit。

例如:<H3C>ap-mode fit。

C.经过 AP 自动三次重启,切换成功。

⑤设备恢复后经过网管确认恢复,并作故障记录。

5)AP 天线故障

故障现象:轨旁 AP 天线位置不正确倾斜或者脱落。

故障判断及处理过程:

①AP 天线倾斜,使用人字梯登高至天线附近,用螺丝刀和扳手松动 AP 天线螺丝。

②将天线调至正确水平位置。

③使用维护终端查看此 AP 链路数据是否正常,能否正常收发数据。

④若数据正常收发,则固定 AP 天线位置。

⑤AP 天线脱落,运营过程中首先将 AP 脱落的馈线剪掉并去除天线。

⑥运营结束后进行设备抢修,将 AP 馈线与天线重新接好。

⑦AP 天线固定位置调整水平正确,同上 AP 天线倾斜处理方法一样。

⑧设备恢复正常后,与网管处确认恢复,并作故障记录。

6）光缆中断故障

故障现象：某区间连接AP光缆中断，导致网管告警此区域AP集体下线，并且AP主机上有线端口指示灯熄灭。

故障判断及处理过程：

①查看告警，发现AP下线且无法远程登录重启，请点对其进行运营后设备故障处理。

②查看AP箱，发现除有线部分指示灯熄灭外，其他指示灯正常。初步判断有线部分中断，查看有线口接口部分是否紧固。

③若接口部分紧固，使用OTDR对光纤进行测试，经测试发现光纤某处中断，再根据OTDR数据显示，确定中断距离。

④找到光纤中断处，对断裂处重新进行熔接。

⑤将熔接好的光纤再次使用OTDR测量，若测量的参数均符合运营标准要求，则故障解除。

⑥将连接处用热缩套管缠绕保护，最后固定光纤位置。

⑦通过网管确认恢复，结果正常后可以销点，并作故障记录。

2.2.7 车辆段信号设备常见故障分析

（1）计算机联锁系统常见故障处理

图2.86为车辆段计算机联锁实物图。

1）联锁逻辑部故障

①记录停机状态下面板指示灯状态，反馈给一级维护中心。

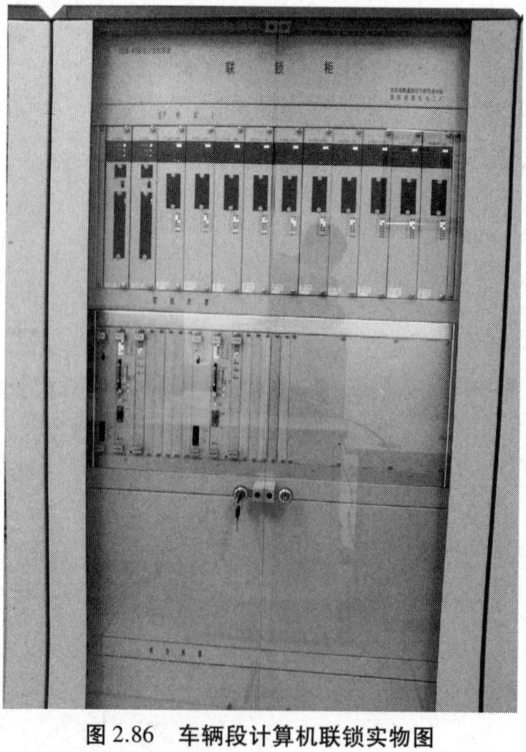

图2.86 车辆段计算机联锁实物图

②在 F486 板插入 IC 卡的情况下，将故障机的电源开关扳下，再重新扳起加电，即可恢复正常。

③如不能启动，则需要更换该系板卡(通常是 F486 板或 FSIO 板)。

④从系与主系不同步，从系 F486 板上 D2 灯点亮处理方法。

⑤在站场上无任何作业的情况下，重新启动从系。

⑥若仍不同步，再次清点将联锁双系重新启动。

在联锁 I 系或 II 系异常停机后，如重新将该系加电仍无法启动，则需更换 F486 板。(特别提示：该问题极少发生，一般发生该问题时，重新加电启动即可恢复正常，造成该问题的原因是微机室温度过高，CPU 被热死，因此每天巡视微机室时，要检查室内温度，不要过高，保持在 25 ℃以下为宜。)

2)电子终端故障

图 2.87 为电子终端柜实物图。

图 2.87　电子终端柜实物图

①机笼内各板均不能开启，检查该机笼逻辑 24 V 电源接线端子或插头。

②ET-LINE 板 Normal 灯不亮，RXD 灯不闪烁，检查 ET-LINE 板后面光缆接插是否牢固。

③ET-PIO 板 Normal 指示灯灭灯，重新开启该 PIO 板电源开关，应可以正常启动，若不能启动，则需用备用板更换该板。

④若某一对 PIO 对应的所有采集信息无表示，或对应的所有驱动位均不能驱动继电器，检查核对 PIO 背面的接口 24 V 电源的接线端子、插头或保险。

3)控显单机故障

图 2.88 为控显机实物图。

图 2.88　控显机实物图

①无法开机,机器内置电源风扇不转,前面电源指示灯不亮,则该机电源故障,需更换电源。

②开机后,机器内发出“嘀嘀”间断的报警声,则内存条或显卡接触不良,需打开机箱盖,重新拔插内存条及显卡,即可恢复。

③电源正常的情况下无法开机,也无报警声,可能是主板与机箱底板接触不良或主板故障,重新拔插主板若不能恢复,则需更换主板。

4)控显转换箱故障

①电源模块故障时,故障模块前面板 5 V 或正负 12 V 指示灯灭灯,该模块在控显转换箱上有两个,处于热备状态,若主模块故障会自动切换到备用模块,监控模块给出声光报警,日常巡视时及时发现并更换电源模块即可。

②控显转换箱内一般都插有备用的串行转换板和视频转换板。当遇到在用的两种板故障时,将故障板上各插头拔下,平移至备用板相应插座上即可。

③控显转换箱前面板全部灭灯,或控制台无显示也无法操作时,需要将串行转换板上的鼠标长线和视频转换板上的视频长线从转换箱上拔下,直接插到处于工作状态的控显机上,即可恢复设备使用。进行长线倒机时,先确认两台控显机是否处于运行状态(通过观察控显机背面的指示灯状态可以确认),如都在运行状态,关掉一台机器(如空闲 B),此时将串口转换板上 A 机输入插头拔下,同时将该板上的“接控制台鼠标”的插头拔下,把这两个插头对接即可;

再将视频转换板上“输出1(接控制台前台显示器)”的插头拔下,直接插在控显A机的显卡插座上即可。

(2)UPS **故障**

图2.89和图2.90分别为UPS电源设备外观图和内部图。

UPS故障时有声音和灯光报警,可以通过观察UPS面板指示灯状态进行确认,UPS面板指示灯定义如下:

1)负载指示灯

指示当前UPS所带负载大小,点亮指示灯的多少,代表所带负载达到UPS额定容量的百分比。

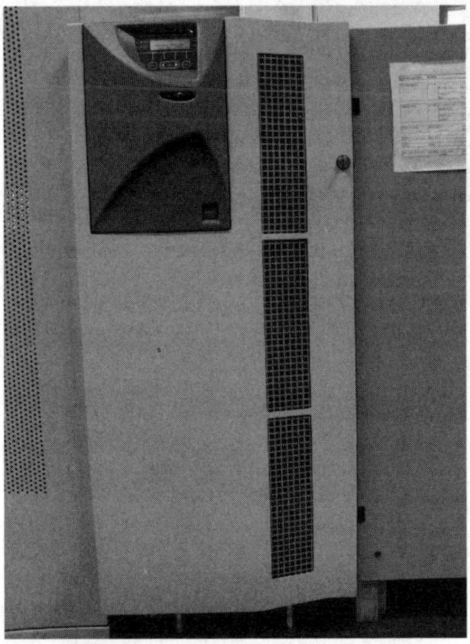

图2.89　UPS电源设备外观图

图2.90　UPS电源内部图

2)机敏调压指示灯

正常情况下不亮,该灯一旦点亮,说明UPS正在调低输入电压,补偿超高电压。

3)外电输入正常指示灯

UPS正常工作时点亮。

4)机敏升压指示灯

正常情况下不亮,该灯一旦点亮,说明UPS正在调高输入电压,补偿超低电压。

5)超载指示灯

该灯一旦点亮,说明负荷超过了UPS容量,同时伴有声音报警。此时,需要查找并去除新增负荷,使UPS供电恢复正常。一般情况下,设备开通后不会有新增负荷,所以一旦出现该问题,应为UPS自身故障,需更换UPS。

6)电池供电指示灯

当外电断电时UPS转为电池供电,同时UPS伴有声音报警。

7)电池故障指示灯

该灯点亮时,说明该 UPS 电池故障,需要更换。在外电不断的情况下,该故障不影响 UPS 正常使用。

8)电池容量指示灯

显示 UPS 电池当前的已充电量所占电池容量的百分比。

(3)微机监测系统常见故障处理

图 2.91 为微机监测系统终端设备实物图。

图 2.91 微机监测系统终端设备实物图

1)上、下位机不通信故障

上、下位机不通信,是指工控机看不到各采集机送到的采集信息。此类故障的现象和处理可分为如下几个方面:

①CAN 通信线断或 CAN 通信头与 CAN 卡接触不良。

若各采集机工作正常(CPU 板工作灯秒闪正常),但不通信,故障原因可能为通信线断。此时应检查 C0—D0(或 D9)—01—1 到通信头的 7;C0—D0(或 D9)—01—2 到通信头的 2 是否断线。或者查看通信头与工控机插接是否良好,或检查总线板与 D0(或 D9)端子之间的通信线是否插接良好。

②某一块 CPU 板故障而影响所有 CPU 板与上位机的通信。

从机电源板工作良好,CAN 通信亦工作良好,而所有从机与上位机均不通信。此时,可关掉所有采集机,将 CPU 板拔出 2~3 cm,然后逐一将 CPU 板插入;再打开电源板开关,观察每个采集机单独工作时的通信情况,此时就会发现某一个 CPU 板不工作或者不通信的现象(更换 CPU 板时,注意程序片的方向,程序片的缺口与其插座缺口对应。如果插反,程序片将被烧坏)。

③电源板损坏。

判断电源板是否有故障,可以通过看其面板上的+5 V、+24 V、+12 V、-12 V 各表示灯是否正常。正常情况下,上述表示灯应该常亮(无闪动)。若某个+5 V 电压表示灯不亮,有可能造成从机与上位机不通信。可将此电源板与其他从机电源板调换确认。

④CAN 卡损坏造成上下位机不通信。

2)计算机黑屏无显示

图2.92为计算机显示屏实物图。

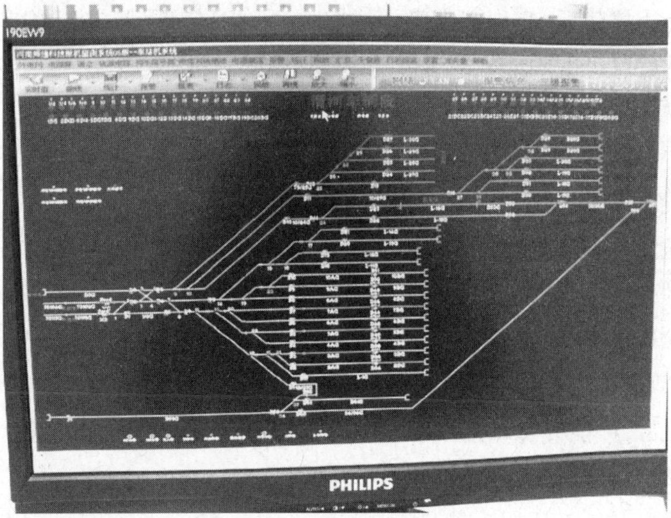

图2.92　计算机显示屏实物图

打开微机后,显示器黑屏,无任何显示,原因可能有以下几个方面:

①显示器电源开关未打开,或电源线松动致使显示器没电。

②显示器信号输入线与主机接口接触不良。

③主机刷新频率不匹配。

④主板与工控机底槽松动,接触不良。

⑤工控机键盘被锁定。

⑥找不到操作系统或硬盘损坏。

⑦内存条损坏。

⑧工控机电源某一输出电路故障。开机后,无任何显示,也无报警声。

3)计算机发生“死机”的分析与处理

①操作系统崩溃,出现“蓝屏”;

主机启动后,出现“蓝底白字”的提示信息,上面为“STOP……”。可以重启工控机,若重启后变正常,可能CPU风扇故障,致使CPU散热不良造成;若非CPU风扇故障,可能操作系统有问题,如系统文件丢失或硬盘损坏等,只能重新安装操作系统。

②操作系统运行正常,在监测程序界面中,用鼠标点击某项菜单或菜单切换时反映缓慢。出现此种现象的原因可能有如下几个方面:

A.操作系统所安装的磁盘剩余空间不足。如果剩余空间较小,及时删除与监测无关的其他文件,也可以再对其进行“磁盘碎片整理”。

B.监测程序所在区,数据占用空间太大,可使用空间不足。可由信号维护人员适当修正数据储存量,同时进行“磁盘碎片整理”。

C.CPU风扇损坏,只有更换CPU风扇。

③微机联锁站:开关量信息不能实时变化,模拟量实时信息正常。

微机监测所采集的开关量信息,基本上都是由微机联锁维修机提供的,而模拟量是由采集机提供的。出现上述故障后,应先观察联锁维修机平面图信息,若其不能实时变化,则监测系统的平面图开关量信息也就不能实时变化,说明联锁维修机“死机”。

4)开机后,主机不能通过自检

开机后,一直“嘀——”长声音报警,不能进入系统。故障原因为内存条与主板插接不良,打开机箱,将内存条重新拔插。

5)电源屏电压测试值不准确

TJWX-2000 电源屏电压配线流程:

①C0—D1(或 D2)采样线断线。

应查看施工图 C0—D1(或 D2)相应位置输入电压是否正常。若电压表示灯(绿灯)亮,则说明该输入电压正常,可能为 C0 组合相应输出线 C0—D3 至 C1—D1 综合从机模入板断线,或 C0 组合内部断线。

②保险管烧断。

若电压指示灯(绿灯)不亮,用万用表测量 C0—D1(或 D2)相应位置输出电压正常,为电源屏采样线断或熔断器相应路保险管被烧断。

③C0—D3 到综合模入板 C1—D1 的线断。

用万用表测量对应输出位置与 C1-D1-A25 电压(0~5 V 的直流电压)。如果进入模入板的电压正常,而微机显示值不正确,需要检查模入板及 CPU 板。

④C0 组合内部断线。

如果输入电压正常而指示灯不亮,很可能 C0 组合内部配线断线。

⑤转换单元损坏。

⑥通过存储回放、日曲线等,观察电源屏电压变化情况。故障发生时刻有无施工等信息,以方便查找原因。

电压转换单元监测电源内容:(仅供参考,以车辆段实际配线图为准)

J1—I、II 路输入(交流 220 V 或 380 V、JZ220、JZ110-1)电压转换单元。

J2—1XJZ、2XJZ、1GJZ、2GJZ、DJZ、JZ24、QJZ-1、QJZ-2 电压转换单元。

J4—3XJZ、4XJZ、3GJZ、4GJZ、提速 380 V、JZ110-2 电压转换单元。

J5—DZ220、KZ24、QKZ48、QKZ24 电压转换单元。

J6380—(有 380 V 电源时)掉电、相序、缺相测试转换单元。

J6/J7—输入 220 V 掉电测试转换单元。

(4)轨道电压测试值不准确

轨道电压配线流程:

轨道电路的接收电压,从机械室轨道继电器接收端子上采样,经 52 端子通过衰耗电阻接入轨道互感器模板,经隔离量化后,转换成 0~5 V 的直流标准电压,然后通过 CPU 板模/数处理,再送到上位机。

①测试值不准确:微机测试值为0,而实际测试值为17 V。原因可能为此区段采样线断;轨道互感器板故障;CPU板故障。

②轨道电压日报表分路微机显示超标,而实际测试正常。

原因:有些站轨道区段受电码化设备的干扰影响较大。当站内区段有车占用时,轨道区段受电码化设备的干扰影响,测试值为二者的叠加,此时显示的轨道区段的电压较高,所以,轨道电压日报表分路超标。

③通过存储回放、日曲线等,观察轨道电压变化情况及故障发生时刻有无施工等信息,以方便查找原因。

(5)道岔电流曲线异常问题的分析处理

在道岔动作电路回线中串入电流采样模块,将动作电流隔离并转换为0~5 V标准电压,送入道岔采集机模入板,经选通至CPU板进行A/D转换,形成道岔电流曲线,暂存在道岔采集机存储器里。当站机索要数据时,再将一条完整的道岔电流曲线数据送往站机。

如果没有电流曲线,分析与处理如下:

①1DQJ有无记录:

查看道岔有无动作时间。若无动作时间,需查1DQJ光电模块、1DQJ光电模块OUT+至机柜开入板的采样线。

②采样模块电源问题:

用万用表测量模块配线端子上±12 V、GND电压是否正常。平时应有电压,如果没有,应查此端子相应电源到道岔采集机的电源之间的配线。

③如果模块工作电压正常,要检查模块→道岔模入板之间的配线。

④模块损坏:模块工作电源正常,采样线也正常。

⑤道岔转换时,用万用表(电压直流挡)测量模块有无输入。如为3X模块,用黑表笔对道岔从机电源GND,红表笔对a、b、c的其中一个,看有无0~5 V的直流电压输出。

⑥道岔从机模入板上对应的芯片4051损坏。

(6)电码化电流故障的分析处理

电码化电流的采样,一般都在电码化发码盒后面加上一个2X采样模块。模块的接线端子上有+12 V、-12 V、GND,输出a、b,然后到采集机柜区间采集机的电码化模入板上。当有车发码时,通过2X模块采集到相应的区段信息,送到区间采集机,经过CPU板处理后,送到上位机。

发码时监测不到发码电流。先查看采样线是否断线或脱焊;若无断线,则用万用表(直流挡)测模块端子GND和a(或b)。发码时应有输出电压(0~5 V),不然则为2X模块损坏。

(7)电缆绝缘微机测试值与摇表测试值不一致的分析处理

根据电缆测试原理可知,某根电缆接入测试电路后,500 V电源通过该电缆对地的绝缘电阻Rx构成回路,采样转换电路根据回路中的电流大小,输出与Rx对应的AD值。

①当公共部分故障时,所有电缆绝缘测试均不正确。

②当部分电缆(连续)测试不准确,可能电缆选择网络出现故障。

③个别电缆测试值不准，可能配线错误，即从分线盘的采样线错位、采样线断线等。

④个别电缆绝缘的微机测试值与摇表测试值不一致，总结原因如下：

A.站场是动态的。道岔转换、信号的开放与关闭、区段的空闲与占用都随时变化。如实际应用中发现道岔定位时绝缘良好，反位时绝缘不好；信号关闭时绝缘良好，开放时绝缘不好；区段空闲时绝缘良好，过车时绝缘不好；电缆绝缘测试值亦和天气状况有关。部分电缆早上、中午测试值变化较大；雨天、晴天绝缘值变化较大。因此，若微机测试时刻与人工验证测试时刻有一定间隔，这种原因引起的不一致可能性比较大。

B.测电缆绝缘时，防雷设备将会有很大影响（实际测试时防雷设备必须甩掉）。

C.某些电缆对电压很敏感（如信号机类），表现为用摇表测绝缘时，摇得慢时值较大，摇得快时值较小，对于这类电缆微机测试值与摇表很难吻合。

D.某些电缆电容效应较明显，需要较长时间才能达到稳定，表现为用摇表测试时，随着时间的延长，指示值慢慢变大，这种情况的微机测试值一般偏小，但连续测试该路几次，将接近人工测试值。

E.有的电缆在充电到一定程度时会放电，表现为摇表测试时指针达到一定值迅速回摆，然后又慢慢上升，重复出现。这种情况下，人工测试凭经验读取的数值和微机测试值无法一致。

F.有的电缆用摇表测试时，指针一直在"颤动"，这种情况下微机测试值与人工测试值也可能有较大偏差。

G.电缆对大地之间有直流电压成分，根据测试原理，其对电缆绝缘测试值影响很大。由于各方面的原因，个别电缆绝缘微机监测测试值与人工测试值偏差较大，但都是在绝缘良好的情况下发生的，微机监测不会将绝缘不好的测试为绝缘良好，也不会把绝缘良好的测试为绝缘不好。

⑤测试结果分析：

微机监测电缆对地绝缘电阻如同摇表摇测，都是将 500 V 电压加到该电缆上，测试其对地绝缘电阻。需知，绝缘测试组合 E-05-1 端子为测试绝缘及电源对地漏流的地线；E-05-2→500 V+与 E-05-3→500 V−之间的 500 V 电压，测试时才有，不测试时则无。

A.若测试值全部为 0 MΩ 时，则有可能为综合采集机模入板对应路的芯片 4051 损坏；JY-LL-DS 单元中芯片 AD202 损坏；E-05-2 与 E-05-3 短路或绝缘不好。

B.若测试值全部大于 20 M 时，则可能为 500 V 单元没有 220 V 输入电压或无 500 V−输出电压；E-05-1 地线断；漏流盒接线端子 3 接地；分线盘的地线与微机监测的地线 E-05-1 不共地；综合从机电源 AGND、±12 V 与机柜外壳绝缘不良。

(8)判断漏流测试值是否正确的方法

漏流测试结果的正确与否不能主观臆断，要以实测为依据。现在漏流测试的是 1 k 漏流测试值，即在测漏泄电流时，在回路中串一个 1 kΩ 的电阻，而不是只用表直接对地测量。

①检查设备地线，测量 E-05-1 和设备地线之间的电阻应很小，不会大于 1 Ω。

②实际测量漏流值的大小：参考漏流测试接线图可知漏流测试盒的接线柱 2 和 4 之间有 1 kΩ/100 W 的电阻。

③测试值不一致:如实测 40 mA 左右,也就是相差不大,可修改系数;如小于 3 mA,则肯定有问题。按如下步骤解决:

A.交流测漏流盒 4、5 之间的电压,1 V 对应 20 mA;直流测 1、6 之间的电压,1 V 对应 1 mA。

B.一般按测交流查问题。如上实测 40 mA,则漏流盒 4、5 之间的电压应是 2 V(交流)。此时从 E10 上 32 和 62 间也应是 2 V,如没有,则漏流测试接线图查配线。从 E10 上 42 和 62 间应是 1 V(直流),如没有,则是 E10 转换单元坏。从 E10 上 3 和 4 间应是 1 V(直流),如没有,则是 E10 转换单元坏。从 C1-D1-A24 和综合机构的 AGND 间应是 1 V(直流),如没有,则按 JY-LL-DS(E10)单元输出接线图查配线。到此应该没什么了,还不对,就看电源屏测试正常与否,电源屏测试正常,则 CPU 板没问题,更换模入板。都不正常,则更换模入板或 CPU 板。

④如实测的有 40 mA,微机测试小于 3 mA,而漏流盒 4、5 之间没有电压,则应查地线,查继电器的切换是否正常,查法和绝缘测试一样。

⑤如果站上设备绝缘良好,测试值都是小于 3 mA,实测值也小于 3 mA,仍要看一下漏流测试功能的好坏,则可再试验,把电源的一极如 JZ24 接地,在微机上测试 JF24 的漏流,测试值应接近 200 mA。

(9)站场图光带显示与设备实际情况不一致的处理

①控制台光带亮而微机上光带不亮。首先依据开关量采样配线图,检查机柜采样位置是否有电压(交流 24 V)。如无电压,为采样线断线;如有电压,再查看入板上数据位表示灯是否点亮,未点亮,为开入板问题。控制台信号灯点红灯二微机点绿灯:可能为采样线配线错误。依据开关量采样配线图,检查机柜采样位置是否有电压。

②digit.ini 文件与站场图文件是否有异常。

③利用回放功能,查看异常信息。

(10)熔丝断丝报警的故障处理

熔断丝信息用开入板引入,将所采样条件与公共线构成回路。当熔丝断丝时,就点亮其对应路上的指示灯,报警信息上传至上机位。

如果不报警,可先查看开入板上其指示灯是否点亮,或通过查阅施工配线图,用万用表检查采样条件与熔丝断丝公共电源环线是否有电压,如无电压,则检查采样条件。

当现场列车主灯丝发生断丝报警而微机未报警时,可以从以下几个方面检查:

①下行端灯丝报警时,开出板上数据组 6 与数据位 7 应同时点亮,上行端灯丝报警时,开出板上数据组 6 与数据位 8 应同时点亮;如不亮,则检查 XDS、SDS 采样条件。

②检查报警继电器 JB0(下行)或 JB1(上行)是否吸起。

③依照图纸查 A 层 06-5、6、7、8、9、10、11、12 端子配线。

用万用表测量综合采集机模入板 A24 和 A26 是否有直流 0~5 V 电压。

(11)网络故障处理

1)Modem 故障处理

①检查 Modem 是否掉电,而后检查电话线、路由器接口线,确认连接正确。

②重新开关 Modem 确认初始正常。

③观察 Modem 的面板显示灯。

第一种:台联 Modem

PWR 电源

DTR 计算机准备好　　DSR Modem 准备好

RTS 计算机准备发送　　CTS Modem 清除发送

TXD 发送数据　　DCD 收到对方 Modem 载波

OH 摘机　　TST 测试、自检

正常情况下:PWR、DTR、DSR、RTS、CTSM、TXD、DCD 指示灯不亮,说明与对方 Modem 未连通。

Modem 的主、被叫情况在面板上有显示,主、被叫必须成对使用。

第二种:Motorola 3265 Modem

TD:发送数据　　RI/OH:振铃/摘机

RD:收到数据　　RC/N2:远程控制/网络控制

CD:收到对方 Modem 的载波　TR:计算机准备好

正常情况下:TD、RD、CD、TR 指示灯常亮,其中 TD、RD 闪亮,分别表示接收、发送数据正常,CD 不亮,说明与对方 Modem 未连通。

2)网络通道要求及故障处理

①数字(2 M 或 64 k)通道,引入线应为 V35 接口。

②模拟通道:光缆音频专线,实回线(线径 0.9 mm),引入线为双绞线。

通过故障应用通道测试仪检查。可用磁石电话监听实回线通道的通断,监听时关掉本地 Modem,听对方 Modem 的声音,正常时声音清晰响亮。若为台联型号 Modem,连通后在显示屏右侧显示“9”字样,表示通道质量良好。

3)路由器故障诊断

首先确认路由器已上电,各种连线已插接好,再观察前面板指示灯。路由器电源灯、工作指示灯应常亮(右边)。一般站机路由器连接两个 Modem,连通时 SW1 和 SW0 两个接口灯闪亮。路由器与站机连通时 ACK 接口灯闪亮。

(12)电源系统常见故障处理

1)输入配电回路

①输入模块工作正常,工作指示灯点亮,但输出后级部分模块无供电电源,导致部分输出电源停电。

②按压工作模块上的转换按钮进行手动转换,转至另一路输入电源工作。若当此时另一输入电源因故障也无法投入时,应急可先滑动机械互锁装置,闭合输入直供开关 1PK 或 2PK,采用输入直供方式。及时更换故障模块或严格按输入模块检修方法操作,查找故障点。

③输入有电,断相/错相报警,模块不工作。

④判定输入正常时,则输入模块内部故障。若另一路输入电源也无法投入工作时,应急可先滑动机械互锁装置,闭合输入直供开关 1PK 或 2PK,采用输入直供方式。及时更换故障模

块或严格按输入模块检修方法操作，查找故障点。

⑤主用/备用模块之间不能转换。

⑥应急可先滑动机械互锁装置，闭合输入直供开关1PK或2PK，可将该路输入电源转为直供供电，立刻更换输入模块。

2）集中稳压

①稳压模块故障红灯亮。

②扳动故障模块相对应的“稳压输出/外网直供”开关，采取外网直供方式，更换故障模块或模块内部控制板。

③稳压模块工作灯亮，但不稳压。

④扳动故障模块相对应的“稳压输出/外网直供”开关，采取外网直供方式，更换故障模块或模块内部控制板。

⑤稳压模块频繁调压。

⑥扳动故障模块相对应的“稳压输出/外网直供”开关，采取外网直供方式，调整模块或更换模块内部控制板。

3）输出配电回路

①AC220 V电源主回路故障，备投系统不投入。

②检测AC220 V电源主回路输入/输出开关、隔离组件、端子等部位，更换相关故障器件。

③交转机电源无输出。

④断开交转机A回路的输入、输出开关，按顺序合上交转机B回路的电源输入、输出开关。

⑤直流电源或25 Hz电源某路的输出开关入口侧有电，出口侧没电。

⑥输出开关1+1备用：断开故障的输出开关，合上该路对应的备用输出开关。

⑦直流电源或25 Hz电源备用1束输出回路：将断路器故障的该束负载输出线移至对应的备用输出回路端子处，合上该路备用输出开关。

【任务考评】

以学生自评、小组互评为主，教师根据学习过程，结合自评、互评结果进行综合评定。

任务实施过程考核评价表

考评项目		分值/分	要　求	学生自评	小组互评	教师评定
知识准备	各信号系统故障现象	5	能说明系统中各设备的故障现象			
	系统故障原因分析及故障处理	5	能根据系统故障现象对应可能的故障原因；能够进行故障分析及知道故障处理方法及相关工器具			

续表

考评项目		分值/分	要　求	学生自评	小组互评	教师评定
任务完成	电源系统故障处理	10	能对照实际设备,根据教师设定的任务,观察电源系统各信号设备的故障现象,分析故障现象可能的原因,正确使用工器具排除故障			
	轨旁信号设备故障处理	10	能对照轨旁设备,根据教师设定的任务,观察轨旁各信号设备故障现象,分析故障现象可能的原因,正确使用工器具排除故障			
	ATS 系统故障处理	10	能对照实际设备,根据教师设定的任务,观察 ATS 系统各信号设备故障现象,分析故障现象可能的原因,正确使用工器具排除故障			
	车辆段信号系统故障处理	10	能对照实际设备,根据教师设定的任务,观察车辆段信号系统各设备的故障现象,分析故障现象可能的原因,正确使用工器具排除故障			
	通信系统故障处理	10	能对照实际设备,根据教师设定的任务,观察通信系统各设备的故障现象,分析故障现象可能的原因,正确使用工器具排除故障			
以小组为单位,对故障处理过程进行分析和总结,给出处理分析报告		20	具体内容包含现象、故障判断及分析、故障处理流程及所需工器具,故障处理结果等内容			
协调合作完成分析报告,并将成果交流展示		10	小组成员的参与积极性、成果展示的效果			
成　绩						

项目 3
城市轨道交通信号系统故障应急处理预案

【项目描述】

1.了解城市轨道交通应急处理的一般原则、方法、紧急处理预案。

2.学习各系统紧急预案处理故障的步骤、方法及注意事项。

3.信号系统各设备故障应急处理预案。

【项目目标】

1.城市轨道交通信号系统应急预案的内容(以西安地铁 2 号线为例)。

2.联锁设备发生故障时的应急处理预案。

3.道岔发生挤岔故障时的应急处理预案。

4.道岔冰冻时的应急处理预案。

5.信号电源系统故障时的应急处理预案。

【能力目标】

1.能准确地掌握城市轨道交通信号系统故障处理预案的内容。

2.能准确说明针对不同设备故障应当采取的应急处理预案。

任务 3.1 城市轨道交通信号系统故障应急处理预案的构成

【场景设计】

1.在普通教室或者自主学习场景,通过教师授课或者自主学习,掌握本任务内容。

2.配合多媒体教学设备及软件或自主学习课程资源平台。

3.考评所需的记录、评价表。

【知识准备】

城市轨道交通信号系统故障应急处理预案是地铁运营部门和通信、信号技术部门在实际工作中,对设备故障可能造成的影响及故障后采取的技术应对方案进行总结、归纳,形成的具有指导性和规范性的技术文件。

3.1.1 城市轨道交通信号系统故障应急处理预案概述

(1)总则

为了保障信号系统的安全有序运行,保证日常运营安全,规范城市轨道交通管理部门在信号设备发生故障时的应急抢修程序,提高应急处理能力,及时、有序、高效、妥善地处置系统突发事件,尽快恢复信号设备,最大限度地预防和减少故障发生,维护正常信号系统的秩序就显得很重要。

(2)依据

城市轨道交通管理部门制定的《信号设备维保模式》《信号设备检修规程》《行车组织规则》。

(3)工作原则

①按照高度集中、统一指挥、逐级负责的原则。

②要服从指挥和分工,各司其职,各负其责。

③坚持快速反应、紧急处置、信息畅通、资源共享,以及"先通后复"的原则,以最快的速度恢复设备的正常运行。

④抢修坚持就近的原则。根据抢修的地点及维修人员、备品备件的分布情况,不分工班,就近调配。

⑤将运营影响降到最低的原则。

(4)定义与说明

城市轨道交通信号系统设备故障是指正线信号系统、ATS 信号系统、车载信号系统、DCS 信号系统和车辆段信号系统发生设备故障时,给正常运营造成严重影响,中断运营或不得不改变运营模式,需立即进行抢修的信号系统设备故障。

(5)适用范围

城市轨道信号系统故障应急预案,适用于城市轨道交通信号系统发生突发性事件、故障时的预防、应急处置和善后工作。

3.1.2 抢险组织机构及职责

(1)应急抢险组织

城市轨道交通信号系统应急抢险组织一般分为三级,即信号应急抢险指挥组、现场应急抢险指挥组、现场应急抢险队。

(2)应急抢险指挥组构成

总指挥:轨道交通管理部门负责人。

副指挥:轨道交通信号设备管理部门负责人。

组　员:行车调度、维修调度、相应技术管理人员。

(3)现场应急抢险指挥组构成

组　长:设备包管部门管理人员。

副组长:相应设备技术管理人员。

组　员:一线设备包管班组长。

(4)现场应急抢险队构成

队　长:设备包管班组工班长。

成　员:工班人员、就近信号值班人员、相应厂家售后及技术支持人员。

现场故障发生后,在应急指挥组、现场应急指挥组成员未赶到前,设备包管班组工班长应先担当起现场抢险指挥的职责，在应急指挥组、现场应急指挥组成员到达现场后，将现场情况向应急指挥组、现场应急指挥组成员汇报，并由应急指挥组、现场应急指挥组成员承担现场抢险指挥长的职责，直至抢险任务结束。

(5)各级组织职责

1)应急抢险指挥组职责

①统一领导和指挥城市轨道交通信号设备故障时的各类应急抢险工作。

②日常负责抽查应急抢险器材的管理，督促相应部门确保应急器材的性能良好；日常抽查抢险队伍人员的业务素质和应急能力，督促进行各类应急抢险演练。

③在信号应急抢险工作中，负责各部门之间、相关厂家之间的协调工作，指挥尽快恢复地铁运营。

④根据抢险过程的复杂程度，制定切实可行的紧急处置方案，指挥现场处理人员查找原因、抢修设备和实施救援。

⑤发生信号故障险情时，决定是否启动应急预案，并发布启动预案命令。

⑥根据现场指挥组汇报，决定现场增援、技术力量、应急物资的调配。

⑦负责现场有关设备的抢险应急，决策处置重大、紧急事项。

⑧行车调度职责。

⑨抢险过程中，根据故障地点、影响范围，决定地铁运营的具体行车组织，将行车影响尽可能地减到最小。

⑩抢险过程中，及时与维修调度沟通，尽可能地为应急抢险工作创造便利条件。

⑪应急抢险过程中，加强列车运营的监控，确保行车安全。

2)维修调度职责

①负责应急抢险过程中各级指令、信息的接受汇总、上报、传达。

②负责应急抢险过程中各专业之间的协调、指挥，处理结果的跟踪、落实等。

③将应急抢险指挥组的决策、指令准确下达给现场抢险指挥组，并将现场的情况随时汇报给应急抢险指挥组长，确保指令的上传下达、畅通无阻。

④负责应急抢险车、抢修物资、抢险人员的调配。

⑤监督和掌握应急预案的实施。

⑥根据应急抢险组的指令，发布应急预案的启动和结束命令。

3)现场应急抢险指挥组职责

①负责现场抢修工作的总体指挥。

②将现场具体情况(主要是设备故障情况或损坏情况)及时准确地汇报给应急抢险指挥组；并按照险情的发展，及时向指挥组汇报，以便采取可行的抢修方案。

③负责现场抢修重大事项的具体决策，并按照中央总指挥的决策，指挥实施现场抢修工作。

4)现场应急抢险队职责

①根据现场设备故障情况，尽快准备需要的材料、工具、仪表、图纸等。

②按照现场应急抢险指挥组的命令，负责应急抢险过程中设备的抢修和恢复工作。

③抢修完毕后，负责设备的试验，漏料的回收，销点，设备交付使用，等等工作。

3.1.3　应急响应

(1)发生下列情况时，启动信号设备故障应急预案

①发生自然灾害、火灾、爆炸等事故，影响信号设备、中断地铁运营。

②发生信号设备故障,不能降级运营。

③发生电力停电、一个车站或一个联锁区设备停止使用。

④发生其他事故,如设备被盗、破坏等,影响一个车站或一个联锁区设备,致其停止使用。

⑤维修调度接到信号设备故障后,根据现场故障情况及影响程度,及时向应急抢险指挥组长汇报,请求启动信号故障应急抢险响应。

⑥信号应急抢险指挥组成员接到应急响应后,应 15 min 内赶到 OCC 指挥中心;如遇特殊情况,距离故障车站近的成员应以最快速度赶赴抢险车站。

⑦故障站信号值班人员应立即准备好图纸、材料、工具和仪表,在 5 min 内出发。

⑧其他抢险组成员接到应急响应后,应 5 min 内出发,以最快的速度赶赴故障车站,参加应急抢险。

⑨抢险车接到信号故障应急响应后,备齐抢险物资,于 15 min 内出发。

(2)结束应急响应

①抢险工作完毕后,现场抢险队长及时将处理结果(时间、人员、登消记情况、设备损坏情况、后续整治需求等)报告给维修调度。

②维修调度将应急抢险现场的情况向抢险指挥组汇报,经现场抢险指挥组长同意后,宣布应急抢险结束。

(3)应急抢险信息报告制度

①维修调度负责通知各级应急抢险指挥组所有成员以及现场工班信号值班人员和工班长。

②维修调度负责与行调之间的协调、沟通,为信号设备抢修创造便利条件。

③维修调度负责将应急抢险指挥小组的指令传达给现场的抢险指挥组。

④维修调度负责向抢险车传达应急抢险组的指令。

⑤现场抢修指挥组应及时将现场情况及需求向维修调度汇报,由维修调度传达给抢险指挥组。

⑥需站务人员、相关电客车司机配合的内容,由维修调度将应急抢险指挥组的命令传达给行调,由行调传达给站务人员或电客车司机。

⑦抢险结束后,现场抢险指挥组将现场处理情况(时间、人员、登消记情况、设备损坏情况、后续整治需求等)报告给维修调度;维修调度作好记录,并向应急抢险指挥小组汇报。

3.1.4 信息报告流程(见图 3.1)

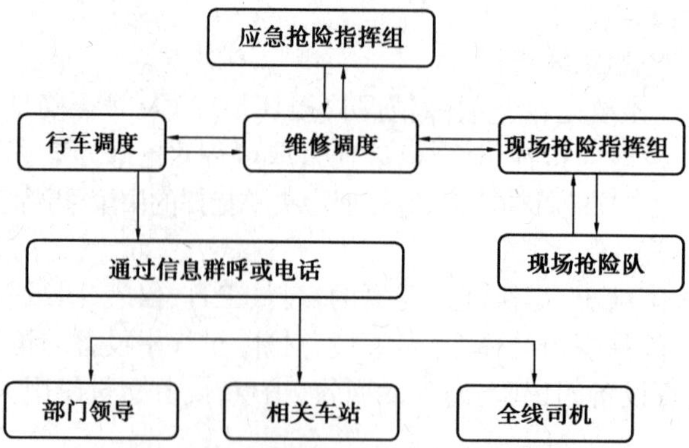

图 3.1 应急处理时信息报告流程图

3.1.5　事故调查分析

信号故障应急抢险结束后，根据城市轨道交通管理部门制定的相关事故处理规章，《信号设备维保模式》《信号设备检修规程》《行车组织规则》及相关安全规章制度，由城市轨道交通管理技术或安全定责部门组织相关部门进行事故调查分析，分析事故原因，总结应急抢险组织过程中的经验教训，提出预防性措施，形成会议记录。

3.1.6　后期整治

信号设备故障应急抢险结束后，由应急抢险指挥小组组织相关抢修人员进行分析总结，根据设备抢修临时恢复情况，制订下一步整治计划，报维修调度，信号设备包管责任部门安排人员负责盯控后续整治工作，维修调度落实最后的整治情况，并向抢险指挥小组长汇报。

3.1.7　保障措施

1）物资保障

①信号设备包管责任部门应根据现场设备及分布情况，根据不同设备的备品配备标准，配齐所有的备品备件；各自专业相应工班负责保证备品备件的日常检修，确保备品备件性能良好。

②信号设备包管责任部门的信号设备管理各工班，负责保障抢修工具、仪表的完好，并根据不同设备配备相应的专用抢险工具、仪表。

③应急抢修以无线手持台为第一联络通信工具，按照分配的通信组别使用；必要时固定电话为第二联络通信工具，必须确保在抢修过程中的通信指挥畅通。

④信号设备包管责任部门的信号设备管理各工班，必须完善以下技术资料：

A.完整的竣工图纸一套。

B.各类设备的操作规程或说明书。

C.应急抢险物资及备品备件储备明细表。

D.各集成商、生产厂商售后服务及技术支持人员的联系电话。

2）技术支持保障

①当设备发生故障后，如需要技术支持，请及时拨打有关设备生产厂商或集成商的售后服务电话，以获取必要的支持信息，必要时通知相关厂商或集成商到现场分析处理。

②如果需要其他部门的配合时，应及时联系维修调度，通知相关部门进行配合处理。

3）交通保障

①如需要出动应急抢险车，应由维修调度发布指令，15 min 内备齐抢险物资出发。抢险车应定期进行保养维修，确保车况良好。

②各级人员接到启动应急响应后，应以最快的速度赶赴指定位置。

4）抢险队伍保障

①应急抢险队伍由业务技能精、责任心强的员工担当。

②应急抢险队伍要定期进行业务技能培训演练，以提高应急处理能力。

③应急抢险指挥小组要不定期地抽查预案演练启动命令，检查抢险队伍的快速反应能力。

5）安全措施保障

①信号设备发生故障后，信号人员必须遵循《信号设备维保模式》《信号设备检修规程》

《信号设备故障处理指南》《行车组织规则》等规章制度。

②故障应急抢修必须严格执行“三不动”“三不离”“四不放过”等安全规章制度。

③故障应急抢修必须坚持登消记制度。

④各级设备故障处理必须严格按照故障处理指南进行分析判断，严禁封联电气接点等违章行为。

⑤故障抢修完毕后应进行必要的试验确认，并且要试验彻底，不留隐患，同时做好试验记录，签认后交付使用。

6）人身安全保障

①轨行区抢修作业必须按照规定在作业区前后设置红闪灯。

②轨行区抢修人员必须按照规定佩戴劳保用品，穿护趾鞋、荧光衣，戴安全帽，携带照明手电。

③抢修作业时，抢修人员要相互照应，谨防工具、材料等坠落砸伤身体。

④抢修高空作业时，抢修人员要按规定佩戴安全带，安全带要高挂低用。

⑤抢修登高作业时，要先放稳梯凳，谨防高处坠落。

⑥抢修作业必须严格执行各类设备操作规程，防止触电事故的发生。

⑦道岔区作业注意道岔转换时夹伤手指等事故发生。

⑧抢修作业完毕后，现场抢险队长落实检查漏料清理情况，防止漏料侵限。

【任务考评】

以学生自评、小组互评为主，教师根据学习进程，结合自评、互评结果进行综合评定。

任务实施过程考核评价表

考评项目		分值/分	要　求	学生自评	小组互评	教师评定
知识准备	识图	5	正确性			
	基本命令	5	熟悉的程度			
任务完成	建模思路	10	建模思路的正确性考评			
	最佳的建模方案	10	最合理性			
	产品建模	40	建模图形合理性考评、操作过程的规范性、熟练性考评			
	任务实施过程记录	5	详细性			
	所遇问题与解决记录	5	成功性			
文明上机		5	违章不得分			
协调合作，成果展示成绩		15	小组成员的参与积极性、成果展示的效果			
成　绩						

任务3.2 城市轨道交通信号系统各设备故障应急预案

【场景设计】

1.在普通教室或者自主学习场景,通过教师授课或者自主学习,掌握本任务内容。

2.配合多媒体教学设备及软件或自主学习课程资源平台。

3.考评所需的记录、评价表。

【知识准备】

3.2.1 联锁系统故障应急预案

联锁是整个城市轨道交通信号系统的基础,单个联锁区或者大面积联锁设备故障,将严重影响运营安全与运营效率。在联锁区故障的情况下,一般都会导致系统降级,需要设备维护管理部门及运营组织管理部门共同启动应急预案,协同合作,保证联锁故障应急处理合理有序进行的同时,确保日常安全运营不瘫痪。

(1)设备维护管理部门应急处置预案

1)联锁区故障现象

联锁系统故障,显示屏灰显、进路无法正常办理等。

2)故障影响范围

故障联锁区与相邻联锁区不能排列进路,人工办理进路需要站务人员勾锁道岔。对于故障区域中的折返进路,有需要转动道岔的,站务人员需要对道岔进行人工转换,并对道岔只勾不锁。

3)联锁故障主要原因

某个联锁集中站(或车辆段)联锁设备故障,影响这个联锁区(车辆段)的信号设备正常使用。这个联锁区(车辆段):车站LCW(车辆段显示屏)黑屏,地面信号无显示,道岔无表示,进路无法排列。

4)造成联锁故障的主要原因

①因供电故障,造成信号联锁集中站一类负荷停电。

②UPS或电源屏故障,造成联锁设备柜无电源。

③联锁设备柜本身电源部分故障,板卡故障,软件故障。

④联锁设备双机热备系统,主备机均故障(车辆段:主从系故障)。

⑤联锁设备柜与DCS、计轴等的通道故障。

⑥联锁设备柜内其他设备故障,造成联锁设备不能正常工作。

5)故障紧急处理流程

①信号值班人员接到故障报告后,立即向上级主管领导报告并通知相关技术人员、工班长和抢修人员,立即赶赴事故现场,查明故障原因,开展故障修复工作。

②联锁故障处理流程,如图3.2所示。

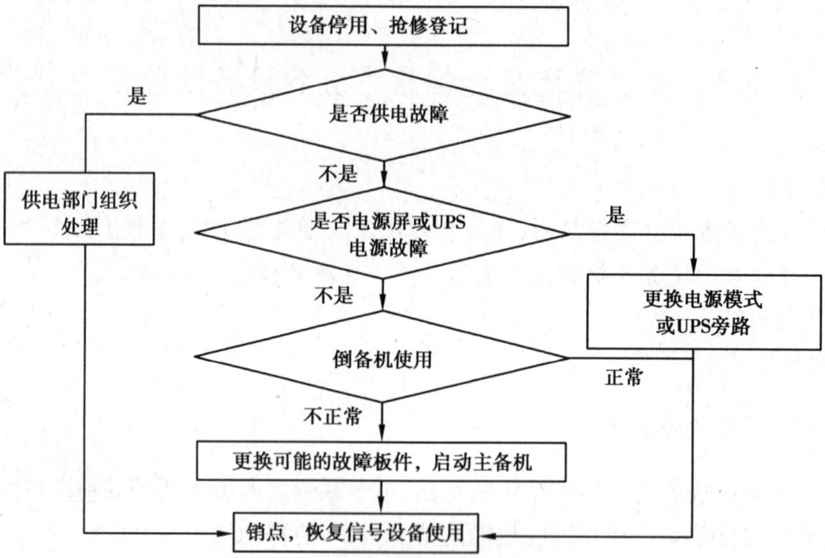

图 3.2　联锁区故障处理流程图

6)现场抢修措施

①信号工班长接到联锁设备故障信息后,在立即赶到现场的同时,组织人员备料,根据现场返回的信息,备齐现场所需的板件。

②信号技术人员在接到联锁设备故障信息后,应以最快的速度赶到现场,对故障进行判断。在重启无效后,做更换板件处理。

③如因其他原因造成此类故障,维修调度人员通知相应抢修队伍赶赴现场进行处理。

7)联锁故障所需工具

联锁故障所需工具,如表 3.1 所示。

表 3.1　联锁故障处理所需工具表

工具名称	型号规格	单　位	数　量
螺丝刀	2 mm/3 mm/5 mm	个	1
烙铁	50 W	把	1
插座板	通用	套	1
万用表	MF-14 或 9803 数字表	块	2
板卡起拔器	通用	个	1
照明工具	应急灯和手电筒	个	4
通信工具	400 M,800 M	台	各 2 台

8)联锁故障处理应配备的备件

正线联锁 Microlok Ⅱ 故障时,信号工班至少应备有如表 3.2 所列备件:

表 3.2　正线联锁故障处理所需备件表

序　号	联锁类型	板件名称	编　号	数　量
1	Microlok II	电源板		1
2		CPU 板		1
3		输入/输出板		1
4		热备板		1
5		非安全输入/输出板		1
6		通信板		1

车辆段联锁 DS6-K5B 故障时，信号工班至少应备有如表 3.3 所列备件：

表 3.3　车辆段联锁故障处理所需备件表

序　号	联锁类型	板件名称	编　号	数　量
1	DS6-K5B	电子终端		1
2		显示器		1
3		工控机电源		1
4		基本模块		1
5		逻辑部单元		1
6		系间通信模块		1
7		电源模块		1

(2)运营组织管理部门(客运、调度)应急处理预案

联锁功能故障时，应采用电话闭塞法行车，电话闭塞法行车是在联锁功能不能正常使用时，由区间两端站(车辆段信号楼)的车站值班员利用站间行车电话发出电话记录号码的方式办理闭塞的一种方法。

1)信号联锁功能故障的判断

①全线或某个联锁区车站的 LCW 全灰。

②非 CBTC 模式下，全线或部分联锁区计轴设备故障。

③全线或部分联锁区的道岔失去表示。

④非 CBTC 模式下，全线或部分联锁区的信号机失去表示。

⑤全线或部分联锁区车站的 ATS/LCW 工作站请求进路失败。

2)电话闭塞法

①遇以下情况时采用电话闭塞法组织行车：

A.一个或多个联锁区联锁设备故障时。

B.中央及车站工作站上一个或多个联锁区均无法对线路运行车辆进行监控时。

C.××站与××车辆段信号设备故障联锁失效或正线与车辆段信号接口故障时。

②电话闭塞的闭塞区间为：

相同运行方向两架相邻出站信号机间的区域。

③列车以路票作为占用闭塞区间的凭证，一个闭塞区间只允许一列车占用。闭塞区间内列车采用 NRM 模式驾驶。非固定股道接车、折返应写明接车股道。

④全线信号联锁系统故障时，所有车站均为闭塞车站，由报点站向行调报到达点和出发点，所有车站必须向前方站报出发点；单个或多个联锁区信号联锁系统故障时，故障车站及相邻车站均为闭塞车站，由报点站及联锁故障两端站向行调报到达点和出发点，闭塞区间相邻车站之间报出发点。

⑤接车站同意闭塞的条件是接车进路准备完毕、接车线路空闲；××站同意闭塞条件为折返列车在车站上行停稳，下行接车进路准备完毕；会展中心站同意闭塞条件为折返列车在会展中心站下行停稳，上行接车进路准备完毕。

⑥当无法确认道岔位置时，列车进路上的道岔必须人工现场办理，进路上道岔必须使用勾锁器锁定，折返道岔，使用勾锁器只挂不锁。

⑦列车进出折返线或存车线时，比照调车方式办理。进折返线时，车站准备好进路后，由值班站长亲自或指定人员显示道岔开通手信号通知司机。出折返线时，车站准备好进路后，先无线电联系司机(无线故障时，由现场指定的负责人员口头通知)，然后在指定地点显示道岔开通手信号。

⑧因联锁故障，停在区间及辅助线的列车凭行调命令运行至车站。

3)办理作业的主要程序和要求

①行调接收到故障信息后，立即通知故障区域内司机拉停列车原地待令。

②行调及时发布采用电话闭塞法组织行车的调度命令，故障区内的各联锁站，安排人员准备人工办理进路，下线路前须向行调提出申请。

③××站与车辆段信号楼值班员共同确认闭塞区间空闲。

④接车站在接车线路空闲、接车进路准备好后，方可发出同意闭塞的电话记录号码，并说明接车线路。

⑤发车站取得接车站的电话记录号码并核对接车线路后，办理发车进路。

A.当北客站向车辆段发车时，车站需填发路票，并向司机显示发车手信号。

B.当车辆段向北客站发车时，在通信记录装置良好的情况下，可不填发路票，信号楼值班员将电话记录号码和接车线路通知司机，司机复诵正确后，信号楼值班员方可利用无线电通知司机发车。

⑥司机必须核对路票或取得电话记录号码和接车线路。

⑦电话记录号码按客运部具体规定执行。

4)电话记录号码使用规定

①电话记录号码自每日 0 时起至 24 时止，按日循环编号。电话记录号由五位数字组成，前两位为车辆段或车站编号(00—17)，后三位为序列号。上行/出车辆段使用双数序列号，下行/入车辆段使用单数序列号。电话记录号码每站一组，由车站编制。

②电话记录号码使用规定见附录 1 第 5 条。

5)取消闭塞的相关规定

①已办妥闭塞因而不能接车或发车,需要取消闭塞时,如果列车尚未动车,应立即发出停车手信号进行防护,通知该列车司机取消闭塞,列车原地待令,确认无误后,提出的一方发出的电话记录号作为取消闭塞的依据,并须及时报行调;发车手信号一旦发出或列车已经启动,原则上不能取消闭塞。

②特殊情况下,列车出发后,在途中退回发车站时,由发车站发出电话记录号作为取消闭塞的依据,并须及时向行调报告。

③恢复移动闭塞或固定闭塞行车时,自动取消。

④每日运营结束,全部电客车回段后,自行取消。

6)××站与××车辆段按电话闭塞法行车的规定

①闭塞区间划分:

列车进入车辆段时:××站 X0130 信号机至 XR 或 XC 信号机间的区域;

××站 X0132 信号机至 XR 或 XC 信号机间的区域。

列车进入正线时:Szrd 或 Szcd 信号机至××站 S0107 信号机间的区域;

Szrd 或 Szcd 信号机至××站 S0105 信号机间的区域。

②由××站向××车辆段发车时,车站需填发路票,司机以路票作为占用闭塞区间的凭证;由车辆段向北客站发车时,在通信记录装置良好的情况下,可不填写路票,司机以电话记录号码及车辆段发车通知作为占用闭塞区间的凭证。

③当车辆段与正线的信号联锁设备功能故障时,车辆段与××站的行车组织根据具体情况按以下方法处理:

A.当车辆段联锁设备功能正常,正线(转换轨)至××站信号联锁设备功能故障时,车辆段至北客站间采用电话闭塞法。

B.当车辆段联锁设备功能故障,正线(转换轨)至××站联锁设备功能正常时,车辆段内列车按调车作业方式办理,转换轨至北客站按信号显示动车。

C.当车辆段联锁设备功能故障,正线(转换轨)至××站联锁设备功能故障时,车辆段至北客站间采用电话闭塞法。

7)电话闭塞法行车组织作业程序及标准

①启动电话闭塞法行车组织前行调、司机、车站核对列车位置。

A.故障区域内各次列车司机按照行调命令停车待令。

B.故障及影响区域内的车站接行调准备启用电话闭塞法命令时,按规定复诵命令内容,做好记录,并及时通知值班站长及相关人员,值班站长立即准备路票、电话记录号及行车备品等。

C.行调逐一与各次司机共同确认区域内的列车位置(列车在区间时,包括确认前方进路是否有道岔、列车是否压在道岔上等信息),故障区域内各次列车接行调核对列车位置的命令时,应认真与行调确认列车位置,准确汇报。

D.准备启用电话闭塞法的各站接行调核对列车位置的命令时,应与行调认真核对列车位置,并根据行调命令准确复诵相关内容。

E.在行调与车站核对列车位置时,车站应在线路图上记录本站及相邻站的列车位置及车次情况。

F.车站如发现列车占用情况与实际不符，必须报告行调。当行调与故障区域内车站核对完列车位置后，车站在请求闭塞时不需再与行调核对列车位置。

②将停在区间的列车组织至车站站台。

A.当列车运行前方进路无道岔，且前方站台无车占用时，司机凭行调命令，以 RM 模式（RM 模式不能投入时，以 NRM 模式，限速 25 km/h）运行至前方站站台。

B.当列车运行前方进路有道岔时（列车头部未越过道岔），行调命令车站将 ATS 界面转至 LCW 界面，并进行道岔单解、单锁操作，若能实现该功能，车站根据行调命令，将道岔单操至正确位置，并电子锁闭；若无法实现该功能，车站及时向行调汇报，并申请下轨行区，根据行调命令现场确认道岔位置正确后，加锁道岔，人员出清后，向行调汇报“××站至××站上行/下行进路正确”，由行调指挥列车运行到前方站站台。

C.当列车头部已越过道岔或列车压在道岔上时，司机凭行调命令，以低于 5 km/h 的速度移动至站台，列车到站停稳后，司机及时向行调汇报，接司机汇报后，行调命令车站将 ATS 界面转至 LCW 界面，并进行道岔单解、单锁操作，若能实现该功能，车站根据行调命令将道岔单操至正确位置并电子锁闭；若无法实现该功能，车站及时向行调汇报，并申请下轨行区，根据行调命令现场确认道岔位置正确后，加锁道岔，人员出清后向行调汇报“××站至××站上行/下行进路正确”。

③接收执行电话闭塞法组织行车的命令。

A.故障区域及相关受影响的区域内全部列车已运行至车站后，行调发布执行电话闭塞法组织行车命令，车站、司机均应按电话闭塞发组织行车。

B.故障区域内各次列车、车站接行调执行电话闭塞法组织行车的调度命令时，认真记录，按照规定复诵。车站接完命令后将内容及时汇报至值班站长。

④进路准备。

A.非联锁站。

a.办理接车进路：若站台空闲无车时，立即准备接车进路，为保证安全，行车值班员需与站台岗再次确认站台是否有车，若空闲，由站台岗检查线路是否具备接车条件，并及时汇报行车值班员。

b.办理发车进路：若站台有车，与前方站联系办理闭塞手续。

B.联锁站（非折返站）。

首趟列车进路的办理按照以下步骤进行，后续列车的办理参照非联锁站进行。

a.办理发车进路：若站台有车且列车运行至前方站的区间无道岔时，行值与前方站联系，及时请求闭塞；若站台有车且列车运行至前方站的区间有道岔，车站根据行调命令将 ATS 界面转至 LCW 界面，将道岔单操至正确位置并电子锁闭，若无法实现该功能，车站及时向行调汇报，并申请下轨行区人工排列进路，得到行调允许后，通知值班站准备列车进路，并加锁道岔；值班站长办理完所有进路后，与所有人员、工器具出清后报行值，行值及时报行调。

b.办理接车进路：若站台无车且列车运行至本站的区间无道岔时，为保证安全，行车值班员需与站台岗再次确认站台是否有车，若空闲，由站台岗检查线路是否具备接车条件，并及时汇报行车值班员；若站台无车且列车运行至本站的区间有道岔，车站根据行调命令将 ATS 界面转至 LCW 界面，将道岔单操至正确位置并电子锁闭，若无法实现该功能，车站及时向行调汇报，并申请下轨行区人工排列进路，得到行调允许后通知值班站准备列车进路并加锁道岔；值班站长办理完所有进路后，与所有人员、工器具出清后报行值，行值及时报行调。

C.折返站。

a.若站台有车且列车运行前方区间无道岔时，行值与前方站联系，及时请求闭塞。

b.若为其他情况时（站台有车且列车运行前方的区间有道岔、站台无车），车站根据行调命令将ATS界面转至LCW界面，将道岔单操至正确位置并电子锁闭，若无法实现该功能，车站及时向行调汇报，并申请下轨行区人工排列进路（折返道岔只挂不锁），得到行调允许后通知值班站长需要准备的进路名称（如上行站台至折1的进路），值班站长与所有人员、工器具进入安全避让区域后汇报行值。

D.其他相关要求。

a.××站向行调申请下轨行区时，先申请下站台南端轨行区，出清后再向行调申请下站台北端轨行区。

b.车站现场人工准备进路时，由行车值班员在车站BAS工作站启动区间维修照明模式，开启区间工作照明。

⑤办理闭塞。

车站请求闭塞的时机：发车进路准备妥当，人员、工器具已到达安全区域。

车站同意闭塞的时机：

A.非折返站同意闭塞的条件为本次列车接车进路及到下一站的全部进路准备完毕，同方向前次列车出清前方站站台。

B.折返站（站后折返）同意闭塞的条件为本次列车的接车进路准备完毕，前次列车驶出折返线到达折返站台停稳。

C.折返站（站前折返）同意闭塞的条件为本次列车的接车进路准备完毕，前次列车到达折返站的下一个车站站台停稳。

⑥填写《行车日志》、路票。

A.《行车日志》填写：办理列车闭塞手续的过程中，将相关信息如车次、同意闭塞的电话记录号码、同意闭塞时间完整记录至《行车日志》。

B.路票填写：车站签发路票时，必须由行车值班员在车控室按照《行车日志》内容认真填写。应急直通电话可用（必须开启录音功能）的车站，值班员及以上人员可以使用站台的应急直通电话与行值联系，按照行值指令填写并核对路票的六要素。车辆段签发路票时，路票应由信号楼值班员亲自填写，信号楼值班员必须根据ATS-MMI工作站、信号微机操作台或《车辆段行车日志》，查明转换轨空闲，并得到××站承认闭塞号码后，方可填写路票，并对路票的六要素进行确认。

⑦路票填写的其他要求。

A.首列车发车时（首列车是以车站单方向发出第一张路票为准），行车值班员在路票左上角加“首”字样，并填写限速25 km/h，车站向司机递交路票时进行核对。

B.路票作为行车凭证，填写六要素时，不得简写或增添字句，不得随意涂写、撕毁，填写如有增添字句及涂改，均应作废，须重新填写。车站名必须写全，车次号后不需再增添“次”。

C.路票填写的日期以接车站承认闭塞时间为准，零时以前办理的闭塞，司机如在零时后收到路票仍视为有效。

D.列车入车辆段(停车场)时应在路票上写明经入/出段线;列车出车辆段(停车场)时应在路票上写明经出/入段线。

E.由××站向车辆段发车时,车站需填发路票区间为××站—车辆段。

⑧核对路票。

A.核对第一环节,填写人与递送人之间的核对:行车值班员/信号楼值班员须根据《行车日志》内容核对路票填写的内容,确认无误后,交予值班员及以上人员/车辆段调度员,值班员及以上人员/车辆段调度必须认真核对路票六要素。

B.核对第二环节,递送人与司机之间的核对。

a.车站:路票交接地点为司机所在驾驶室的端墙门内,值班员及以上人员将路票交予司机,司机接到路票后必须与递交路票者认真核对路票六要素,经核对无误后司机方可收取路票。

b.车辆段:路票交接地点为发车股道,司机接到路票后必须与车辆段调度员现场认真核对路票六要素,经核对无误后司机方可收取路票。

c.若在核对路票时,发现路票有涂改或增添字句等异常情况,路票接收者可拒绝接收路票。

C.收回路票的处理。

a.列车到站后,由行车值班员指定人员收回路票,并在路票正面斜对角打“×”以示注销。折返站在列车到站后立即收回路票,严禁将路票带入折返线。不需要发路票的车站可由站台岗收回路票,并在路票正面斜对角打“×”以示注销。收回的路票必须及时交车控室按上、下行分开整理保存。

b.由北客站向车辆段发车时,当入段信号机前有人引导时,该引导人员在此收回路票,打“×”以示注销,交信号楼车辆段调度按上、下行分开整理保存。当入段信号机前无人引导时,列车入库后由司机将路票交派班室保管。

D.其他相关要求。

a.车站/信号楼必须设专人负责路票的顺序存放、保管及领取,将打“×”以示注销的路票存放于行车备品柜中,至少保存一个月。

b.行车备品柜中存放的未使用的新路票与已注销的旧路票须分开保管。

⑨接发列车。

A.接车规定。

当收到后方站列车出清的报点后,车控室立即安排站台岗接车。列车到站停稳后,站台岗必须向车控室及时汇报。

B.发车规定。

a.车站向司机递交完路票后及时退出并关闭端墙门,司机根据乘客上下车情况,关闭屏蔽门及车门。

b.车站站台岗确认三节屏蔽门安全后,用对讲机通知送路票人员(向司机显示发车手信号人员)“后三节屏蔽门安全”,向司机显示发车手信号人员重点确认前三节屏蔽门安全后,在列车前进方向第二个车门处向司机显示发车手信号,待司机动车后方可收回。

c.列车出清站台后,站台岗必须立即向车控室报告。

d.车控室接到列车出清的报告后,立即查看时间并填写《行车日志》。

C.列车进出折返线或存车线的办理(比照调车方式办理)。

a.列车进、出折返线或存车线:现场人员办理好进路,所有人员、工器具进入安全区域后,现场值班站长或指定人员使用对讲机联系司机(无线故障时,由现场人员口头通知),司机进行复诵。现场值班站长或指定人员在站台或区间划定的安全区域向司机显示“道岔开通”信号,司机凭现场人员“道岔开通”手信号动车,待司机鸣笛回示后方可收回。

b.其他要求:

折返站在列车折返进入另一侧站台停稳后,车站方可准备下一趟列车进折返线的进路。

D.车辆段办理进路及接发车作业程序。

a.如果需要现场人工准备进路,值班员负责准备进路(含加锁道岔),车辆段调度负责现场检查,确认进路的正确性,值班员负责与××站办理闭塞手续,办好手续后填写路票交车辆段调度,车辆段调度确认无误后交给司机,司机核对正确后,凭车辆段调度显示发车手信号发车。

b.如果信号微机控制台可以采用单操道岔或反排引导信号进路等办法准备进路时,信号楼值班员排列发车进路,并通过微机联锁显示屏检查、确认进路开通正确后,填写路票,方可交车辆段调度。车辆段调度现场确认进路正确,核对路票无误后,方可递交司机确认,司机确认无误后,车辆段调度显示发车手信号发车。

c.如果车辆段信号微机设备可以正常操作时,则须开放入段信号接车。

d.如果车辆段信号微机设备不能正常开放入段信号,则采用开放引导信号接车。如果不能开放引导信号排列接车进路,则需派人到现场进行人工排列和确认进路,向回段列车显示引导手信号。

E.报点。

a.报点规定。电话闭塞法组织行车时,受故障影响的车站均为闭塞车站,闭塞车站须向前方站报出发点,向后方站报出清点。由报点站及闭塞区间两端站向行调报到达点和出发点。电话闭塞法区段包括信号楼管辖区域时,车辆段信号楼向行调报点。

b.报点的顺序。到达点:列车到站时报点站及两端站,及时向行调报到达点。出发点:列车出清后车站及时向后方站报出清点。需向行调报点的车站报点顺序依次为:前方站、后方站、行调,不需向行调报点的车站在列车出清后报点顺序依次为:前方站、后方站。

c.记点要求。列车到达、出发、出清时行车值班员及时将时间填入《行车日志》相应表格内。列车折返作业或者进出存车线时,车站应记录列车到站停稳的点、进折返线(存车线)出发的点、出清站台的点,列车折返完毕后在另一侧站台停稳的点、出发的点、出清另一侧站台的点;若列车进入存车线后不再动车,则需记录列车进入存车线停稳的时间。

(3)区间隧道内安全区域的相关说明

安全区域指事先划定的保证人员及工具不侵入机车车辆限界,并有一定安全空间的区域。当采用电话闭塞法时,列车需折返或进入存车线时,车站人员准备完进路进入安全区域内,方可办理接发列车作业。无需折返或进入存车线及无安全区域的车站,车站人员须出清线路后,方可办理接发列车作业。

(4)控制中心工作规定

1)行调确认列车位置的相关规定

①行调 1 与故障联锁区运行的列车司机确认列车位置,在《行车工作日志》上标注。

②行调 2 通过运营时刻表(运行图)与故障联锁区的车站及故障联锁区相邻的车站核对列车位置,在《列车运行图》上标注。

③行调1与行调2共同核对列车位置。

2)调度命令及标准用语

①调度命令。

A.运营期间采用电话闭塞法时,行调可发布口头命令;运营前决定采用电话闭塞法时,行调需发布书面命令;特殊情况下可先发布口头命令,后补发书面命令。

B.口头命令。

a.开始使用电话闭塞行车法命令。

受令人:有关车站/车辆段及司机。

命令内容:从×点×分起,在×站至×站上/下行正线(车辆段~××站上/下行线)采用电话闭塞法组织行车,××折返站固定采用×道折返,进出折返线比照调车作业方式办理,(进/出×站、×站时司机自行切除/恢复ATP运行),×××(行调代码)。

b.停止使用电话闭塞行车法命令。

受令人:有关车站/车辆段及司机。

命令内容:自发令时起,取消前发“采用电话闭塞法”调度命令,×站至×站上/下行正线(车辆段~××站上/下行线)恢复正常信号行车,×××(行调代码)。

②书面命令。

A.开始使用电话闭塞行车法命令(见表3.4):

表3.4 使用电话闭塞行车法调度命令表

调 度 命 令

表号: __年__月__日__时__分

<table>
<tr><td rowspan="2">受令处所</td><td rowspan="2">××站~××站,××站交××××次司机</td><td>命令号码</td><td>行调姓名</td></tr>
<tr><td>×××</td><td>×××</td></tr>
<tr><td>命令内容</td><td colspan="3">因××站联锁设备故障,自发令时起,××站~××站上/下行正线(车辆段~××站上/下行线)采用电话闭塞法组织行车。</td></tr>
</table>

行车专用章__________ 车站值班员__________

B.停止使用电话闭塞行车法命令(见表3.5):

表3.5 停止使用电话闭塞行车法调度命令表

调 度 命 令

表号: __年__月__日__时__分

<table>
<tr><td rowspan="2">受令处所</td><td rowspan="2">××站~××站,××站交××××次司机</td><td>命令号码</td><td>行调姓名</td></tr>
<tr><td>×××</td><td>×××</td></tr>
<tr><td>命令内容</td><td colspan="3">自发令时起,前发×××号令取消,××站~××站(车辆段~××站上/下行线)恢复正常信号行车。</td></tr>
</table>

行车专用章__________ 车站值班员__________

③数字的标准读法(见表3.6)。

表3.6　数字标准读法注音表

1	2	3	4	5	6	7	8	9	0
yao	liang	san	si	wu	liu	guai	ba	jiu	dong
幺	两	三	四	五	六	拐	八	九	洞

④标准用语。

A.行调确认区间列车位置:××次司机,报列车现在的位置,×××(行调代码)。

B.行调向车站确认站台空闲:××站,上/下行站台是否空闲,×××(行调代码)。

C.行调对区间列车:××次司机,转RM模式动车进××上/下行站台,×××(行调代码)。

D.行调命令前方有道岔的列车区间待令:××次司机,原地待令,×××(行调代码)。

E.行调命令有岔车站准备工作人员人工单独勾锁道岔:

××站,安排人员带好勾锁器,上/下行站台待令,×××(行调代码)。

××站,准勾锁道岔人员经上/下行站台前往××××(道岔号),×××(行调代码)。

F.行调对车站:××站,确认线路出清后报行调,×××(行调代码)。

G.行调要求报点站报点:××站,报点(××次,上/下行开出时分××:××:××)。

H.行调对信号楼:由于信号故障,现按调车作业方式办理列车出/入厂,×××(行调代码)。

I.行调对折返线司机:折返线Ⅰ/Ⅱ道××次司机,由于信号系统故障,××站至××站采用电话闭塞法组织行车,司机凭现场工作人员给出的“好了”信号动车,×××(行调代码)。

J.行调减车:××次司机,清客完毕后,进入××站存车线Ⅰ/Ⅱ道待令,×××(行调代码)。

3)电话闭塞法组织行车时铺画运行图规定

①行调接到车站报点时,需按顺序记录到发点,人工铺画实际运行图。

②在运行图上两端终点站标明列车实际车次,控制好列车间隔。

③运营秩序紊乱时,要逐列与报点站核对车次和到发点,避免错画运行图。

④按相关规定的符号铺画实际运行图。

3.2.2　道岔挤岔应急预案

转辙机作为带动道岔转动、实现进路建立、锁闭、变更的重要设备,一旦有挤岔发生,一般都会给城市轨道日常运营带来严重的影响,在挤岔故障发生时,需要设备维护管理部门和运营组织管理部门(调度、客运)启用相应的应急处置预案,降低因设备故障对运营的影响,同时确保设备抢修顺利、安全、高效地进行。

(1)设备维护管理部门应急处置预案

1)道岔挤岔的严重性判断

道岔挤岔是指列车因某种原因在经过道岔尖轨时,造成道岔密切尖轨与基本轨脱离。根据后果的严重程度可分为轻度挤岔、中度挤岔、严重挤岔。

①轻度挤岔

轻度挤岔一般表现为:电动转辙机挤脱器(ZD6为挤切削)脱落或机内部件损坏,动作杆、表示杆变形,道岔尖轨、基本轨无损伤。

②中度挤岔

中度挤岔一般表现为:电动转辙机内部件损坏、安装装置变形、动作杆、表示杆变形,道岔尖轨损坏、基本轨无损伤。

③严重挤岔

严重挤岔一般表现为:电动转辙机损坏、安装装置损坏、动作杆、表示杆损坏,道岔尖轨、基本轨损伤。

2)道岔发生挤岔事故一般有以下几方面的原因

①司机因某种原因误认信号,闯红灯。

②司机操作不当或车辆制动系统失灵,闯红灯。

③道岔尖轨与基本轨密切不良,却未给出道岔失表信息,造成信号错误开放或发出错误行车指令信息。

④信号联锁关系失效,造成道岔实际位置与室内图不一致。

⑤道岔尖轨磨耗、损坏超标,造成挤岔。

⑥道岔区轨距不达标准,造成列车脱线挤岔。

⑦其他如自然灾害等不可预测的因素引起的挤岔。

3)道岔挤岔抢修流程图

根据西安地铁2号线设备现状,道岔抢修流程分为正线道岔挤岔信号抢修流程和车辆段道岔挤岔信号抢修流程两种。

①正线道岔挤岔信号抢修流程图,如图3.3所示。

②车辆段道岔挤岔信号抢修流程图,如图3.4所示。

4)严重挤岔的抢修过程(抢修总人数:15人)

发生道岔严重挤岔时,抢修工作比较复杂,因此开始前先做好准备工作,检查备用转辙机是左装/右装,如果与现场使用机不符,则进行调整。

发生严重挤岔时的人员安排原则如下:

①列车起复、离开道岔后开始进行抢修工作,指挥人在工建进行抢修工作时根据现场情况同时安排工作。安排1人在车控室(信号楼)负责联系。

②更换尖轨前先拆卸需要更换的尖轨、基本轨上的安装装置及杆件;拆卸道岔跳线等。

人员安排:3人。

③更换转辙机安装装置、安装装置绝缘。

人员安排:4人。

④更换转辙机。

人员安排:3人(ZDJ9双机按照6人安排)。

A.ZDJ9拆下机内WAGO端子配线,配线做好标志;ZD6拔下插接器。

B.拆下转辙机。

C.安装新转辙机。

D.按照标记安装WAGO端子配线;ZD6插好插接器。

⑤更换动作连接杆。

人员安排:2人。

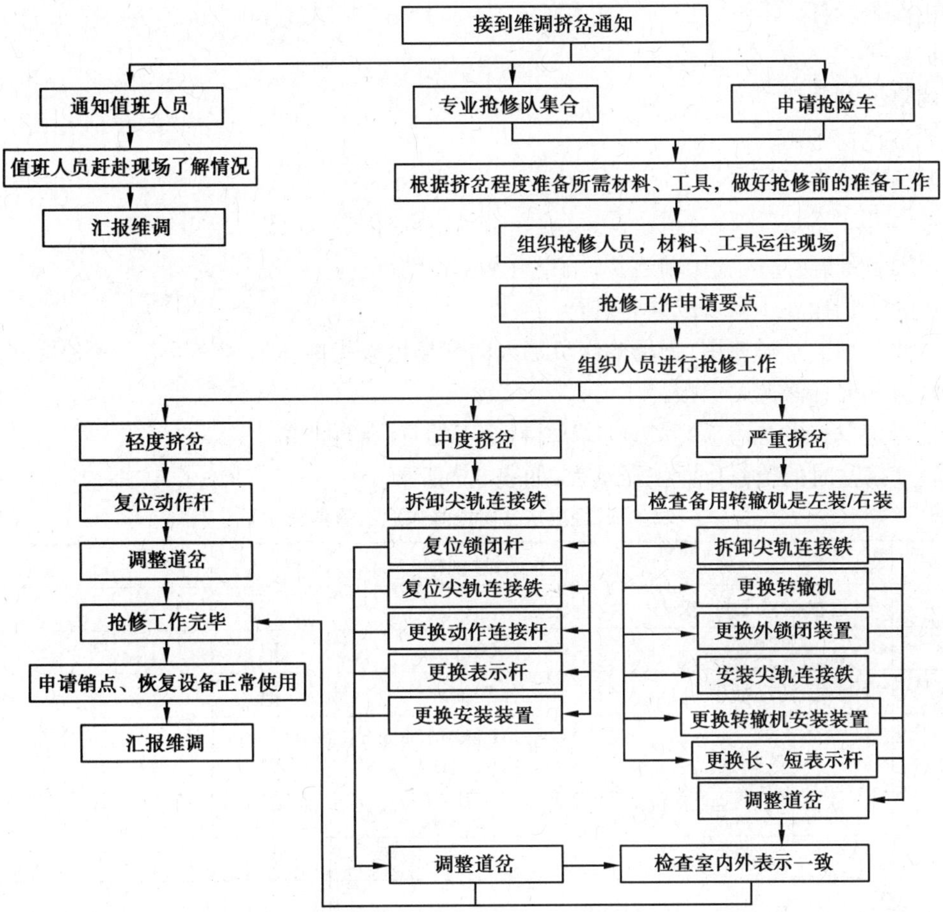

图3.3　正线道岔挤岔抢修流程图

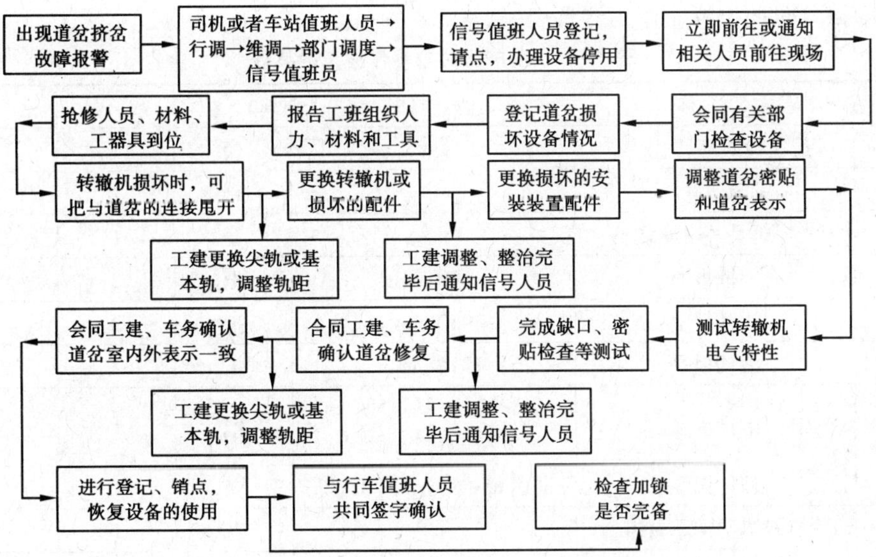

图3.4　车辆段道岔挤岔抢修流程图

⑥更换表示杆。

人员安排:2 人。

⑦调整道岔开口。

⑧调整道岔密贴。

⑨调整道岔表示缺口。

⑩室内外联系试验,核对道岔位置、检查道岔室内外表示一致。

⑪紧固各部螺栓,多次操动道岔,检查道岔动作情况。

注:③、④、⑤、⑥步骤可以同时进行。

道岔调整完毕交付使用,现场抢修负责人向现场抢修指挥长报告信号道岔抢修完毕,并将道岔抢修情况向维修调度汇报。

5)信号道岔挤岔抢险应急处理所需材料及工器具、备件清单

①轻度挤岔时的抢修作业工器具表,如表 3.7 所示。

表 3.7　轻度挤岔时抢修作业工器具表

序　号	名　称	型号规格	单　位	数　量	备　注
1	道岔检修工具、仪表		套	1	
2	撬棍	500 mm	把	1	
3	活动扳手	450 mm	把	1	
4	游标卡尺	51201001　0~150 mm 精度 0.2 mm	把	1	
5	检修道岔常用材料		套	1	
6	表示杆		套	1	
7	动作杆		套	1	

②中度挤岔时的抢修作业工器具表,如表 3.8 所示。

表 3.8　中度挤岔时抢修作业工器具表

序　号	名　称	型号规格	单　位	数　量	备　注
1	道岔检修工具、仪表		套	1	
2	钢轨打孔机		台	1	
3	光焊机及其附属设备		套	1	
4	撬棍	500 mm	把	2	
5	活动扳手	450 mm	把	2	
6	活动扳手	375 mm	把	2	
7	游标卡尺	51201001　0~150 mm 精度 0.2 mm	把	1	
8	棘轮扳手	世达 65 件套 6.3×10 mm	套	1	
9	检修道岔常用材料		套	1	
10	安装装置备件		套	1	
11	表示杆		套	1	

续表

序　号	名　称	型号规格	单　位	数　量	备　注
12	动作杆		套	1	
13	钻头	21 mm	个	2	
14	钻头	13.5 mm	个	2	

③严重挤岔时的抢修作业工器具表,如表 3.9 所示。

表 3.9　严重挤岔时抢修作业工器具表

序　号	名　称	型号规格	单　位	数　量	备　注
1	道岔检修工具、仪表		套	2	
2	钢轨打孔机		台	1	
3	转辙机配线专用工具		套	1	
4	撬棍	500 mm	把	2	
5	活动扳手	450 mm	把	2	
6	游标卡尺	51201001　0~150 mm 精度 0.2 mm	把	4	
7	转辙机及搬运工具		套	1	
8	光焊机及其附属设备		套	1	
9	棘轮扳手	世达 65 件套 6.3×10 mm	套	1	
10	转辙机	ZDJ9(双机)	套	1	左装/右装
11	安装装置备件	(左装或右装)	套	1	2
12	动作杆		根	1	
13	表示杆		套	1	
14	检修道岔常用材料		套	1	
15	鱼尾板组		套	2	
16	钻头	21 mm	个	2	
17	钻头	19 mm	个	2	

注:缺少道岔备品备件时,可应急到邻近的非运营线路上的道岔处拆卸,并将此道岔办理停用手续。

(2)运营组织管理部门应急处理预案

①遇下列情况,列车凭调度命令运行。

当单个道岔或一组联动道岔发生故障,在进路准备妥当后,行调命令司机越红灯,同时视情况安排 2 次现场抢修。

②联锁区 ATS/LCW 工作站单条进路请求失败时,行调确认道岔位置正确,并电子锁定,行调命令司机越红灯,同时视情况安排 2 次现场抢修。

③如因挤岔故障严重,行调按事件对运营影响的程度,可能采用电话闭塞法组织行车,电话闭塞的闭塞区间为相同运行方向两架相邻出站信号机间的区域。

④列车以路票作为占用闭塞区间的凭证,一个闭塞区间只允许一列车占用。闭塞区间内

列车采用 NRM 模式驾驶。非固定股道接车、折返应写明接车股道。

⑤全线信号联锁系统故障时,所有车站均为闭塞车站,由报点站向行调报到达点和出发点,所有车站必须向前方站报出发点;单个或多个联锁区信号联锁系统故障时,故障车站及相邻车站均为闭塞车站,由报点站及联锁故障两端站向行调报到达点和出发点,闭塞区间相邻车站之间报出发点。

⑥接车站同意闭塞的条件是接车进路准备完毕、接车线路空闲;××站同意闭塞条件为折返列车在××站上行停稳,下行接车进路准备完毕;××站同意闭塞条件为折返列车在××站下行停稳,上行接车进路准备完毕。

⑦当无法确认道岔位置时,列车进路上的道岔必须人工现场办理,进路上道岔必须使用勾锁器锁定,折返道岔使用勾锁器只挂不锁。

⑧列车进出折返线或存车线时,比照调车方式办理。进折返线时,车站准备好进路后,由值班站长亲自或指定人员显示道岔开通手信号通知司机。出折返线时,车站准备好进路后,先用无线电联系司机(无线故障时,由现场指定的负责人员口头通知),然后在指定地点显示道岔开通手信号。

⑨因联锁故障,停在区间及辅助线的列车凭行调命令运行至车站。

⑩办理作业的主要程序和要求。

A.行调接收到故障信息后,立即通知故障区域内的司机拉停列车原地待令。

B.行调及时发布采用电话闭塞法组织行车的调度命令,故障区内的各联锁站安排人员准备人工办理进路,下线路前须向行调提出申请。

C.××站与车辆段信号楼值班员共同确认闭塞区间空闲。

D.接车站在接车线路空闲、接车进路准备好后,方可发出同意闭塞的电话记录号码,并说明接车线路。

E.发车站取得接车站的电话记录号码并核对接车线路后,办理发车进路。

a.当××站向车辆段发车时,车站需填发路票并向司机显示发车手信号。

b.当车辆段向××站发车时,在通信记录装置良好的情况下可不填发路票,信号楼值班员将电话记录号码和接车线路通知司机,司机复诵正确后,信号楼值班员方可利用无线电通知司机发车。

F.司机必须核对路票或记录电话记录号码和接车线路。

⑪电话记录号码按客运部具体规定执行。

⑫电话记录号码使用规定。

A.电话记录号码自每日 0 时起至 24 时止,按日循环编号。电话记录号由五位数字组成,前两位为车辆段或车站编号(00—17),后三位为序列号。上行/出车辆段使用双数序列号,下行/入车辆段使用单数序列号。电话记录号码每站一组,由车站编制。

B.电话记录号码使用规定见附录 1 第 5 条。

⑬取消闭塞的相关规定。

A.已办妥闭塞因而不能接车或发车,需要取消闭塞时,如果列车尚未动车,立即发出停车手信号进行防护,通知该列车司机取消闭塞,列车原地待令,确认无误后,提出的一方发出的电话记录号作为取消闭塞的依据,并须及时报行调;发车手信号一旦发出或列车已经启动,原则上不能取消闭塞。

B.特殊情况下列车出发后途中退回发车站时，由发车站发出电话记录号作为取消闭塞的依据，并须及时向行调报告。

C.恢复移动闭塞或固定闭塞行车时，自动取消。

D.每日运营结束，全部电客车回段后，自行取消。

⑭××站与××车辆段按电话闭塞法行车的规定。

A.闭塞区间划分：

列车进入车辆段时：××站 X0130 信号机至 XR 或 XC 信号机间的区域；

××站 X0132 信号机至 XR 或 XC 信号机间的区域。

列车进入正线时：Szrd 或 Szcd 信号机至××站 S0107 信号机间的区域；

Szrd 或 Szcd 信号机至××站 S0105 信号机间的区域。

B.由××站向××车辆段发车时，车站需填发路票，司机以路票作为占用闭塞区间的凭证；由车辆段向××站发车时，在通信记录装置良好的情况下可不填写路票，司机以电话记录号码及车辆段发车通知作为占用闭塞区间的凭证。

C.当车辆段与正线的信号联锁设备功能故障时，车辆段与××站的行车组织根据具体情况可按以下方式处理。

D.当车辆段联锁设备功能正常，正线（转换轨）至××站信号联锁设备功能故障时，车辆段至××站间采用电话闭塞法。

E.当车辆段联锁设备功能故障，正线（转换轨）至××站联锁设备功能正常时，车辆段内列车按调车作业方式办理，转换轨至××站按信号显示动车。

F.当车辆段联锁设备功能故障，正线（转换轨）至××站联锁设备功能故障时，车辆段至××站间采用电话闭塞法。

⑮办理作业的主要程序和要求。

A.行调及时发布调度命令。

B.××站与车辆段信号楼值班员共同确认闭塞区间空闲。

C.接车站在接车线路空闲、接车进路准备好后，方可发出同意闭塞的电话记录号码，并说明接车线路。

D.发车站取得接车站的电话记录号码并核对接车线路后，办理发车进路。

a.当××站向车辆段发车时，车站需填发路票，并向司机显示发车手信号。

b.当车辆段向××站发车时，在通信记录装置良好的情况下可不填发路票，信号楼值班员将电话记录号码和接车线路通知司机，司机复诵正确后，信号楼值班员方可利用无线电通知司机发车。

E.司机必须核对路票或记录电话记录号码和接车线路。

F.电话记录号码按客运部具体规定执行。

⑯列车带错误行车凭证行车时的处理。

列车带错误行车凭证行车时，按以下办法处理：

A.列车已安全到达前方站，则汇报行调，该凭证收回，继续按规定办理接发列车作业。

B.列车尚未动车，则收回错误凭证，凭正确的行车凭证行车。

C.列车已动车且未到达前方站，司机须立即停车并汇报行调，车站确认前方进路是否安全并报行调。如果前方进路安全，则行调通知司机运行到前方站，该凭证收回。如果前方进路未准备妥当,则待前方进路准备妥当后,车站报行调,行调再通知司机运行到前方站,该凭证收回。

⑰联锁功能恢复后的处理。

A.联锁功能恢复后,如果车站继续交路票给司机,司机应报告行调,确认后视为路票无效。

B.行调发布取消电话闭塞法行车的命令,如此时车站已将路票交付司机,而尚未发车时,车站应收回路票,划×注销。

C.如果列车在区间,行调发布取消电话闭塞法行车的命令,车站可以安排站务员来接路票;列车到站后车站未安排人员接路票,司机可以自己打叉后按行调命令看信号动车。

D.当行调通知取消电话闭塞法时,联锁功能又出现故障,行调再次通知继续使用电话闭塞法组织行车时,车站应回收已交给司机的路票,取消本次闭塞,重新再办理闭塞手续。行车人员故障应急预案,如图 3.5 所示。

3.2.3 道岔冰冻应急预案

(1)总则

城市轨道交通管理部门在严寒天气下的应急预案、应急机构及其职责、紧急处理办法。

(2)目的

为提高城市轨道交通管理部门在非正常情况下的应急反应能力和处置水平,确保设备管理部门在严寒天气下的应急处置效率,最大限度地减少地铁运行受恶劣天气造成的影响。

(3)适用范围

道岔冰冻应急预案适用于城市轨道交通管理部门信号专业在车辆段、停车场等露天地段,严寒极端天气下的应急处理。

(4)编写依据

《特殊气象及自然灾害应急预案》。

(5)抢险组织原则

1)统一指挥

在本预案确定的领导小组的统一指挥下,各有关人员按照既定分工,各负其责,各尽其职,保证应急处理工作的有序进行。

2)以人为本,安全第一

加强预案启动和实施过程中的安全管理,落实安全防护责任和安全卡控措施,确保应急处理期间的人身安全和行车安全。

3)先通后复

以先通后复为主导思想,争分夺秒减少损失,尽量缩短事故影响时间,保证运营安全的情况下恢复通车。

(6)组织机构

为加强防寒除雪打冰应急处理能力,成立应急领导小组,全面负责应急处理的组织和协调工作。

组长——设备维护管理部门部长。

副组长——设备维护管理部门各副部长。

领导小组下设供电、工建、通号 3 支专业除雪打冰应急分队。

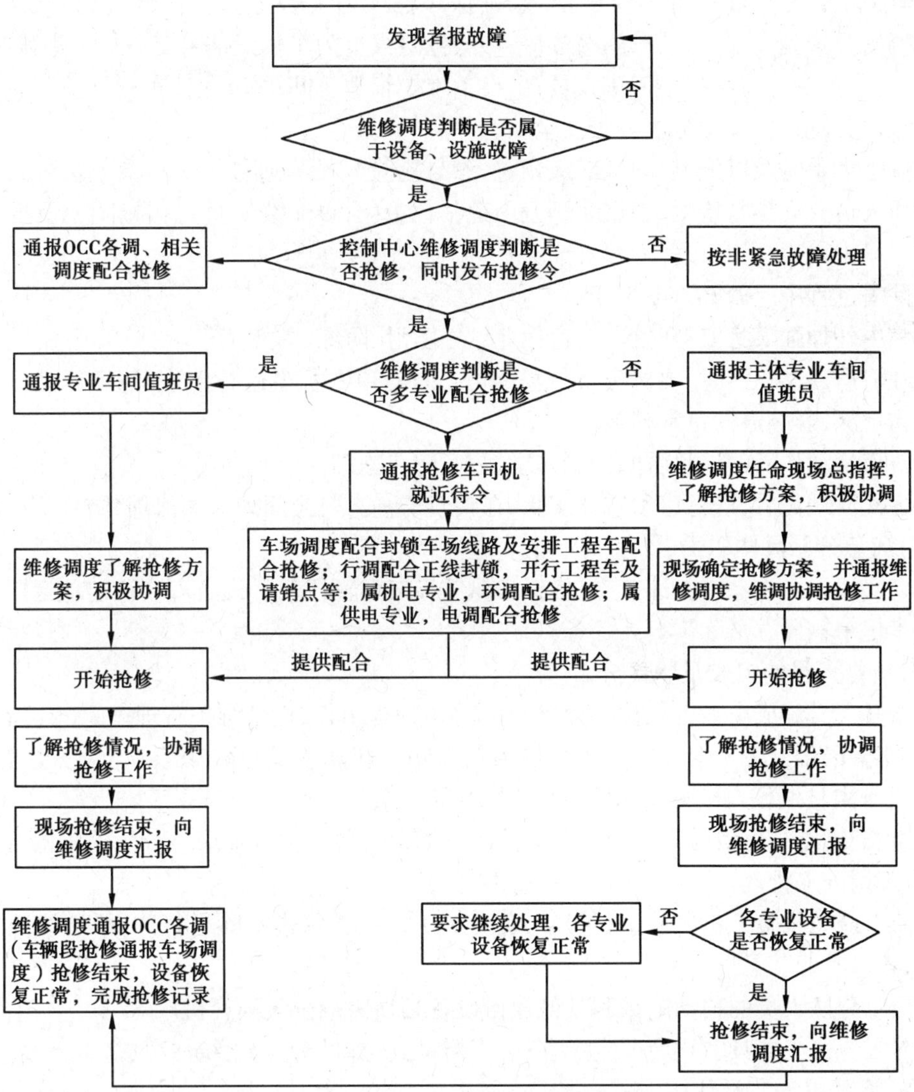

图3.5　行车人员道岔挤岔应急处理流程图

各应急分队组织架构如下：

组长——设备维护管理车间(室)主任。

副组长——设备维护管理车间(室)副主任。

成员——相关技术人员、工班长、各工班值班人员、委外人员。

(7)预案启动条件

室外环境温度低于-6 ℃或大雪天气时，权威气象部门发布橙色、红色冰雹或大雪、道路结冰预警信号，影响道岔正常转换、道岔故障等，应启动冰雹、大雪、道路结冰应急预案。

根据降雪量由设备维护管理部门与行调、车场调度沟通后决定启动应急预案。

应急预案共三级：

①降雪为小雪，启动工班级预警，参与抢险人员为车辆段信号工班扫雪除冰应急人

员；由车辆段工班长负责组织应急处理，确保车辆段内关键道岔及信号机处于安全状态。

②降雪为中到大雪，启动车间级预警，参与抢险人员为车辆段信号工班扫雪除冰应急人员和通信、信号各专业控制中心值班人员；由设备维护管理车间（室）主任负责组织应急处理，确保车辆段内关键道岔及信号机处于安全状态。

③降雪为暴雪及以上，启动部门级预警，参与抢险人员除通号车间抢险人员外，还需部门协调指派人员共同参与抢险，根据车辆段内道岔数量（含试车线），共计需抢险人员至少保证××人。

在除雪过程中应做好以下工作：

①室内外加强人身安全防护，上道作业做好防滑、防冻、防摔工作。

②在清理道岔积雪时，要对尖轨与基本轨之间的顶铁积雪进行清理，清理后洒入融雪剂，防止积雪上冻，影响道岔正常转换。

③对道岔动作杆的调整游间处倒入融雪剂，防止冻结。

④道岔清理完后，进行道岔转动实验，在尖轨与基本轨之间加入厚海绵，防止积雪的产生。

（8）应急分队具体职责

为切实加强冬季除雪打冰工作，确保暴风雪天气车辆段信号设备安全稳定地运用，分队全体成员承担车辆段道岔除雪打冰任务。

（9）抢修人员的组成及职责分工

①抢修人员组成由设备维护管理车间（室）主任为组长，设备维护管理车间（室）副主任为副组长，车辆段信号工班全体上岗人员均为扫雪除冰应急人员（含客运部门及工建部门值班人员），工班当日值班人员为车辆段内扫雪除冰队人员。

②组长、副组长负责信号专业应急分队的组织及与各其他专业应急分队的协调工作，统一指挥，合理调配安排现场人员，保证工作有序可控。

③所有应急抢险人员听从组长调配，负责对车辆段道岔进行除雪打冰，严格按照规定，各负其责，各尽其职。

④应急分队人员的移动电话和其他通信设备必须保持全天候开机。

⑤除雪应急工器具及材料要定置管理，工器具到位，材料齐全，统一存放。

（10）除雪应急工器具

除雪应急工器具包括扫帚 10 把；笤帚 20 把；小扁铲 45 把；圆头铁锹 30 把；融雪剂 175 kg。

3.2.4 信号电源故障应急预案

（1）UPS 系统故障应急处理指南

1）故障现象

信号系统 UPS 无输出电压，相应供电区所有信号系统停止工作。

2）故障影响范围

UPS 系统故障影响其供电区所有信号系统以及与光纤相连的其他系统，停电过程中所有信号系统停止工作。

3）故障可能原因

信号电源系统的市电输入中断后，UPS 启用电池供电，在其后备时间过后，就可能发生：

UPS 系统自动关机;UPS 输入超出所允许的范围、UPS 系统故障导致无电压输出、UPS 系统负载超载故障导致 UPS 停机。

4)应急处理流程

UPS 应急处理流程图,如图 3.6 所示。

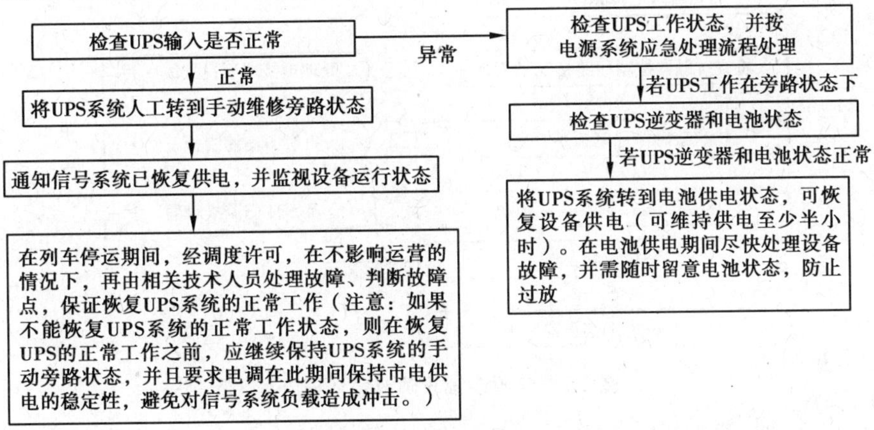

图 3.6　UPS 应急处理流程图

5)UPS 故障所需材料及工器具、备件清单

①UPS 设备安装要求的工具,包括:剪线钳、压线钳、各种板手、螺丝刀、电工刀、钢锯、WAGO端子插接工具等,工具使用前要做好绝缘处理和防静电处理。

②安装用电气连接材料,包括:交流电缆线、屏间信号连接电缆线、负载连接电缆、接地连接电缆等,设计规格应按电气行业相关规范。输入线截面要求:5 kVA、10 kVA 系统为 10 mm^2,15 kVA 及以上系统为:16 mm^2,地线截面要求:≥10 mm^2。

③UPS 系统抢修的辅料包括:膨胀螺钉、接线端子、线扎带、绝缘胶布、标签纸等。

(2)电源系统故障应急处理指南

1)电源系统故障说明

①电源系统故障一般有:输入切换类故障、电源模块类故障、系统配电类故障、系统监控类故障(以上故障影响正常运营)。

②模块类故障和配电故障发生时,电源屏的液晶屏上可以查看到故障告警的内容,同时电源屏相应故障灯亮,蜂鸣器告警;抢修时,先把蜂鸣器的控制开关拨到故障消音位置,查找相应的故障内容,进行相应的处理,故障处理完毕告警回叫,将告警控制开关拨到故障告警位置。

③配电故障告警时,请核实告警内容是否与实际相符,如果不相符合,可以基本判定为监控类故障。

2)输入切换系统故障

①故障原因。

电网存在问题,可能电压超过设备工作范围、电网相续不对、接触器控制线缆回路存在虚接或脱路、接触器控制板损坏、接触器损坏等。

②处理流程。

电源系统故障应急处理流程,如图 3.7 所示。

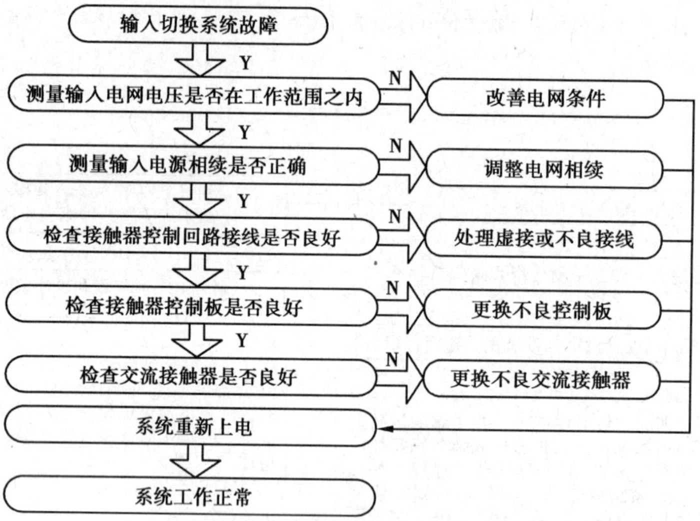

图 3.7 电源系统故障应急处理流程

3)电源模块类故障

电源模块类故障处理流程图,如图 3.8 所示。

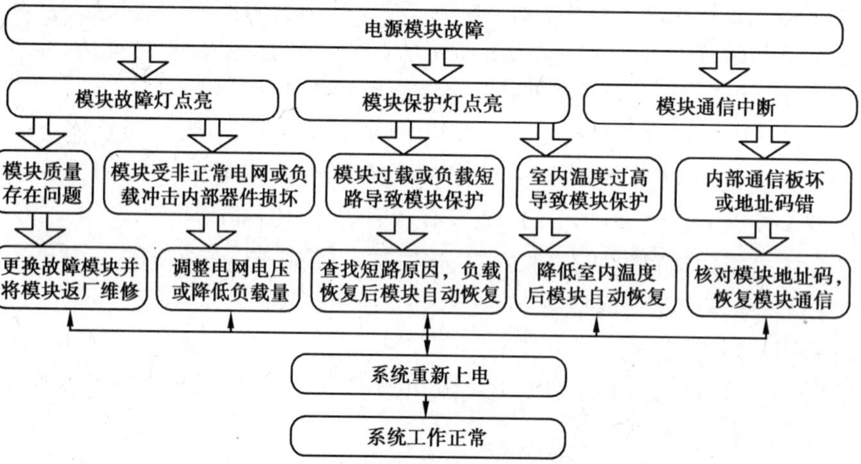

图 3.8 电源模块故障应急处理流程

4)系统配电类故障

①故障现象。

配电类故障主要表现在空开跳闸、防雷告警、烧毁板件、线缆空开烧毁等方面。

②处理流程。

电源切换类故障应急处理流程图,如图 3.9 所示。

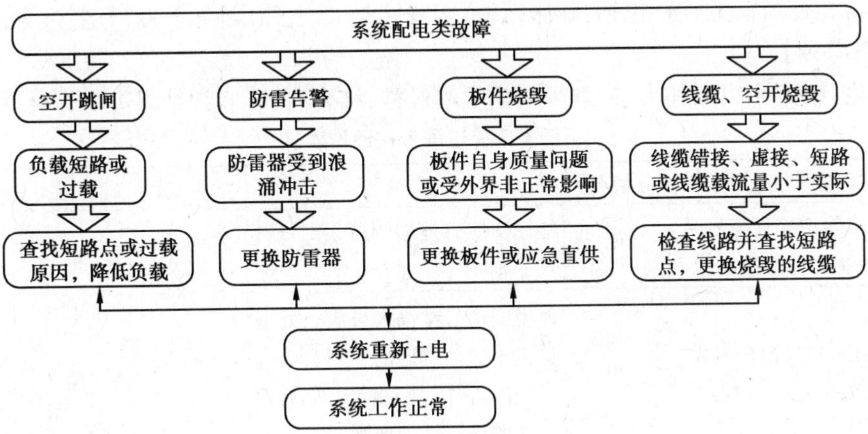

图3.9　电源切换类故障应急处理流程

5)系统监控类故障

①故障现象。监控类故障主要表现在监控单元黑屏、花屏、死机、配电监控板通信中断、模块通信中断等。

②处理流程。

系统监控类故障应急处理流程图，如图3.10所示。

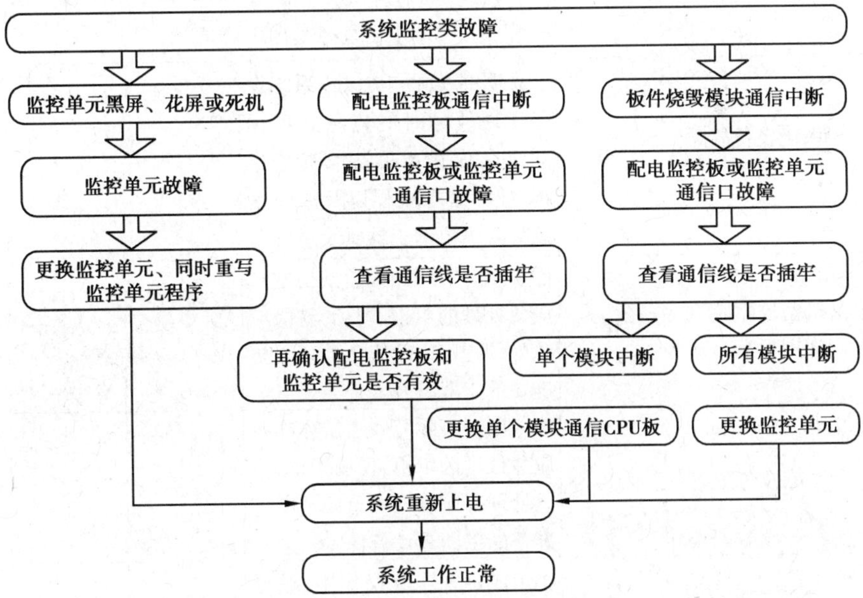

图3.10　系统监控类故障应急处理流程

6)信号电源系统应急处理所需材料及工器具、备件清单

①电源设备要求的工具包括：剪线钳、压线钳、各种扳手、螺丝刀、电工刀、钢锯、WAGO端子插接工具等，工具使用前要做好绝缘处理和防静电处理。

②安装用电气连接材料包括：交流电缆线、屏间信号连接电缆线、负载连接电缆、接地连接电缆等，设计规格应按电气行业相关规范。输入线截面要求：5 kVA、10 kVA系统为10 mm^2，15 kVA及以上系统为16 mm^2，地线截面要求：≥10 mm^2。

③电源抢修所需的辅料包括：膨胀螺钉、接线端子、线扎带、绝缘胶布、标签纸等。

【任务考评】

以学生自评、小组互评为主，教师根据学习过程，结合自评、互评结果进行综合评定。

任务实施过程考核评价表

考评项目		分值/分	要　求	学生自评	小组互评	教师评定
知识准备	城市轨道交通信号系统的应急预案	10	能说明应急处理的总原则及各项原则			
	各信号系统，信号设备故障应急处理预案	20	能说明信号维修人员应急处理过程中应当遵循的原则及应当承担的工作，能说明运营管理人员的应急处理原则			
任务完成	应急预案总原则	10	能熟练掌握城市轨道交通信号系统出现故障时的应急处理原则			
	信号电源系统故障应急预案	10	能说明并实际完成各类电源设备出现故障时的应急处理预案，包括故障申报，故障抢修指挥，故障处理流程以及故障紧急处理需要的工器具及备件			
	联锁系统设备故障应急预案	20	能说明并实际完成联锁系统设备出现故障时的应急处理预案，包括故障申报，故障抢修指挥，故障处理流程以及故障紧急处理需要的工器具及备件			
	道岔挤岔故障应急处理预案	10	能说明并实际完成道岔挤岔时应急处理的申报、现场指挥、应急处理程序以及应急处理需要准备的工器具及备件			
	道岔冰冻应急预案	10	能说明并实际完成道岔冰冻时应急处理的申报、现场指挥、应急处理程序以及应急处理需要准备的工器具及备件			
协调合作，成果展示成绩		10	小组成员在实际操作中，按照各自分工，规范、迅速、准确地完成故障应急护理任务，具有良好的团队合作精神及良好的责任意识			
成　绩						

项目 4

城市轨道交通信号系统常见故障案例

【项目描述】

1.轨道交通信号系统实际应用中的故障描述。

2.实际应用设备发生故障时的处理方式及处理结果。

3.故障处理完成后的故障分析报告及设备整治措施。

【项目目标】

1.掌握道岔失去表示故障的处理过程。

2.掌握计轴设备出现红光带故障的处理过程。

3.掌握列车丢失定位信息的故障的处理过程。

4.掌握 ATS 系统死机的故障的处理过程。

5.掌握司机显示器黑屏故障的处理过程。

6.掌握折返站道岔故障的故障处理过程。

【能力目标】

1.能正确理解和应用设备正常工作状态、常见故障状态以及故障处理指南或流程等指导性文件,完成信号设备的故障处理。

2.能正确遵守规章规程,严格按照故障处理的操作规范及申报制度进行故障处理。

3.能在故障处理的过程中准确判断和正确处理故障,并且独立撰写故障分析报告。

【场景设计】

1.城市轨道交通信号系统的现场,或者具备实际设备的实训场所,或者具备仿真实训系统的实训室。

2.配备基本的工具书:包括专业技术标准,产品使用手册及其他厂家提供的技术资料。

3.配备进行系统测试需要的通用或专用工具。

4.小组学习或小组作业需要的各类文献检索工具,各类方案设计与交流的耗材,各类考评所需的记录、评价表等。

【知识准备】

任务4.1 城市轨道交通信号系统各类故障案例

4.1.1 转辙机失去表示故障案例

转辙机是转动道岔实现进路变更、进路锁闭,保证行车安全的重要设备,而由转辙机故障导致的道岔失去表示也是地铁信号系统的常见故障,具有严重的安全隐患,如不及时处理可能导致严重的事故。

(1)案例一

2011 年 9 月 22 日 04:41,××站 W1502/W1504 道岔发生反位无表示故障。

1)处理经过

04:49,信号值班人员接维修调度通知后立即赶赴现场处理;05:11,正线信号三工班人员赶赴现场进行故障排查;排除室内设备故障的可能,在获得行调批准后,下轨行区处理故障。经现场检查发现,故障 W1504 道岔 A 机的动作杆一端被转辙机基坑和排水槽之间的防水挡板顶住,导致转辙机无法转换到位,从而造成道岔失去表示,信号人员现场对防水挡板进行拆除。06:07,设备恢复正常使用,因该故障发生在当日运营开通前,并经紧急处理,未对当日运营产生影响。

2)技术原因分析

工建专业在夜间处理基坑与排水槽之间的防水挡板时加装的固定水泥的模板超限,W1504 道岔 A 机的动作杆一端被转辙机基坑和排水槽之间的防水挡板顶住,导致转辙机无法转换到位,从而造成道岔失去表示。

3)整改防范措施

各专业作业时应对本专业作业可能对外专业产生的影响作充分预想,加强施工作业前、中、后各阶段的联系,确保各专业施工顺利及设备良好地运行。

(2)案例二

2009 年 11 月 8 日 04:49,××站 P11212 道岔右位短闪;转换回左位,左位短闪。

1)处理经过

2009 年 11 月 8 日 04:49,信号人员接报××站 P11212 道岔右位短闪;转换回左位,左位短闪。信号人员到达现场后初步分析为室外设备故障,随即申请进入轨行区处理故障。经现场检查发现,P11212 道岔短表示连接杆鼓形销上的开口销断裂脱落。立即调取设备备件,重新装上短表示连接杆、鼓形销,上好开口销。故障处理完毕后,联系行调多次转换试验正常,交付使用。

2)技术原因分析

①P11212 道岔短表示连接杆鼓形销上的开口销断裂脱落,是本次故障的直接原因,因该开口销脱落,道岔在来回操动过程中引起鼓形销脱落,造成道岔短表示连接杆与检测杆分离,导致 P11212 道岔右位短闪,转换回左位也短闪。

②上次检修时作业人员未及时发现隐患是本次故障的间接原因(断裂的开口销规格为 3×40 mm,正确的使用规格应为 4×50 mm,开口销直径小断裂后容易脱落)。

3)整改防范措施

①对全线道岔进行检查,排除类似隐患(11 月 8 日夜—9 日凌晨对全线进行检查,更换了 P11201、P11208、P11212、P11220、P11222 五组道岔鼓形销上的开口销,其他站检查未见异常)。

②明确开口销使用规格:鼓形销上的开口销规格应为 4×50 mm,外锁闭装置上其他开口销规格应为 5×40 mm。

③规范开口销安装使用方法,严禁反复弯折,发现有磨损痕迹立即更换。

④加强检修人员的责任心,提高设备检修质量,杜绝设备漏检漏修现象的发生。

(3)案例三

2007 年 5 月 23 日 21:28 车控室值班员通知 13#道岔定反位无表示。

1)处理经过

2007 年 5 月 23 日 21:28 信号人员接报××站 13#道岔定反位无表示,21:30,信号值班人员到现场进行故障确认和故障初步判断。首先对 13#道岔进行多次定操、反操试验,确认 13#道岔定反位表示灯均不点亮。并在操作道岔瞬间,观察控制台台面上的道岔启动监测电流表,电流均为 2~3 A,属于正常,可以排除启动电路故障。21:35 到达机械室,测得分线盘 13#道岔定位 X1~X2、反位 X1~X3 端子的表示电压均为:AC36 V,DC0 V(正常电压 AC60 V、DC24 V),可以判断为室外二极管短路(击穿)。21:38,值班人员办理 13#道岔停用手续。21:50,到达13#道岔现场。22:05,更换道岔表示电路二极管后,故障消失,试验良好。22:08,销点,交付使用。

2)技术原因分析

导致此类故障发生的主要原因是雷电,雷电不具有可防范性、周期性、可预期性等特点。

3)整改防范措施

遇雷暴天气,信号人员加强设备巡视。

(4)案例四

2005 年 11 月 20 日 12:59,车辆段值班人员接到车辆段信号楼值班员报故障:21—22 号道岔无表示,且道岔操纵不动。

1)处理经过

12:59,车辆段值班人员接到通号调度报故障;13:02,值班人员到控制台确认故障现象,并办理登记停用手续;13:05,值班人员到机械室查找故障,发现道岔启动电路中 1DQJ 未励磁吸起,用万用表查找,发现 1DQJ 励磁电路中,2DQJ 接点和道岔表示电路中的 2DQJ 接点接触不良,重新安装继电器后,故障消失;13:22 会同车辆段信号楼值班员一起确认设备恢复正常,并立即向通号车间调度汇报故障解决情况。

2)技术原因分析

室内道岔启动电路故障。

3)整改防范措施

维护工班加强对室内设备的巡视及维护力度,结合本次故障所暴露出来的接点接触不良问题,在全线展开专项排查整治工作。

(5)案例五

2005 年 10 月 7 日 13:19,行调通知××站 P11504 道岔发生无表示故障,LOW 上显示短闪。

1)处理经过

2005 年 10 月 7 日 13:19,P11504 道岔发生无表示故障,LOW 上显示短闪;13:20,信号人员在现场了解故障现象,随后进入设备房察看设备状态;13:26,信号人员向行调请点并携带工具进入轨行区前往 P11504 道岔处,利用行车间隔判断故障;13:50,故障处理完毕;13:52,试验良好,交付车务部使用;13:56,抢修人员撤离现场。

2)技术原因故障分析

LOW 上显示短闪,报警信息为转换不到位,断开控制电流,室内 WESTE 板工作正常,初步判定为室外故障。抢修人员现场发现道岔表示检测杆移动不到位,检查柱无法落入检测杆的缺口内,无法给出道岔位置表示。

3)整改防范措施

①加强与行调的联系,及时告知故障处理情况。

②检修作业严格执行作业指导书的要求。

③加强对检修作业的检查,防止检修作业走过场。

④加强与车务部门的沟通交流,探索出一套高效率的故障处理流程。

4.1.2　计轴红光带故障案例

计轴设备是地铁信号系统检测列车在区间所在位置的重要技术装备,计轴设备故障将严重影响正常运营。

(1)案例一

2012 年 4 月 3 日 22:32,控制中心 ATS 显示××站上行 T1016 计轴红光带;22:33,××站报行调车站 ATS 显示××站上行 T1016 计轴红光带,由维修调度通知正线信号专业人员处理,因当日运营已结束,且故障出现在上行,未对运营及列车回段造成影响,次日 0:25,经信号专业人员现场处理后××上行 T1016 计轴红光带消失,计轴设备恢复正常使用。

1)处理经过

2012 年 4 月 3 日 22:40,正线信号二工班值班人员接报××站上行 T1016 计轴红光带,随即赶赴现场处理,22:43 信号人员到达该站车控室观察 LCW/ATS,发现上行 T1016 区段显示红光带,进入设备房后检查,发现计轴机柜内 T1016 区段并口板上只有轮询灯点亮,其他灯均灭,不能进行预复零和直接复零操作,调看计轴诊断软件的信息,信息显示 T1016 区段于22:33:27 出现“锁板”,I/O 板不在服务状态,经向维修调度、行调申请获得批准后,对 T1016 区段的并口板进行了热插拔并重启,T1016 区段红光带消失,恢复正常。

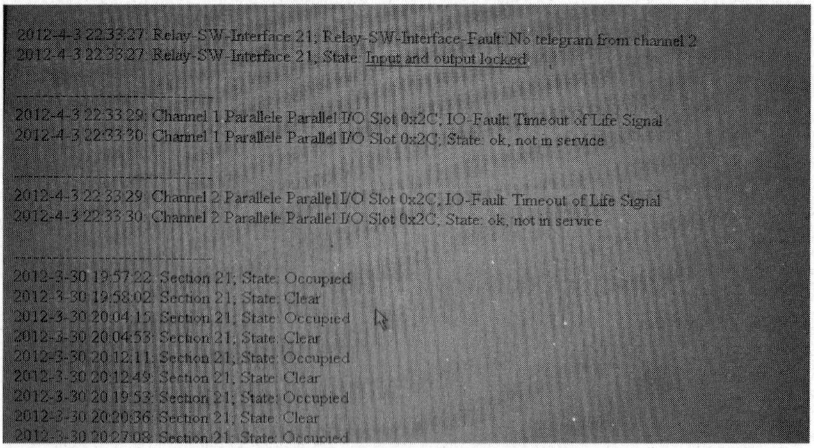

图 4.1

2)技术原因分析

①T1016 区段红光带是由于并口板“锁板”不能正常工作造成的。

②造成并口板“锁板”的具体原因,需厂家进行测试后,进一步分析。

3)整改防范措施

①对T1016区段的并口板进行热插拔后,该区段已恢复正常,但是为了保证运营的可靠性,厂家对更换的并口板进行测试分析,并给出测试报告。

②正线信号各工班加强设备巡视,尤其对计轴报警信息进行重点调看,预防故障的再次发生。

(2)案例二

2012年1月6日10:40,甲站—丙站上下行计轴区段发生红光带故障,行调拟采用电话闭塞法组织行车。经维修人员现场确认为乙联锁区信号电源屏设备故障,引起计轴主机失电,导致该联锁区管辖的计轴出现红光带。维修人员对电源屏设备进行故障处理后,进行计轴区段强制复零操作,10:51,上行计轴区段设备故障排除;11:00,下行计轴区段设备故障排除,地铁恢复正常运营。

1)处理经过

10:42,信号人员接维修调度电话,甲站—丙站上下行计轴区段发生红光带故障,行调拟采用电话闭塞法组织行车;10:49,经乙站信号值班人员现场确认,该故障是乙联锁区内厂家人员对信号电源屏设备进行电压输出测试时,导致电源设备故障引起;10:50,维修人员对南稍门站电源屏进行处理,电源屏设备恢复正常。并提出如需恢复计轴红光带,需进行计轴强制复零操作,维修调度下达进行强制复零操作指令;10:51,甲站—丙站上行计轴区段恢复正常;11:00,甲站—丙站下行计轴区段恢复正常。

2)技术原因分析

①该故障发生的根本原因是厂家技术人员利用信号专业人员巡检点对乙联锁区电源屏设备进行DC60电压测试时,因厂家技术人员对万用表使用不当(将测试电压表笔插入电流孔),导致电源屏DC60 V(计轴供电)模块保护(断电),造成全联锁区计轴红光带。

②信号工班人员在厂家人员进行室内电源屏设备电压测试时,未能及时制止,是导致本次故障发生的间接原因。

③电源屏设备电压测试检修项目为月检内容,运营时段不得进行检修,《正线信号设备检修规程》中有明确要求,而厂家技术人员未按照此规程执行作业,导致此次故障发生。

3)整改防范措施

①厂家技术人员未按照地铁公司施工管理规章要求,在没有施工作业计划和作业令的情况下,在运营时段对设备进行非日巡检作业内容,并造成仪表操作失误,导致故障发生,负有主要责任。

②信号专业员工日常作业安全教育及安全卡控不到位,对厂家进行设备检查时监管不力,负有监管责任。

③针对本次故障发生存在的问题,加强对员工的教育与督促,提高员工对厂家人员的监管力度。

④相关设备管理部门人员再次组织全员学习《外单位人员现场施工管理办法》,并组织一次抽考。

⑤为杜绝信号故障发生对全线运营的影响,即日起,正线信号技术人员每天轮流在正线进行保障值班。

(3)案例三

2011年10月1日6:25,××折返站T0116和ST0103计轴区段红光带故障。

1)处理经过

2011年10月1日6:25,维修调度通知××站ST0103、T0116计轴区段红光带;6:27,行调通知车站客运人员在IBP盘上对ST0103、T0116区段预复零,无效;6:40,信号工班值班人员对ST0103、T0116区段进行直接复零,T0116区段红光带消失,ST0103区段红光带未恢复;7:03,维修调度指挥对ST0103区段并口板进行热插拔后直接复零;7:07,报维修调度设备恢复正常;7:15,维修调度通知××站ST0103、T0116计轴区段再次出现红光带,重复以上步骤后,于7:36,2个区段恢复正常;7:56,维修调度通知××站ST0103、T0116计轴区段又出现红光带;8:20,计轴厂家人员到达××站,调看历史数据,初步判断为A0126计轴点故障;8:54,信号人员和厂家请点进入轨行区进行故障处理,经对计轴箱内检查测试,未发现异状;9:20,经计轴厂家人员直接复零后红光带消除;9:50,××站ST0103、T0116计轴区段又出现红光带,计轴厂家人员经过分析,于10:14更换A0126/A0128串口板;10:21,对故障区段进行直接复零;10:22,LCW显示恢复;10:47,ST0103、T0116区段再次故障。经过查看历史数据和报警信息,分析当报文丢失达到一定数量时,造成相应区段受扰,因此决定更换A0126计轴箱内评估板进行排除;11:21,行调同意下轨行区处理故障;11:25,更换评估板卡完成;11:26,室内进行直接复零后红光带消失,查看报警信息恢复正常,现场观察六趟列车顺利通过;12:22,维修调度同意销点,信号系统正常交付使用。

2)技术原因分析

经过反复排查和试验,对ST0103、T0116计轴区段故障原因分析如下:

①A0126计轴箱(EAK)内评估板故障是造成ST0103、T0116计轴区段红光带的直接原因。

②计轴厂家保障人员行动迟缓,在故障后长时间未能赶到现场,直至8:20才到达现场,造成了严重影响。

③现场人员对计轴诊断软件使用不熟悉,造成故障原因分析困难,未能及时查找到故障点。

3)整改防范措施

①由地铁公司信号技术人员和计轴厂家及设备集成商技术人员对全线计轴诊断系统的报警日志进行排查分析,防止类似故障的发生。

②增加补充计轴备品备件,以便故障发生后能及时处理恢复。

③日常巡检加强对计轴诊断软件报警信息的调看分析。

④将本次故障的处理方法和流程纳入计轴故障处理指南。

(4)案例四

2011年11月23日22:03,××折返站信号值班人员接维修调度通知,T0117计轴区段在进段列车10719次通过后红光带不消失,经过现场确认区段空闲并进行预复零操作;23:04,10221次列车通过该区段后,红光带消失,T0117区段恢复正常。

1)处理经过

22:03,信号值班人员接维修调度故障通知,××站T0117计轴区段在进段列车10719次通过后红光带不消失;22:04,信号到车控室观察LCW上的故障现象,并向客运值班人员询问、了解情况;22:05,到信号设备房调看计轴诊断软件信息记录;22:24,信号人员向维修调度汇报调看情况,未发现异常信息,初步判断为区段受扰,建议进行预复零操作;22:35,维修调度与行调联系后,分别通知车站值班人员和信号值班人员到现场确认区段是否空闲;22:43,车站值班人员和信号值班人员乘 11319 次列车赶赴现场;22:48,车站值班人员和信号值班人员到达现场;22:51,二人到现场确认 T0117 区段空闲后,信号人员向维修调度汇报该区段空闲,可以进行预复零操作;22:55,××站客运值班人员对 T0117 区段进行预复零操作;23:04,10221 次列车通过 T0117 区段后,该区段红光带消失。

2)原因分析

①2011 年 10 月 8 日进行的该计轴区段及磁头 A0103 测试检修数据参数如下:

电源 1 为 23.9 V;

电源 2 为 23.8 V;

磁头 1 无轮接受电压 117.7 mV;

磁头 1 有轮接受电压-117.1 mV;

磁头 1 无轮参考电压 117.0 mV;

磁头 2 无轮接受电压 121.9 mV;

磁头 2 有轮接受电压-123.6 mV;

磁头 2 无轮参考电压 121.1 mV;

检测点电源 113.5 V;

磁头 1 发送频率 30.3 kHz;

磁头 1 发送电压 64.3 V;

磁头 2 发送频率 27.6 kHz;

磁头 2 发送电压 57.7 V。

以上参数均正常,在标准范围之内。

②2011 年 11 月 24 日夜间 23:50~25 日 3:30,地铁公司及厂家技术人员对与 T0117 计轴区段相关的 A0103 计轴磁头和 EAK 内设备进行测试检查,经过检查测试,该计轴磁头的各项参数如下:

电源 1 为 23.7 V;

电源 2 为 23.8 V;

磁头 1 无轮接受电压 109 mV;

磁头 1 有轮接受电压-113 mV;

磁头 1 无轮参考电压 111 mV;

磁头 2 无轮接受电压 113 mV;

磁头 2 有轮接受电压-117 mV;

磁头 2 无轮参考电压 115 mV;

检测点电源 113.6 V;

磁头 1 发送频率 30.3 kHz;

磁头 1 发送电压 64.7 V;

磁头 2 发送频率 27.6 kHz;

磁头 2 发送电压 58.3 V。

以上参数相比以前测试记录虽有微小变换,但均正常,在标准范围之内。

③将计轴诊断软件中的数据信息发给计轴厂家后,经对诊断数据进行分析,可能的原因为:

A.由于该计轴点处于转换轨,该处为石碴道床,列车经过时,由于震动导致钢轨起伏,造成磁头磁力线不能完全切割,容易引起干扰。

B.列车轮对在磁头正上方停留时间过长也可能引起干扰。

④11 月 24 日夜间对 A0103 计轴点测试检查时,将模拟轮放置在磁头正上方,T0117 区段无红光带显示,调看计轴诊断软件中的数据信息,此时有“轮对无计数”的记录,与故障时的信息一致。

综上所述,判断该计轴区段红光带保留现象不属于检修不当或失修造成。初步判断为列车轮对在磁头正上方停留时间过长引起干扰。虽然在 24 日夜间测试时,各项数据正常,但为稳妥起见,车间决定对 T0117 计轴区段的并口板、A0103 计轴点 EAK 内的评估板进行了更换,并返厂进行维修测试。

3)整改防范措施

①计轴设备轨旁磁头在外界环境有金属物接近或轮对长时间停留在磁头上方的情况下,容易受到干扰,而导致计轴区段红光带,因此设计计轴预复零的配套手段。

②为了防止故障重复发生,于 11 月 24 日夜间,由地铁公司技术人员和系统集成商技术人员请点对与 T0117 区段相关的 A0103 计轴点设备进行进一步测试分析,并对 T0117 区段的并口板和 A0103 计轴点 EAK 内的评估板进行更换,由厂家技术人员进行测试分析。

③为了防止同类故障在其他地方发生,正线信号各工班对各自管辖计轴设备进行全面测试检查。

④地铁公司组织与厂家技术人员分析该问题的交流会,对故障时的数据信息和 24 日夜间测试时的数据信息进行比对分析,积累经验,同时计划于 29 日利用试车线进行一次计轴故障处理演练。

4.1.3 列车定位信息丢失故障案例

(1)案例一

2011 年 10 月 10 日 6:37,10802(213)次列车在转换轨 2 道无定位,RM 模式运行至 H 站上行仍无定位,复位 CC 后故障仍存在,NRM 模式运行至 Z 站退出服务,备用车 215 替开 10803 次。运动公园上行延误 262 s 发出,到达 Z 站未晚点。

1)处理经过

213 车在转换轨 2 道无定位,RM 模式运行至 H 站上行仍无定位,复位 CC 后故障仍存在,NRM 模式运行至 Z 站退出服务。

2)技术原因分析

复位 CC 后故障仍未恢复,按以往经验推断为 213 车查询器主机或同轴电缆故障。

3)整改防范措施

①运营至今已有多次列车在途经转换轨时出现过定位丢失的情况,厂家应考虑优化转换轨处信标的布置和轮径校准的时机,减少列车在转换轨处定位丢失的发生。

②修订《车载信号设备故障处理指南》,指导司机在此类故障发生时能够有效处理。

(2)案例二

2005 年 2 月 21 日××站,行调通知 16:57 列车以 ATO 模式进站,对标不准; 17:57 列车以 SM 模式进站,对准停车标停稳,没有门释放命令; 19:10 列车冲出停车点。

1)处理经过

①通过添乘检查,线上列车经过该站时,都出现相似故障,确定轨旁设备故障。

②检查轨旁同步环线各板块显示情况,轨旁同步环线板 L3 灯不正常点亮或闪亮。

③判断是继电器模块故障。更换继电器模块后,故障排除,设备工作正常。

2)技术原因分析

同步定位单元继电器模块故障。

3)整改防范措施

①及时检查轨旁同步环线机柜各板卡显示,尽快确定故障范围。

②该故障在其他车站也曾发生,已通知供货商及时补充备件。

(3)案例三

2012 年 6 月 14 日,10:04,11305(202)在××站 X1301 信号机前掉码停车 5 s,RM 动车体育场下行恢复点式;14:50,11311(202)在终点折返站下行出站产生紧制,点式丢失,停车 40 s,RM 运行至××站下行恢复点式,到达该站时延误 5 min 48 s;15:09,11311(202)在××站下行不明原因 FSB,因该日出现 3 次故障,准备运行至终点站下线回段;15:27,11311(202)在××站下行出站 10 m 处产生紧制,点式丢失,停车 40 s,RM 运行至××站下行恢复点式,到达××站时延误 4 min 15 s,至终点站延误 3 min 30 s,下线回段,备车 216 替开 11312。

1)处理经过

故障列车回段后,当晚车载信号专业人员对 202 车的 1 端同轴电缆接头进行了更换,并重刷了车载 CC 软件。

2)技术原因分析

同轴电缆故障导致读取应答器信息失败,列车定位丢失。

3)整改防范措施

①建议更改应答器查询器连接线缆的安装位置,减少列车震动对电缆的磨损。

②在安装位置未改变前,加大同轴电缆的备货,加强日常检修维护工作。

(4)案例四

2012 年 5 月 6 日 9:59,11302(204)车在××站上行出站后不明原因 FSB,停车约 15 s 后缓解;10:16,运行至××上行出站后不明原因紧制,停车后转 RM 模式缓解动车,到达终点折返站上行后恢复点式;11:28,11304(204)司机汇报,在××上行进站前 300 m,不明原因 FSB,停车后缓解动车;11:56,行调组织 11304 到达终点站后下线,由终点站存车 1 线备用车 212 车替开 11305 次列车。

1)处理经过

列车下线回库后,当晚车载专业人员对 204 车查询器天线及接头进行了检查,未发现异常;对该车进行了 PMC 软件重刷,次日 204 车上线运行状况良好。

2)技术原因分析

车载 PMC 软件运行异常。

3)整改防范措施

加强日常检修维护力度。

(5)案例五

2012 年 4 月 9 日 11:57,10708(201)在××站上行 S1004 信号机前不明原因 FSB,停车后点

式缓解动车;16:50,10714(201)在××站上行 S1004 信号机前不明原因 FSB,停车后点式缓解动车;17:10,行调组织该车在终点站转备用,备用车 202 替开 10715 次列车。

1)处理经过

列车回段后当晚,车载专业和厂家技术人员对车载日志进行了查阅分析,初步认为是没有读到 DT1004 本地信标。4 月 10 日,对 201 车 6 端查询器天线同轴电缆进行了更换。

2)技术原因分析

同轴电缆故障导致读取应答器信息失败,列车定位信息丢失。

3)整改防范措施

①建议更改应答器查询器连接线缆的安装位置,减少列车震动对电缆的磨损。

②在安装位置未改变前,加大同轴电缆的备货,加强日常检修维护工作。

4.1.4 司机人机界面黑屏故障案例

(1)案例一

2008 年 4 月 15 日,一运营列车在运行途中,司机显示器 TOD 出现显示异常,并不时伴有花屏或黑屏现象发生,直接影响司机对列车运行状态的掌握,当值司机立即向行调联系汇报车载 TOD 显示异常情况,经行调同意后司机将驾驶模式切换至 NRM 模式运行至终点站,列车退出服务。

1)处理经过

①列车退出服务后,车载技术人员立即赶赴现场读取了该列车的运行数据,作运行数据分析。

②联系询问当值司机及行调故障发生时的现象,以便为故障分析提供更翔实的资料。

③车载技术人员对车载信号设备进行全面检查。

2)原因分析

列车回段后车载技术人员登车检查 TOD 及其连接设备,检查中发现 TOD 与 CC 机柜连接线弯头松动,在列车运行过程中产生晃动导致数据传输不良,进而出现花屏或黑屏现象。

3)整改防范措施

①TOD 连接线头为非日常损耗性设备,同时因其安装在设备内部,不打开设备不能进行保养,为非日常保养项目。

②针对 TOD 连接线头的安装位置及维护特性,修订相应的维修规程,确保定期对各类连接线头进行紧固等日常保养,杜绝此类故障的发生。

(2)案例二

某日一运营列车在运行途中,司机显示器 TOD 黑屏,直接影响司机对列车运行状态的掌握,当值司机立即向行调联系汇报车载 TOD 显示异常情况,因当时列车在 ATO 模式下运行,信号显示屏发生故障后列车可以继续以 ATO 模式跑车运行,直至退出,在 ATO 模式下,司机所需的列车状态可以参考车辆屏显示。

1)处理经过

①列车退出服务后,车载技术人员立即赶赴现场读取了该列车的运行数据,作运行数据分析。

②联系询问当值司机及行调故障发生时的现象,以便为故障分析提供更翔实的资料。

③车载技术人员对车载信号设备进行全面检查,排除连接线缆问题,读取故障日志进行分析。

2)技术原因分析

经过车载技术人员对车载信号设备数据日志的分析,车载 CC 软件部分进程运行异常,导致数据传输失败,是造成本次 TOD 显示黑屏的主要原因。

3)整改防范措施

①TOD 黑屏后,当值司机经验缺乏,未在折返站停车时对该列车的 CC 进行重启,错失了故障修复的最佳时机,导致该列车退出服务。

②经现场分析车载 CC 软件部分进程运行异常导致数据传输失败,是造成本次 TOD 显示黑屏的主要原因,重启车载 CC 后故障恢复,针对此类问题车载信号专业修订《车载信号设备故障处理指南》,提交至设备使用部门并加强对调度、司机的培训。减少此类故障对运营的影响。

(3)案例三

2011 年 7 月 25 日 07:56,信号值班人员接部门调度报,25 日 07:50,1051 车 1704 次在××上行 ATC-MMI 黑屏,司机重启 ATP 后 ATC-MMI 还是黑屏;7 月 28 日 06:20,信号值班人员接部门调度报,司机检车时发现开主控钥匙后 1051 车 ATC-MMI 黑屏,1051 车 1704 次终到××站,延误 5 min 24 s(增晚 5 min 04 s)。

1)处理经过

①7 月 26 日对 1051 车 ATC-MMI 进行更换,更换后,28 日 1051 车 ATC-MMI 故障再次出现。通过检查发现车辆 2K21 继电器接点 53—54 接触不良,ATC-MMI 电源 3 端子电源电压不稳定(时有时无),导致 ATC-MMI 黑屏、自动重启。

②28 日 1051 车 ATC-MMI 故障处理经过及故障现象与 25 日 1051 车发生 ATC-MMI 故障时现象一致。

③当车辆输入 ATC-MMI 电源 3 端子在无电的情况下,ATC-MMI 不能正常启动,此时 ATC-MMI 黑屏,当车辆输入 ATC-MMI 电源正常,ATC-MMI 正常启动,ATC-MMI 启动过程中 ATC-MMI 电源 3 端子电压不稳定,导致 ATC-MMI 出现不断自动重启现象。

④司机第一次重启 ATP 计算机时,ATC-MMI 黑屏,重启失败,列车左右开关门灯点亮,通过分析,原因为司机在重启过程中未合上 04S01 故障开关导致。

⑤当故障开关 04S01 在分位时车辆 8K01、8K02 左右车门允许信号,由车辆控制,开主控钥匙后直接得电吸起。左右门开门灯点亮(列车在 URM 模式下开关门灯同时点亮)。

⑥当故障开关 04S01 在合位时,车辆 8K01、8K02 左右车门允许信号,由信号输出控制,开主控钥匙后信号不会输出,8K01、8K02 不得电,左右门开门灯不亮。

⑦当 ATP 故障开关在合位时,车门状态由车载 ATP 计算机控制输出,此时不会给出车门释放信号,列车左右开门灯灭灯。

⑧当故障开关 04S01 在分位时,此时车门状态由车辆直接控制(列车在 URM 模式下开关门灯同时点亮)。

⑨通过监控录像分析:司机第一次重启,07:47:06 司机开主控钥匙,ATC-MMI 没反应,此时左、右两侧开关门灯点亮,说明 04S01 故障开关在分位。导致重启 ATP 后 ATC-MMI 还是黑屏。

⑩司机报告单描述:司机报行调,在××站上行重启 ATP,与实际不相符,实际司机在 YY 站上行站台重启 ATP,后续各站都正常运行,未作任何操作。

⑪综上所述,故障原因为:车辆 2K21 继电器 A2 触点负线虚接,导致继电器工作不稳,定接点 53—54 接触不良,ATC-MMI 电源 3 端子电压不稳定,ATC-MMI 黑屏,不断自动重启。

2)技术原因分析

车辆 2K21 继电器故障导致。

3)整改防范措施

①要求司机严格按照程序进行故障处理,提高故障处理效率。

②加强设备检修,对设备存在的隐患及时排除。

③加强对列车添乘,及时了解设备运行情况。

(4)案例四

2012 年 2 月 22 日 6:45,01602 次 501 车在入段线出厂时失去定位,DMI 显示紧急制动重大故障,无法动车。

1)处理经过

列车回库后,经检查车载信号设备工作正常,重启 CC 初始化成功。

2)技术原因分析

2 月 23 日,信号人员下载分析数据,06:41:46,列车在 T51363 区段待令时,车载 ATC 监测到列车有倒溜现象,所以产生了 EB for rollb overspeed 的倒溜紧急制动,该类紧急制动无法缓解,必须重启车载 ATC,或者切除 ATC 以 NRM 模式运行。

3)整改防范措施

①工班将继续加强监控,并对故障进行跟踪调查。

②将数据发送给×××,并督促×××尽快分析并解决相关问题。

4.1.5 折返站道岔故障案例

(1)案例一

2011 年 10 月 30 日 6:55,××折返站信号值班人员接维修调度通知,折返站 W1709/W1711 道岔振动至反位后无表示(道岔失表),为确保正常折返站作业,行调将该道岔单锁至定位,从折 2 线进行折返作业,未影响行车。

1)处理经过

信号值班人员接维修调度故障通知后,立即到车控室观察 LCW 现象,该道岔已单锁至定位,车控室观察 LCW 显示状态均正常,随后进行室内设备状态检查,初步判定为组合柜内继电器故障,随即向维修调度申请更换 2DQJ、1DQJF 继电器,但继电器更换完毕后故障仍未消除,信号人员获得行调批准后,进入轨行区检查,通过检查,发现该站 W1711 道岔 A 机内自动开闭器接点深度调整螺栓松动,经过对该螺栓紧固后故障消除,设备恢复正常使用。

2)技术原因分析

①W1711 道岔 A 机内自动开闭器接点深度调整螺栓松动是造成道岔故障的直接原因。

②W1711 道岔属于折返关键道岔,该道岔转动次数频繁,每天动作近 500 次,且列车经过道岔振动大,道岔螺丝容易松动。

3)整改防范措施

①经查10月30日凌晨,工班按照计划安排对该道岔进行了巡检作业,主要对道岔的密贴、缺口进行检查,机内螺丝紧固问题按照修程应该属于双周检,该道岔于10月22日进行了正常双周检修作业。

②在制定转辙机检修规程中,借鉴了其他地铁经验,折返站关键转辙机的检修周期为双周检,没有及时根据本地铁现场实际情况修订检修周期。

③W1711道岔松动螺丝在故障处理时临时进行了紧固,正线信号四工班将利用当日夜间作业点对该螺丝进行精细检查并调整、彻底消除故障隐患。

④正线信号各工班利用10月31日凌晨作业点对全线各组道岔机内螺丝进行检查,特别是对自动开闭器接点深度调整螺栓作重点检查。

⑤在故障处理过程中,发现W1711道岔对应的组合柜内2DQJ接点有明显烧痕,已请点对该继电器进行了更换。为预防故障发生,安排正线信号各工班在30日白天加强对组合柜内2DQJ的巡查;同时根据设备运行情况,考虑将修程中折返站的关键道岔组合内的2DQJ继电器由故障维修改为季度更换。

⑥该组道岔按照修程属于双周检,但由于该道岔转换频繁,且列车震动较大,容易造成螺栓松动,因此将把机内螺丝松动改为周检项目,即每周对道岔机内螺丝进行检查,以预防故障的发生。

(2)案例二

2012年4月20日6:56,正线信号一工班信号值班人员接维修调度通知,××站W0110/W0112#道岔失表,8:57,经过处理,W0110/W0112#道岔反位恢复正常,室外道岔加锁、室内LCW上单锁后恢复正常行车。

1)处理经过

06:56,正线一工班信号值班人员接维修调度故障通知××站W0110/W0112#道岔失;06:57,信号人员到达车控室观察LCW现象,W0110/W0112#道岔定反位失表;06:58,进入设备房查看W0110#道岔定反位表示继电器是否全部落下;06:59,信号人员向维修调度汇报故障情况,向行调请点准备下轨行区观察道岔情况;08:57,经过室内外检查测试,W0110/W0112#道岔反位表示恢复,室外道岔加锁,室内LCW上单锁后恢复正常行车。具体原因待晚间清点后查找落实。

2)技术原因分析

①经过ATS回放故障时段内的行车情况,在前一列车到达××站上行站台,约40 s后W0110/W0112#道岔自动向定位转换,此时行调人工办理S0124—X0132列车进路后,W0110/W0112#道岔失表。

②经过对现场设备进行检查,轨旁道岔设备正常。

③造成W0110/W0112#道岔失表的原因是由于W0110/W0112#道岔在使用反位接发列车或单独操作到反位时,40 s后会自动动作到定位(防止敞口段坡道上的列车制动失灵时,冲入××站上行站台,发生重大列车相撞事故),如果在40 s时恰好排列一条经由该道岔反位的进路,就会出现W0110/W0112#道岔反位失去表示或W0110#道岔和W0112#道岔室外位置不一致(一组在定位,一组在反位)现象。

3)整改防范措施

①4 月 20 日当晚地铁公司及信号集成商、施工单位信号专业技术人员现场确定排查方案,对晚上排查工作进行了分工安排;23:50,行调给点后客运人员解除 W0110/W0112#道岔勾锁器,首先对室内外设备分别进行检查,室内外设备均正常。

然后根据 ATS 回放情况,进行模拟试验如下:

A.在 ATS 上操作,先将 W0110/W0112#道岔扳动至反位,40 s 时排列 S0124—X0132 的列车进路,此后 ATS 上显示 W0110/W0112#道岔失表,S0124 信号机显示黄灯,进路排列至安全线;LCW 上显示 S0124—X0132 的列车进路正常,W0110/W0112#道岔反位表示,S0124 信号机显示黄灯。

B.在 LCW 上操作,先将 W0110/W0112#道岔扳动至反位,40 s 时排列 S0124—X0132 的列车进路,此后 LCW 上显示 W0110/W0112#道岔失表,S0124 信号机显示黄灯,进路排列至安全线;ATS 上显示 S0124—X0132 的列车进路正常,W0110/W0112#道岔反位表示,S0124 信号机显示黄灯。与 ATS 操作刚好相反,LCW 显示界面实物图,如图 4.2 所示。

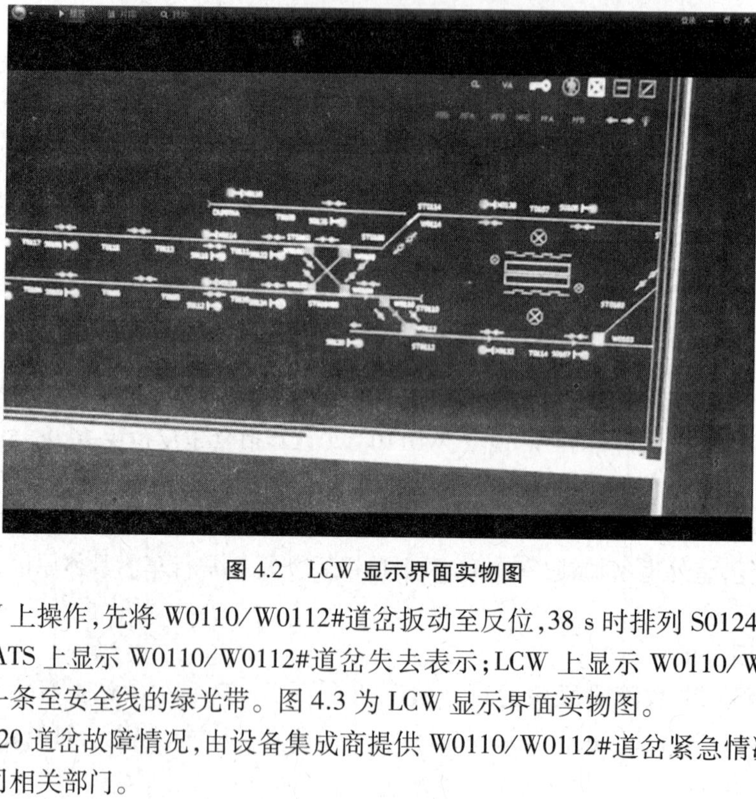

图 4.2 LCW 显示界面实物图

C.在 LCW 上操作,先将 W0110/W0112#道岔扳动至反位,38 s 时排列 S0124—X0132 的列车进路,此后 ATS 上显示 W0110/W0112#道岔失去表示;LCW 上显示 W0110/W0112#道岔失去表示,并有一条至安全线的绿光带。图 4.3 为 LCW 显示界面实物图。

②针对 4.20 道岔故障情况,由设备集成商提供 W0110/W0112#道岔紧急情况下的操作说明,发地铁公司相关部门。

③设备集成商从 4 月 21 日开始在××站安排专人值班。

④地铁公司向设计院、设备集成商提出系统优化整改需求,要求设计院、设备集成商给出解决方案。

(3)案例三

2011 年 3 月 4 日 4:05,××折返站 P11212 道岔右位转换不到位。

1)处理经过

2011 年 2 月 21 日,检修人员对 P11212 道岔进行检修时,发现左位尖轨宏观密贴间隙约

图 4.3　LCW 显示界面实物图

有 1.5 mm(尖轨竖切面与基本轨斜切面),对左位增加 0.5 mm 密贴调整片,进行 1.5/4 mm 检测时,尖轨密贴处压入 1.5 mm 不能正常锁闭,将新增加的 0.5 mm 密贴调整片予以拆除,恢复原状态。

2)技术原因分析

P11212 道岔右位转换不到位,从故障现象判断,原因为道岔右锁钩不能落下,导致道岔不能正常解锁,转换不到位。道岔右锁钩不能落下的原因为锁钩锁住尖轨与基本轨抱力过紧,导致锁钩不能正常落下,锁钩抱力过紧原因有以下两方面:

①虽然检修后,P11212 道岔左位尖轨宏观密贴间隙约有 1.5 mm,且尖轨密贴处压入 1.5 mm道岔能正常锁闭,符合道岔密贴检修标准,但实际锁钩密贴力仍过紧。

②道岔左位密贴尖轨与道岔转换设备完全分离后,在锁钩对应位置仍有约大于 1 mm 的间隙,导致信号专业人员对道岔检修数小时,虽然严格按照标准调整密贴力,但实际锁钩密贴力偏大,锁钩密贴力接近临界值状态。

3)整改防范措施

①检修人员严格地执行道岔检修标准:在尖轨密贴处压入 1.5 mm 调整片,道岔能正常锁闭,同时应充分考虑到道岔尖轨与基本轨之间间隙也将导致密贴力增大的问题。

②对工班检修组长进行道岔调整培训,增强道岔检修组长对道岔多种现场问题的解决技能。

(4)案例四

2009 年 3 月 08 日 04:49,××站信号值班人员接到调度通知:P10807 号道岔右位转换不到位。

1)处理经过

对 P10807 号道岔的左边基本轨的锁闭框用 2 mm 的密贴调整片进行垫高操作,同时对上下检测杆进行平衡调整,P10807 号道岔转换不到位的现象消除,之后对该号道岔进行 10 次的转换试验,未出现转换不到位的现象。

2)技术原因分析

初步原因判断是 P10807 号道岔左边的外锁闭装置出现严重卡阻,左位锁钩不能完全锁闭,尖轨不能密贴,造成 P10807 号右位不能正常转换到位,道岔右位没有表示。

3)整改防范措施

①继续跟进观察 P10807 状态。

②加强日常的维护检修以及类似故障的处理总结，细化故障处理指南。

(5)案例五

2月9日8:59，××线××站W0304道岔发生了挤岔，道岔不能使用。故障影响首发站—××站列车运营，首发站—××站上行变更单线双向运行。经过抢修临时处理，道岔单独锁定在左位，临时恢复交付使用，列车从首发站—××站上行单线双向运行。

1)处理经过

9:00，信号人员接到维修调度的故障报告，列车压在W0304道岔时，W0304在SMC上显示受干扰随后立即组织抢修；9:03，信号工班长赶到车控室并办理请点，会同车站值班人员一起去现场；9:05，正线信号人员发现W0304道岔在右位被挤岔，短表示杆变形严重，列车左侧轮对在基本轨上，右侧轮对在右尖轨的中部，第一节车已越过道岔尖轨尖端1/2，立即将情况报告分部生产调度，并通知本工班的信号人员迅速工具和备件；9:06，信号调度向工建专业调度通报故障情况；9:08，正线信号人员将W0304道岔挤岔的情况上报；9:12，维修调度向正线信号一工班长发令，任命其为现场抢修总指挥；9:20，信号抢修人员将抢修工具和备件送到现场，试图转换道岔位置，使列车通过，却发现道岔不能动作；9:54，部门领导和其他人员赶到现场；9:55，经检查，由于当时列车的轮对压在W0304右尖轨的中部，手摇转辙机转换道岔不能转换，立即建议列车向岔后退后2 m，这时1101916列车方可以慢速向上行××站方向动车大约2 m停稳；10:12，随后手摇转辙机转换道岔，使右尖轨到密贴位置，但道岔右尖轨已不能正常密贴，需要加装勾锁器才能保证达到基本密贴。同时左尖轨开口量不足，卸除道岔表示杆、锁闭框，断开动作杆，将左尖轨拨到斥离的状态，再采取临时固定的方式使尖轨达到保持斥离109 mm，再将左尖轨勾锁；10:24，1101916列车以5 km/h的速度通过W0304道岔，1101916车出清W0304道岔，开往下一站站台；10:30，列车出清W0304道岔位置后，重新安装卸除的道岔表示杆、锁闭框，断开动作杆，试图保证将右位尖轨勾锁在密贴的状态，将左位尖轨固定在斥离的状态，但由于锁闭装置发生走位及变形，最后左位尖轨开口动程不够，再次将锁闭框卸除，用撬棍拨开尖轨使其斥离达到开口动程109 mm，又再采取临时固定的方式使尖轨达到保持斥离状态；10:54，道岔已开通左位，具备行车条件，现场留守人员观察列车通过情况外，其余人员全部出清线路；10:56，现场总指挥通知行调，道岔左位单边交付使用，限速5 km/h通过。

2)技术原因分析

本次故障的发生是因为W0304道岔发生了挤岔。

3)整改防范措施

①信号抢修人员及分部相关人员，没有在第一时间及时将挤岔的情况向部门领导和技术人员报告，没有寻求外部的技术支援。

②信号抢修人员缺乏类似事故的处理经验，故障处理“先通后复”的意识不强，对现场列车出清道岔的方式没有向相关部门及时提出。

③分部生产调度业务不熟悉，敏感性不强，没有通过有效的方式及时掌握事故发生的情况。

④工器具准备不充分，如灯具数量和照明不足，适应此类抢修的工具和材料不足。

⑤对抢修困难预想不足，在紧急情况下抢修作业不够迅速，对新设备的性能不熟悉。

⑥目前对于道岔的加锁，只有密贴轨类型的勾锁器，而缺乏斥离轨的勾锁器。应尽快配置斥离轨的勾锁器，以便道岔发生应急时抢修及使用。

⑦加强分部生产调度与现场信号故障处理人员的信息沟通。

⑧完善道岔设备紧急情况下的应急抢修流程，完善设备抢修处理有效措施。

⑨提高生产调度和员工业务能力，增强敏感性，提高故障判断、反应及处理能力。

⑩尽快完善照明灯具、抢修工器具的配置，结合此次抢修出现的新问题，增加一些必要的备品备件。

⑪完善演练方案，组织开展类似抢修演练，切实落实和总结经验，提高各类应急抢修的能力。

(6)案例六

2012年3月28日17:42、20:17，行调在ATS上发现××站W0106/W0108道岔红闪，先后发生两次失去表示故障，造成9列车晚点，3列车抽线，1列车改开，累计晚点时间63 min，对日常运营造成重大影响。

1)处理经过

17:42(第一次故障)，行调在ATS上发现××站W0106/W0108道岔红闪(道岔失去表示)，立即通知正线信号工班人员，正线信号人员接报后赶赴××站车控室询问客运行值人员得知，ATS、LCW显示W0106/W0108道岔定位表示正常(信号值班人员赶到现场时故障已自动恢复，无法确认当时故障现象，后经ATS专业确认，站级ATS工作站确实有道岔失去表示报警信息)，其他7组道岔均表示正常，信号人员回复维修调度后未撤离现场，在××站车控室监控待命。

ATS系统回放显示图，如图4.4所示。

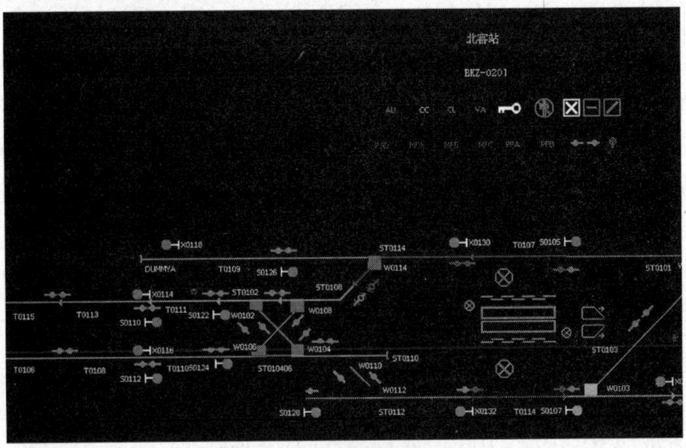

图4.4　系统回放显示图

①17:38:18，××站W106和W108道岔失去定位表示。图4.5为系统日志显示图。

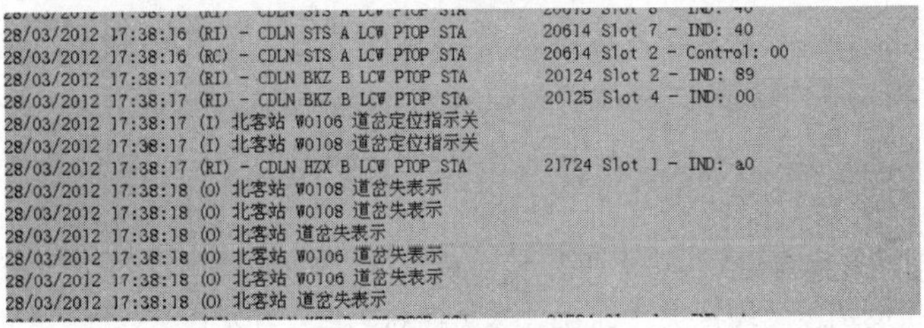

图4.5　系统日志显示图

②按照ATS日志分析17:38:17，ATS收到联锁发出W106和W108道岔失去定位表示信

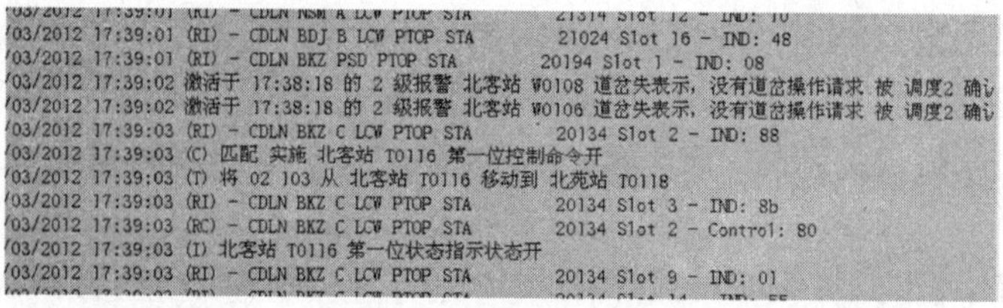

图 4.6 系统日志显示图

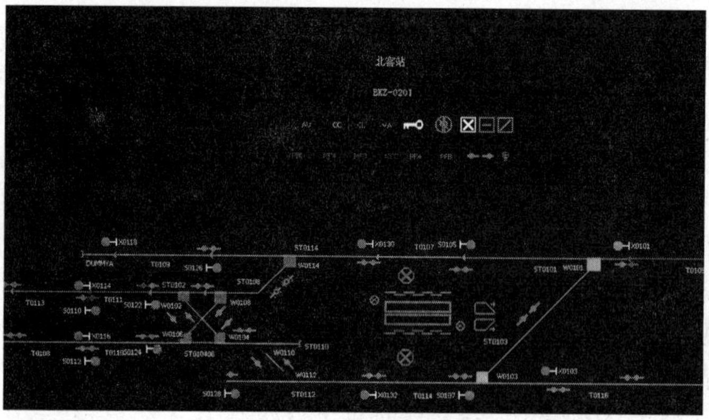

图 4.7 系统回放显示图

息。图 4.6 为系统日志显示图。

③17:39:02,行调 2 工作站确认 W106 和 W108 道岔失去定位表示信息。图 4.7 为系统回放显示图。

20:17(第二次故障),行调在 ATS 上发现××站 W0106/W0108 道岔红闪第二次失去表示故障,立即通知现场信号人员,现场查看车控室 ATS/LCW 界面上 W0106/W0108 道岔均无表示,随即进入信号设备房发现室内组合柜上 4 个表示继电器均在落下位置,检查过程中设备故障再次自动恢复,经现场技术分析认为该道岔组合柜的电源可能接触不良,因运营时间里不能进行检修作业,立即向维修调度申请当日夜间临时补修后,信号人员在现场待命至运营结束开始修复。

2)技术原因分析

经检查,信号设备室内 Z5 组合柜内零层,道岔表示电源 D5-2A 空开内部接点接触不良,性能不稳定,先后造成 W0106/W0108 道岔两次失去表示故障。

3)整改防范措施

①空开内部接点非日常设备部件检查项目(用户无法对其拆开进行维护,拆开则空开报废),如存在接点接触不良的问题,不易在日常巡检中发现,日常巡检只能通过观察开关开合位置来判断其是断开或导通,或使用万用表在其背面输出端子测量有无电压来进一步判断其性能是否良好,当开关为闭合状态且又在其背面输出端子测量不到电压时,对其进行拆卸更换。图 4.8 为空开开关实物图。

②对该组合柜内道岔表示电源空开开关进行更换,经测试良好,满足现场使用需求。

③为了防止类似故障再次发生,利用正线信号检修点和 CBTC 调试作业点对其他 6 个联锁站信号设备空开开关进行专项排查整治。

(7)案例七

2009年2月1日21:05,××站P40108道岔灰显故障。

1)处理经过

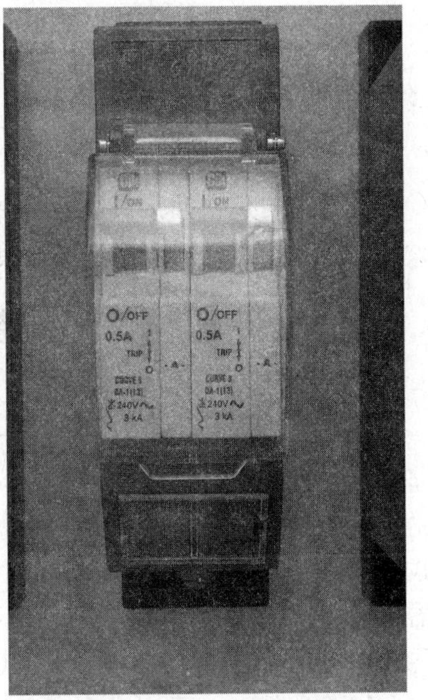

图4.8　空开开关实物图

21:05,××站P40108道岔灰显;21:16,信号人员对P40108号道岔WESTE模块进行复位,测得WESTE模块后插头1、2线间电压为55 VDC,3、4线间电压为68 VDC;21:19,WESTE模块复位不成功,更换P40108号道岔WESTE模块后,再次按下P40108号道岔WESTE模块复位按键,测得WESTE模块后插头1、2线间电压为54.3 VDC,3、4线间电压为68 VDC;21:21,复位重启不成功,拔下P40108号道岔防雷元件后,再次复位WESTE模块,在终端架上测得XE-19、20号端子间(黑色软芯线)电压0 VDC,XE-21、22号端子间电压116.8 VDC(此时可以判断终端架防雷至WESTE模块之间的设备是正常的),测得XE-19、22号端子即是道岔表示电路1、4号线间(四色室外电缆芯线)电阻值为111 kΩ,2、3号线间电阻值为30 Ω,可以判断故障点在室外电路部分,通过对P40108号道岔WESTE模块的拔插复位及终端架1/2、3/4线阻值的测量,判断得出本次道岔的故障点在室外,不能短时间内恢复,当时就与行调联系,确认P40108号道岔暂时停用,暂时改用××站的二道作为折返。

2)技术原因分析

故障发生当晚,信号人员对P40108道岔进行了检查,分别由两个组开展工作。其中,室内组主要检查室内配线以及绝缘测试;室外组主要检查室外各接点位置的接触情况、接点电阻、机内配线和电缆路径。

室内组检查情况:室内组检查的室内配线以及绝缘测试均正常。

室外组检查情况:

①首先拔掉室内的两个防雷元件,在室外分线盒上测试4个端子的电阻值:1—4端子为111 kΩ,2—3端子30 Ω。

②打开转辙机机盖,测试安全接点组、速动开关组各项电阻值无异常。

③在速动开关组1—5端子测试,电阻值为8.5 Ω,说明速动开关组1—5端子到电机及速动接点的电阻测试正常;此时再确认室外分线盒上测试1—4端子为111 kΩ,说明基本可以判断故障点在安全接点组到分线盒之间,而此两者之间只有道岔插接头的存在。

④在分线盒上测试1—4端子电阻,同时摆动插接头的接线处,1—4端子的电阻值不稳定,有时从207 Ω,瞬间上升至1 MΩ,有时又下降了,更加确认故障原因就是道岔插接头接触不良。

⑤判断确认故障点后,更换插接头的底座,同时对插接头的母插针进行检查紧固。

⑥更换道岔整体插接器。

⑦造成故障的原因,就是插接头接触不良,阻值过大,相当于道岔控制外线处于半开路状态,造成道岔灰显。

⑧插接头的接触不良,原因可能是:

A.设备材质问题,造成插接头插针、插孔氧化生锈,接触电阻过大。

B.检修设备时,插接头插拔方式不对,造成插接头插针、插孔接触不良。

3)整改防范措施

①建议对道岔插接头进行备件。

②建议对道岔插接头尽量做到少插拔。

4.1.6 中央 ATS 服务器死机故障案例

(1)案例一

2011 年 7 月 11 日上午 11:08,时刻表演练期间,ATS 系统自动排列进路出现故障,部分进路显示异常,人工介入时也无法手动排列进路,导致最后回段的三辆电客车在××站 W0114 道岔加装勾锁器并切断道岔启动电源,确保道岔位置正确不动作的情况下,列车以 NRM 驾驶模式回段;13:20,电客车回段后专业技术人员对 ATS 中央 2 台主服务器进行数据初始化和服务器重启后故障恢复,因而在时刻表演练期间,该故障未对运营造成影响。

1)处理经过

11:08,发现××至××站列车运行后方出现绿光带(正常时列车出清后显示白色进路解锁状态)。车站联锁 LCW 工作站显示正常;11:15,ATS 人员与厂家人员正在查找故障原因时,××站至××站场列车运行后方也自动出现绿光带;11:24,技术人员利用中央调度员工作站尝试人工排列××站至××站进路,出现进路无法排列、出站信号机不能开放等现象;11:35,经技术人员查找发现中央 ATS 主机服务器 CTC 进程故障自动退出,控制中心备用主机服务器也未能接替其进行工作,因后备站设备房温度过高问题,此次 ATS 第三级备份服务器未启用;12:05,首发站下行列车准备回厂,但是自动进路不能开放,手动进路也无法开放,行调通知车站将首发站 W0114 道岔加装勾锁器,信号人员切断道岔启动电路,确保道岔位置正确的情况下,列车以 RM 驾驶模式回厂;13:20,列车全部回厂后,技术人员对主服务器进行数据初始化和服务器重启后,调度员工作站可以重新开放和关闭进路,经行调和 ATS 人员对 ATS 设备操纵正确性共同确认后,设备恢复正常使用。

2)技术原因分析

①7 月 8 日—7 月 10 日,设备集成商对 CBTC 各子系统进行了软件升级(ATS 软件配置包由原 L2_CFG.3.2.0.b 升级至 L2.2.3.3.c 版本)。配置包升级后集成商技术人员对相关进程稳定性缺少长时间稳定测试。

②时刻表演练期间,设备集成商对 ATS 系统中各服务器故障无忧切换以及相关软件进程无忧切换还未进行翔实测试,导致发生故障时主备用服务器之间未能进行切换。

③后备站 ATS 第三级备份服务器因设备房温度问题,在故障时未启用,未能起到备份服务器接替中央服务器工作的作用。

④故障发生后行调通知相关车站使用 LCW 进行站控,但由于车站 ATS/LCW 工作站转换钥匙未进行移交,造成车站无法使用 LCW 进行站控操作。

3)整改防范措施

①按《行规》要求当 ATS 设备发生故障时,行调通知车站使用 LCW 进行进路控制,而车站没有 LCW 转换钥匙,不能进行联锁 LCW 操作,所以造成故障,影响列车回厂效率。需要各部

门相关专业加强协调配合，完善运营组织流程。

②设备管理部门对设备房设备工作环境监管疏漏，使设备在温度较高的状态下运行。

③要求设备集成商对此次故障日志进行分析，对故障具体问题进行答复，并对此类故障出具相关故障处理说明（服务器初始化相关内容）、指导 ATS 人员进行故障处理。

④要求设备集成商对此次升级的 ATS 配置包相关内容进行说明，并对各进程进行运行稳定性、服务器无忧切换等测试。

⑤要求设备集成商启用后备站 ATS 第三级备份服务器，确保中央故障时能接替中央设备工作。

⑥希望车站完善 ATS/LCW 工作站转换钥匙管理，压缩此类故障处理时间，对行车的影响降至最低。

⑦针对此次故障，建议多次组织类似故障处理演练，多部门协同处理，以提高行调、车站、司机的行车组织效率。

(2)案例二

11月12日5:40，ATS 值班人员接行调通知，××站至××站反向进路无法排列；5:45，压道车经过××站后正向进路排列正常，此时发现下行线××站至××站正向进路排列不出来，行调指挥车站使用 LCW 排列进路，××站在运营期间采用 LCW 人工排列进路；22:50，ATS 人员对故障进行处理，故障恢复，此次故障未造成列车晚点，当天列车正点率达 100%。

1)处理经过

5:40，ATS 值班人员接行调通知，××站至××站（S0201—S0302 信号机）、××站至××站（S0701—X0802 信号机）之间的反向进路无法排列；5:45，行调发现××站至××站（X0702—S0601 信号机）下行正向进路无法排列，行调通知××行车值班人员采用 LCW 进行列车进路排列，确保不影响列车运营；5:45，ATS 值班人员联系厂家技术人员，至××站进行故障处理，ATS 值班人员向行调申请重启服务器，尝试处理故障，考虑到可能大面积影响运营，行调通知××站使用 LCW 进行操作不影响运营，待运营结束后进行故障处理；7:01，经现场分析后，ATS 人员向行调申请重启××站 ATS/LCW 工作站 ATS 软件；7:04，该站 ATS/LCW 工作站重启完毕；7:11，待车驶出该联锁区后，该站故障处理人员申请使用 LCW 取消 X0702—S0601 进路，再交权于中央人员重新测试。行调同意后，进行测试后故障现象未消失；7:28，该站故障处理人员向行调申请取消 X0702—S0601 进路，交权回中央再次测试，行调同意后，中央人员在 VA 和 BV 模式下均办理 X0702—S0601 进路，故障现象未消失；7:30—22:45，信号人员在控制中心和该车站进行全天保障运营，等待运营结束后进行故障处理；22:50，信号人员向行调申请对故障进行处理，行调同意进行故障处理；22:55，经过 ATS 主机服务器 A、B 机倒切换后，故障恢复，测试故障进路能正常排列；23:00，设备管理部门确定测试方案，在当日运营结束后进行现场测试；23:30—次日 3:00，信号人员按照制定的故障处理方案对全线服务器、工作站进行重启、初始化和临时文件清理，并对全线进路进行全面测试，故障处理结束。

2)技术原因分析

通过与厂家技术人员共同分析，此次故障初步原因为 ATS 服务器 A 机通信进程故障。造成通信进程进入部分死循环，但服务器通信进程未进行自动倒切。具体原因目前将相关日志发至设备供应商进行分析，并提交具体故障分析结论及解决方案。

3)整改防范措施

①ATS 值班人员处理故障经验欠缺，未能在当日运营开始前向行调申请重启服务器，错失

了故障修复的最佳时机。

②运营前检查设备时，车站行值未对发生故障进路进行相关检查，只进行了道岔转动试验。

③针对目前 ATS 设备运行不稳定现象，ATS 专业技术人员、工班长进行 24 h 保障性值班。

④针对此类故障修改《ATS 系统故障处理指南》相关内容，并提交设备操作使用部门。

⑤完善、修订相关应急预案，确保故障发生后将行车影响降至最低。

⑥调整服务器、工作站检修周期，服务器改为半月进行重启和临时文件清理，工作站改为每月进行重启和临时文件清理。

⑦与行调、客运共同进行信号系统降级模式下的行车组织演练。

⑧结合设备集成商建议，定期重启 ATS 服务器及工作站，保证 ATS 系统设备的安全运行稳定。

每半个月对主机服务器进行重启，同时每半个月对 ATS 车站工作站进行重启。重启的时候要对 ATS 软件进行初始化，注意：在 ATS 服务器软件启动过程中，要有顺序地进行启动。每台机器启动间隔为 5 min。

(3)案例三

2012 年 3 月 8 日 14:08，ATS 系统 MMI 工作站出现报警信息：VICOS Local FEP2 受干扰，VICOS XIX C1 LFEP 受干扰，1 min 内恢复，导致 XIX 联锁区运营停车点无法自动释放；15:14、16:26、16:31，再次出现相同情况，期间伴随有 XIX 联锁区联锁测试，导致大屏短暂灰显；16:47，COM2 死机自动重启；16:52，COM2 热备成功，同时 COM1 死机自动重启；16:56，COM1 热备成功，同时再次死机自动重启；17:00，COM1 热备成功。在 COM 服务器重启期间伴随有全线联锁测试，造成大屏短暂灰显，生成错误车次号以及车次号无法自动步进等问题。

1)处理经过

14:08，值班人员通过 MMI 日志发现 XIX 站 FEP1 信道受干扰后及时将故障情况汇报给调度，行调以及 ATS 工班长和技术人员立即赶往配合抢修；14:15，信号人员接报 FEP1 信道受干扰以及运营停车点不能自动释放故障后，及时将故障情况反馈给系统商技术人员；14:19，前往 XIX 站抢修；15:08，系统商信号人员到达 XIX 站车控室准备抢修；15:12，行调、车站以及安监部值班人员、系统商信号人员进入信号机械室检查设备情况，发现故障现象为 XIX FEP1 与 FEP2 一直在刷新与 ALPHA 和 BETA 信道的连接，未作任何操作处理，FEP2 自动转为主用，观察无异常后；16:26，信号人员接调度报 MMI 上显示 XIX 站联锁区灰显；16:40，重启 FEP，重启之前发现 XIX 站 FEP1、FEP2 同时存在争取主用的状态；16:43，重启了 XIX 站 FEP2；16:52，信号人员进入 ATC 设备房观察 COM 服务器状态；16:57，信号人员重启 XIX 站 FEP1，17:00，COM2 主用，COM1 热备成功，COM 服务器恢复稳定运行。

17:03，信号人员再次重启××站 FEP2 后，××站 FEP 双信道正常工作，决定晚上运营结束后继续处理。

2)技术原因分析

①FEP 故障原因分析：

本次故障现象主要为 XIX FEP1 与 FEP2 一直在刷新与 ALPHA 和 BETA 信道的连接情况，与 3 月 7 日的故障现象不一样，但与 FEP 未进行整体升级前的新安站的情况比较相似。因此针对该情况，初步判断 FEP NCU 软件还存在一定缺陷，仍需继续研究解决；另一方面，针对 XIX 近期较频繁的 FEP 受干扰故障，建议对 OTN 网络的通信情况加强监控，排除 OTN 网络通信方面问题导致的 FEP 受干扰。

②COM 自动重启原因分析：

通过对 COM1、COM2 服务器中/var/adm/messages/var/adm/messages.cut 文件进行对比调查，初步判断故障原因如下：COM2 服务器自动重启的原因为 rupd（同步进程）进程同步超时、tmt 进程出错；COM1 服务器第一次自动重启也是由于 rupd 进程、merp（动态数据处理进程）进程出错，在自动重启的过程中，COM2 转为主用；第二次 COM1 服务器自动重启是因为 rupd 进程同步超时。

3）整改防范措施

①目前针对 ATS 系统常见的 COM2 自动重启、FEP 机柜中的 SIC 计算机死机问题以及 FEP 单信道故障的处理，信号系统设备商一直未提供明确的操作或处理指引。根据目前多次参与现场故障抢修的实际情况，设备维护部门建议此类故障运营期间尽量不要操作设备，待运营结束后再调查处理，以防止人为操作引起的一系列不良反应。在故障发生后，设备维护部门将派人在现场值守，一旦故障影响扩大，立即组织抢修。

②监督工班加强对工班成员的培训，使其熟悉 COM 服务器故障判断标准以及故障处理流程，同时完善值班管理办法，明确值班人员工作范围，确保在故障抢修时各司其职，提高故障处理效率。

（4）案例四

2011 年 9 月 3 日 12:55，ATS 值班人员接调度报 ATS 系统发生联锁测试并生成大量错误车次。信号人员查看 MMI 报警发现 COM2 死机；13:00，再次接报故障：××站上行 s13008 信号机不能自排，××站下行进路保护区段打向侧股（正常为直股）。

1）处理经过

12:55，信号值班人员接调度报 ATS 系统联锁测试并产生大量错误车次，值班人员发现 MMI 中报警；12:51，COM2 死机；13:00，ATS 再次接报故障：机场东上行 s13008 信号机不能自排，机场东下行进路保护区段打向侧股（正常为直股）；13:08，ATS 值班人员赶往 OCC 了解故障情况，发现故障现象与故障描述一致。信号人员建议行调手动排列 F12902—X13010 进路，将保护区段手动打向直股位置，行调采纳该建议；13:41，行调报进路保护区段恢复选向直股方向，信号机自排功能恢复正常，在观察两个车次正常经过后，ATS 值班人员离开 OCC。

2）技术原因分析

经过对 ATS 系统故障时所有报警信息及接口设备工作状态的调查分析，初步判断造成此次故障的原因是 COM2 服务器的 TMT 进程出错引起，为了避免故障影响范围扩大，COM2 服务器决定在运营结束后进行重启。

3）整改防范措施

①故障发生后，值班人员需了解观察行调处理情况，发现异状及时汇报，避免操作失误影响行车。

②根据此类故障修订《信号系统故障处理指南》，并向设备使用方提交，减少设备故障对运营的影响。

【任务考评】

以学生自评、小组互评为主，教师根据学习过程，结合自评、互评结果进行综合评定。

任务实施过程考核评价表

考评项目		分值/分	要　求	学生自评	小组互评	教师评定
知识准备	故障案例的现象及原因	10	能回忆并复述教材中举例的故障案例			
	故障处理及设备整治采取的措施	10	能根据所学的知识对故障的原因进行分析，并提出故障处理方法			
任务完成	道岔失去表示故障的案例分析	10	能根据实际案例提出自己的分析、处理及设备整治的措施			
	计轴红光带故障	10	能根据实际案例提出自己的分析、处理及设备整治的措施			
	列车定位信息丢失故障	10	能根据实际案例提出自己的分析、处理及设备整治的措施			
	司机人机界面黑屏故障	10	能根据实际案例提出自己的分析、处理及设备整治的措施			
	折返站道岔故障	10	能根据实际案例提出自己的分析、处理及设备整治的措施			
	中央 ATS 服务器死机故障	10	能根据实际案例提出自己的分析、处理及设备整治的措施			
以小组为单位，对故障处理课程的整体学习情况提出学习总结，并交流		20	应能准确地总结课程学习的主要知识点和技能点，并且能够在理解的基础上提出课程学习的大纲，以此制作出学习总结的 PPT			
成　绩						

参考文献

[1] 李建国.城市轨道交通系统概论[M].北京:机械工业出版社,2009.
[2] 何宗华,汪松滋,何其光.城市轨道交通通信信号系统运行与维修[M].北京:中国建筑工业出版社,2006.
[3] 中华人民共和国铁道部.信号维护规则技术标准[S].北京:中国铁道出版社,2002.
[4] 李成章,王淑芳.新型UPS不间断电源原理与维修技术[M].北京:电子工业出版社,1995.
[5] 吴汶麟.城市轨道交通信号与通信系统[M].北京:中国铁道出版社,2006.
[6] 毛保华,李夏苗,王明生.城市轨道交通系统运营管理[M].北京:人民交通出版社,2006.
[7] 张国宝.城市轨道交通运营组织[M].上海:上海科学技术出版社,2006.
[8] 林瑜筠.城市轨道交通信号设备[M].北京:中国铁道出版社,2006.